U0899433

巨灾时代，谁来保险？

巨灾时代

苏言 贺濒 /著

江苏人民出版社

图书在版编目(CIP)数据

巨灾时代 / 苏言, 贺濒编著. -- 南京 : 江苏人民出版社, 2011.12

ISBN 978-7-214-07702-8

Ⅰ. ①巨… Ⅱ. ①苏… ②贺… Ⅲ. ①环境保护 - 普及读物 Ⅳ. ①X - 49

中国版本图书馆 CIP 数据核字(2011)第 253962 号

书名	巨灾时代
著者	苏 言 贺 濒
责任编辑	沈 亮
装帧设计	红猫工作室
出版发行	凤凰出版传媒集团 凤凰出版传媒股份有限公司 江苏人民出版社
集团地址	南京市湖南路 1 号 A 楼,邮编:210009
集团网址	http://www.ppm.cn
出版社地址	南京市湖南路 1 号 A 楼,邮编:210009
出版社网址	http://www.book-wind.com http://jsrmcbs.tmall.com
经销	凤凰出版传媒股份有限公司
照排	上海本周图书有限公司
印刷	启东市人民印刷厂
开本	718 毫米 × 1000 毫米 1 / 16
印张	17.5
字数	220 千字
版次	2012 年 3 月第 1 版 2012 年 3 月第 1 次印刷
标准书号	ISBN 978-7-214-07702-8
定价	39.80 元

(江苏人民出版社图书凡印装错误可向承印厂调换)

目录
CONTENT

詹姆斯·洛夫洛克　布鲁斯·艾尔伯特

近年来，气候真的越来越异常，不只中国，全球都一样。

许多滨海的世界级城市以及众多岛国，面临海水的进逼，频频告急。地震多发，震级巨大。火山不仅随时喷发，而且明显呈发展态势。不只洪涝，不只极旱，眼下开始攻伐的却还有旱涝急转。全球许多国家和地区大量动物神秘死亡，谷歌甚至还将全球30多个动物神秘死亡地点绘制成地图推出……

无独有偶，1.3万年前也发生过类似的事情，当时究竟发生了什么？历史上曾在地球上一度繁衍生长的绝大多数物种突然销声匿迹，究竟因为什么？科学家说地球这个生命有机体，目前已经基本丧失了它的免疫能力，灾难会在某天突然降临，导致地球大部分人口死亡。这是真的吗？

第二章 资源荒匮

人类能否过上史前生活 / 045

斯蒂芬·李柏

迈克尔·舍默

柯林·坎贝尔

亨利·基辛格

比罗尔

2011 年，美国纽约期货市场原油交易价格突破每桶 125 美元。预计 2012 年后，石油价格每桶将突破 200 美元。

随着石油短缺问题的加剧，国与国之间的友好关系也变得更加难以维系。

人类文明将就此遭遇生存危机。

成百上千万的人失业。没有了汽车的人们将用脚走到沃尔玛，不是去买便宜的、从半个地球外运来的“中国制造”商品，而是从被遗弃的建筑里找点玻璃、铜丝什么的换钱……

以上场景难道真将成为现实？遍地贫民窟中讨生活的人们将如何与地震、洪涝、干旱抗争？

乔治·索罗斯

尼古拉斯·塔勒布

惠特尼

法理德·扎卡里亚

伯南克

索罗斯称，当前的全球局势让人不免感觉与1930年的大萧条存在颇多暗合，各国在经济复苏萎靡的同时还面临削减预算赤字的压力。

这是一次全球性纸币危机，纸币失去了信用，多米诺产生的第一张牌在哪里，2012年如果美元倒台将引发21世纪一场怎样灾难性的崩溃？

乔尔·科特金

大前研一

危机，恰恰只在未知的时刻突然降临……

1990年1月，一夜之间，日本的经济泡沫破灭，从此股市狂跌、楼市崩盘、大量失业……

20年后，日本以为可以凭借努力逐渐走出阴霾，结果，2011年3月，一场比关东大地震更为强烈的地震再次袭击日本。专家这样预言日本的经济前景：50年之内，中国和美国的游客会搭乘高科技飞机，飞越日本上空，观看曾一度是世界第二大经济体的废墟……

日本只剩下东京那样的都市圈，遍布繁华时期建造的、如今却杂草丛生的公路、桥梁和列车道……

这难道是真的吗？

第七章 地球预言

人类进入“大审判”时代

劳伦斯·约瑟夫　赫拉尔多·阿尔达纳

“诺查丹马斯大预言”、“玛雅 2012”、“圣经密码”……很多民族都留下了末日预言，事实一再表明：许多预言并非空穴来风……

第八章 “全球首恶”

世界被“核威慑”笼罩

布热津斯基　L.S.斯塔夫里阿诺斯

核是最能体现人类玩火自焚的物质。日本“核辐射”，人类惶惶不可终日。殊不知，“核威慑”已如达摩克利斯之剑，高悬在了人类头上。

近半个世纪以来，东亚地区一直潜存有三大核威慑的“起爆点”，即朝鲜半岛、台湾海峡、中国与日本及东南亚国家交界海域的东海与南海诸岛……

第九章 强权征伐

谁悍然发动战争 / 201

尼古拉斯·波义尔

莱斯特·R·布朗

弗里德里克·哈耶克

比尔·布莱森

保罗·肯尼迪

阿诺尔德·汤因比

战争是人类永恒的主题，据德国学者妮科勒·施莱、莎贝娜·布塞的调查数字，利比亚战争是美国自二战以来打的第31场较大规模的战争……美国战争布局已完成，下一场战争，美国会打谁？

战争冲突双方是相互敌对的两国吗？如果这是一道历史题，回答显然是“是”。这一回答只能算答对了一半。因为还有一种力量在隐隐发挥作用，在“相互毁灭”的战略思想已成核时代主流的格局下，处于风暴中心地带的少数政治家意识到：根本没有胜利可言。人类已经打开了潘多拉的盒子……

詹姆斯·查诺斯　努里埃尔·鲁比尼　米什金　安格斯·麦迪森

随着世界经济与金融危机的蔓延，世界已经失去了平衡。美国霸权正在一点点减弱，让步于中国利益，全球经济权力正逐渐从欧洲向亚洲转移、从西方向东方转移、从美国向中国转移。

在这个决定性的转折点，全球很多专家看好中国、全球很多专家看空中国。“看好”和“看空”的背后，究竟有哪些不为人知的隐情？

正处于全球经济超车道的中国，2012 年前后，到底需要怎样的想象力与勇气？

PREFACE

序

偶然，还是必然？我们进入巨灾时代

颜石泉

夜，闷热的天气令你无法关掉空调。一个礼拜前的一个下午，五时许，有一个至诚的朋友突然给我发了一封邮件，邮件里详尽交代他的私人物品的收放地，包括钱、证和券，嘱咐我一旦有难帮忙处理后事。我惊，以为将有大事，速电过去。他笑称，明天乘飞机出差，怕有安全问题，所以留信一封。我一顿骂，他却正色曰，现在这种事很正常也很流行，灾难太多以防万一没什么不好。我后来得知，此事确流行，于是从本周开始自己出差也照办。

7 月 23 日。夜半的微博突然跳出一段文字，“请记住这个神奇的日子，号称最安全的动车——脱轨了，号称最稳定的北欧挪威——遇袭了，号称最牛的赖昌星——遣返了，号称最臭的国足——竟然赢球了……”这位名为“南下兵马俑”在微博上发布的文字让人眼前一亮，也的确为微博中的事件不解。动车追尾，说是雷击，好像以前不曾出现过雷击，何况现在的技术更先进。这不可能！不解；挪威那位年轻人，把 14 岁左右的孩子集中起来，用枪扫射，这是人吗？不解，反常！

2011 年 5 月，中国长江中下游出现罕见旱情，江西境内鄱阳湖出现前所未有的干涸,河床干裂,以至于江西向中央报告,要求建鄱阳湖水坝。2011 年 6 月,上海市原本年年如期到来的梅雨季节没有出现,气温异常高企。2011 年 7 月,大雨突然出现并异常猛烈,北京市区多处被淹、地铁短时间停运、机场航班延误,首都机场一度出现混乱,南京机场出航班机无法起飞,到港航班转落附近机场。次日天气预报指,有强烈暴雨在玄武湖上空形成。2011 年 7 月 10 日,四川甘孜飘起鹅毛大雪。7 月 21 日,成都上空 12 小时遭遇万次雷击。塌楼、塌桥、塌路,每天都有这样的新闻。

7 月的美国,纽约暴热,共有 14 个州遭遇干旱袭击;3 月 11 日日本地震以后,尽管 6 级上下地震不停但相对安静,而日本本土 13 座火山却处在喷发活跃期;印尼火山喷发;两年来一直活跃的冰岛火山再次喷发;俄罗斯火山喷发……自然界,那些业已形成上百年甚至上千年的规律被改变。

规律,辞海的解释为:自然界和社会诸现象之间必然、本质、稳定和反复出现的关系。新华字典的解释为:事物之间内在的本质联系。这种联系不断重复出现,在一定条件下经常起作用,并且决定事物必然向某种趋向发展。规律是客观存在不以人的意志为转移的,但人们能够通过实践认识它,利用它。规律也叫法则。依据上述解释,显然,无论是辞海还是新华字典中关于规律的定义,近年来均被打破,一种新的现象正在形成和发生。可,那将是什么呢?

国际政治经济包括军事形势均极为复杂,这是中国官方的观点,细究之后没有比用“复杂”一词更为妥贴。多有观点指中美竞争,对于中国而言不如说是“被竞争”。坦率讲,中国并不希望美国落后,中国远不像外媒报道那样充满竞争性,问题成堆成山也处在历史复杂期,须更多专注之心。做第二没什么不好,如果一定要排次的话。而即使成为第一,中国也并不可怕,历史告诉我们,中国曾长期处在全球第一却依然被侵略,还不止一次。事实上,在她傲居全球第一时,也绝未向外扩张,不像日本经明治维新强盛之后,结果是对外军事扩张。可见,害怕中国的强盛完全缘于其自身亏心事做多之后的担忧。但,这种担忧却导致了中国在强而未强之时受到压制并形成危机。因而此书所讲之巨灾时代是方方面面的,并非仅指自然界,这也是本书的可贵之处,也只有自然界与人类社会灾难之和才能称为巨灾,而这种时代在历史上并不多见。

与此同时,能源危机重被提及。石油、煤炭、天然气等日用能源均被告之最后期限。环境恶化,急需人们节能低碳。可春秋减少冬夏延长,极端的冷热令人们无法节能,这将令环境恶性循环。好像,人类已无能为力。今夜,你能关掉空调吗?

希腊债务对欧元区所发出的危险信号令欧洲各国为捍卫欧元苦苦思想;美国两党在债务上限问题上争吵不休,一方面作秀于世界借此告诉全球美国有办法控制全球经济,另一方面只是要证实奥巴马的演讲经济不再有用;地震后的日本出口受巨大冲击,经济状况继续下滑;西方社会由债务危机而引发的对福利体制的思考正式开始;美国航空母舰和核潜艇则四处游弋,大有用军事转生产力不足之想法。政治上,美国为了阻止中国的超越,启动新一轮战略,正面支持中国邻邦与中国对抗,印度、越南、菲律宾和日本均在其中。狼,开始扑向中国。而中国确实正悄然出现在世界经济的超车道上。

我们无法改变类如日本的担忧,因为这种担忧来自于他的历史所形成的逻辑:中国的复兴必然会带来复仇。所以他们坐立不安,而中国,也无法因为这种担忧而停止复兴的步伐。所以看起来,冲突也成为一种逻辑。从来没有一个时候,自然界的灾难那么一致地与人类社会的灾难“巧合”地在一起,也从来没有一个时候,中国人那么专注于发展自己。这是自然界与人类社会的危机重合在一起,因而,我再次赞同本书的书名以及作者的看法:我们正进入巨灾时代。

2012,有一种神奇的力量把政治、经济、军事和自然界拉到一起,振荡洗牌。2012,显然不是一个简单而司空见惯的玛雅预言那么简单。而如果要确保未来的健康,似乎,这一切又是必须的。我们可能不得不面对全球性经济危机引来的风险。

我不敢看,报道指美国阿拉斯加8小时内发生了29次地震,日本也类似如此,因为这样的逻辑是量变可能会引发质变。我也不敢想,美国的经济何至于差到要两党作秀来铺垫并预告未来债权国的危险,上演债务国喝令债权国的闹剧。没到这种程度吧,或也许快到了?

夜,南京的雨前一阵死命地对着玄武湖下,而今晚,北京又暴雨……很多的不解让我们进入巨灾时代。小心!

没有什么事情是偶然的,请记住,亲爱的读者。

2011年12月24日于上海

FOREWORD

前言

世界调至震动状态

苏言

2011年美国上映了一部由同名小说改编的惊悚片《永无止境》,剧情讲述艾迪·莫莱是一个潦倒的作家,没有工作、没有收入。甚至连他的女朋友林迪也果断地离开了他。在穷困、潦倒和无所事事中,艾迪对生活失望了,他觉得自己不可能会有什么未来。就在这个时候,他的朋友向他介绍了一种正处在试验阶段的药物——NZT。

NZT是一种头脑药物,吃下去之后可以让大脑中处于休眠状态的脑细胞变得活跃。艾迪在无聊中吃掉了这颗看上去很不起眼的小药丸,结果他变成了一个头脑超人。艾迪一洗之前的颓废和低迷,变得炯炯有神且充满自信。在NZT的帮助下,艾迪的脑子就像是吃了伟哥一样坚挺,他能记住与之相关的所有的事情——那些他看到的、读到的或者是听到的事情都深刻地印在了他的脑子里。有了这么好的一个脑子,艾迪开始在股市和金融市场上小试身手,没想到出师就捷,艾迪捞到了一大笔钱,他杰出的赚钱能力,引起了金融大鳄卡尔·范·罗恩的注意,他把艾迪招致麾下,将其视作自己新的“经济增长点”。

NZT是一种什么药？影片说：通常情况下人的大脑仅20%处在活跃状态，而NZT能100%激活大脑，因而使人变得能力超凡。

而美国人格雷格·布雷登在研究2012现象时指，我们的地球、我们的太阳系和我们的银河中心将于2012年排成一行。这一罕见的天文现象每过26000年才发生一次；新一轮太阳风暴预计在2012年前后达到峰值，强度比前一轮大30%至50%。科学家承认，地球的磁场在迅速消弱，而在弱磁场中人类容易接受改变和新思想。因此2012年12月冬至日的确是一个重要的宇宙机遇窗口，是一个奇异的、千载难逢的机会，我们可以发挥最大的潜力。

在将科学和精神结合起来领域，格雷格·布雷登是一位蜚声国际的先锋派人物，他的说法有点儿像《永无止境》中的NZT药丸，影片中那一粒透明的药丸给人带来了无穷的活力，充满想象力。而弱磁现象真的能导致人的大脑被100%被开发吗？我们看到的显然是另一种境况。

地震：印尼、中国、海地、智利、日本……频繁并震级强烈；火山，从冰岛开始，已有连续之势；洪和涝交替成灾，原本平静温和适宜的气候也不断显现出极端之势。与此同时，人类总人口数再创新高，粮食、石油、煤、水甚至土地资源连连告急。为了资源，国与国之间开始撕破脸皮放弃道义出现争抢现象。美国人打完伊拉克、阿富汗，再动利比亚，并警告叙利亚和伊朗，转来转去总瞄着石油国家，甚至中国南海也图谋一试。

格雷格·布雷登对玛雅人的文明推崇备至。截至20世纪，玛雅日历似乎是跟踪银河时间最精确的方法，专家们称，玛雅人使用的系统在25个世纪中没有漏掉一天。这难道不是奇异的文明?！奇异还表现在，为什么这个日历在2012年12月21日冬至这一天就结束了？这一天的重要性是什么？还有，为什么玛雅文明也因此而“突然”消失了？我们虽然不认为2012是世界末日，玛雅历法也未将这一天明确说成“末日”，但为什么没有了？悬念至此。从本书出版算起，我们离这一天还有一年多的时间，我们虽未承认“末日”之说，但天灾伴人祸难见的祸不单行都如实再发生，每天都有灾难信息。因此，我们将本书命名为《巨灾时代》，并敬告大家：全世界调至震动状态，在这个状态中一切都可能发生，自然灾害、局部战争、经济通胀……所有你从前没见过的，你都将见到，一个巨变的时代已经开始。亲爱的读者，你准备好了吗？

石油，天呐，亲爱的石油！我们每天都无法分离，家里要做饭、路上要开车、男人要用打火机……中国人十年之内把汽车产量提高到了世界第一，在大城市，白领们几乎人人开车，路上拥堵不堪。回过头想：英国人找到的工业革命对吗？蒸气机是最佳路子吗？没有别的路可走吗？石油，如果每桶涨到200美元世界会怎样？即使是现在的价格，美国人都在找借口发动战争，而现在也就每桶100美元上下。2012，巨灾时代的核心时间绝非天灾那么简单！

可是天灾已足以要人命。美国加州大学的地理学教授罗伦思·史密斯说，2050年，人类将面临大迁徙。融冰中的北极将决定人类文明的未来，美国、加拿大、冰岛、格陵兰、挪威、芬兰与俄罗斯，将成为世界超级强权。这意味着什么？北极融冰，海水上升，东南部沿海大量被淹，中国最好的城市将不得不移出居民。这一切真的会发生吗？或者，依然是场科学阴谋？

无论如何，在这个时代里，就中国而言，经济已连续超越德国和日本，下一个是超越世界第一的美国，并且最多三十年，或者五年。这是最坏的时代吗，还是最好的时代，对谁而言？

《永无止境》中讲，艾迪的成功给他带来很多麻烦，杀手陆续找上门来，希望搞到NZT。那么，格雷格·布雷登的弱磁时代真能

100%激活人类大脑吗?

巨灾时代,世界震动。我们预告并提示风险,敬告大家:机遇将在风险之后。但,你得穿越风险,首先。因为这个“首先”近在眼前。

第一章

地球兵变
人类宿命还是杞人忧天

近年来，气候真的越来越异常，不只中国，全球都一样。

许多滨海的世界级城市以及众多岛国，面临海水的进逼，频频告急。地震多发，震级巨大。火山不仅随时喷发，而且明显呈发展态势。不只洪涝，不只极旱，眼下开始攻伐的却还有旱涝急转。全球许多国家和地区大量动物神秘死亡，谷歌甚至还将全球 30 多个动物神秘死亡地点绘制成地图推出……

无独有偶，1.3 万年前也发生过类似的事情，当时究竟发生了什么？历史上曾在地球上一度繁衍生长的绝大多数物种突然销声匿迹，究竟因为什么？科学家说地球这个生命有机体，目前已经基本丧失了它的免疫能力，灾难会在某天突然降临，导致地球大部分人口死亡。这是真的吗？

第一章

地球异变
人类宿命还是杞人忧天

1.“世界末日”种子背后

2011 年开局，当美国东北部的一大片区域突然陷入黑暗的时候，估计第一个闯进人们脑中的念头就是：莫非遭遇了恐怖袭击？而实际上，只不过是一棵大树倒了，压断一根主要的电缆，从而造成了沿海城市的大规模停电。

这是一个黑暗蝴蝶效应：人们知道，大灾难突然的来临不太可能是由于一场大爆炸，也不太可能是由于全球变暖导致的物种大灭绝。但有可能是一个巨大的、突发的事件，像核武浩劫或行星碰撞。但也可能是由于一连串的灾难引起的，例始大地震和火山爆发。

自 2010 年以来，全球气候及环境出现大异常已成定局，气候变化对地球的影响可能远远超出想象！即对于人类而言，动辄百年一遇乃至千年一遇，各种极端的气候会越来越多，比如暴风雪、大飓风、大洪水或干旱，将会是常态。

为应对各种天灾人祸，包括核战、陨石袭击地球等“末日环境”，很多国家已经开始采取行动。

“末日方舟”是一个早已存在的计划。2010 年 2 月，由挪威政府负责建造的“末日种子库”正式开始运作。33 个国家的 150 名代表赶来。如果地球上所有的植物都灭绝了，也许“末日种子库”可以用得上。根据设计，该种子库可以保存 450 万个物种、约为 20 亿粒的种子样本。这里按照美国国家黄金储备库诺克斯堡的安全模式设计，由持枪警卫看守。

挪威人将该种子库称为全球人类粮食作物的“诺亚方舟”，或称其是“世界末日穹顶”。的确，该种子库是不同寻常的，当世界真陷入不测的时候，它也许有用。种子库地点选择在离挪威大陆 1000 公里处的斯瓦尔巴群岛。岛上大约有 3000 只北极熊，这对种子库来说，可以称得上一个天然屏障。挪威政府为了保护种子库，安排了手握来福枪的武装警卫。工人在山上建设种子库时，先是向内开凿出一条长达 120 米的隧道，到达洞内的永久冻土带。接着，按照美国国家黄金储备库诺克斯堡的安全设计模式，在隧道的尽头修建种子库，并在隧道和种子库的外围筑一层 1 米厚的混凝土石板，隧道外面则是一个可抵抗数吨炸药爆炸威力的密封门。负责种子库运作的负责人卡里·福勒认为，如果停电也不用害怕，冻土层可以让种子冷却 20 年。另外，这样的设计可以抵挡来自地震等自然灾害和核武所产生的破坏。

为什么要花如此大的成本建造一个种子库？而且将地点放在了北极？答案只有一个："安全"。事实上，现在全球的种子银行，都存在一个致命缺陷：不安全。如果有一天，世界遭受不可预测的自然灾害或者爆发核战争，北极圈内斯瓦尔巴群岛的"末日种子库"将帮助人们生存下去。

面对这一切，人类的走向无疑在大家头脑中多了许多问号，难道传说中的 2012 真有那么回事？地球在东半球左一摇右一晃，海啸、地震不断。西半球的地壳虽然稳固，但生活在那里的人类却不省心，战火绵延，赤地千里。天灾无法控制，人祸恣意升级。事态的发展正在以大大超出人们所估计的速度进行中，这个世界很不平静，春天的花还没有开放，却已经是一个多事之秋。

2. 全球震动档危机

法国物理学家布莱士·帕斯卡曾表达作为人类的双重惶恐：他的左边是一个无限宽广、巨大无垠的世界，右边是一个极尽微小，却依然无穷无尽的世界。而人处在中段，或者说，人因为同时意识到这两者，而深感自己所处位置的荒诞。实际上这两个世界是同一个。只不过它向左延伸至无穷，向右，延伸至无穷。人们曾经想象，从外太空遥望地球的话，就身量而言人比细菌还细微，可即便巨大如喜马拉雅山脉又如何呢？出了太阳系，地球也就是一颗微尘。

自 2010 年以来，地球极不平静，地壳活动异常，地球内部的能量平衡系统面临种种被破坏的预兆，地震、火山喷发、旱灾、洪涝、暴雪各种自然灾害，一直持续不断。仅 2010 年就有约 30 万人因各种自然灾害失去生命，比过去 40 年来所有恐怖攻击罹难者总和还多。

2010 年 1 月 12 日，加勒比海岛国海地里氏 7.3 级地震，全国近 900 万人口中约 1/3 受灾，22.25 万人丧生，19.6 万人受伤。首都太子港变成一片废墟。

2010 年 2 月 27 日，智利发生里氏 8.8 级特大地震，并在太平洋引发海啸。

2010 年 4 月 14 日。冰岛火山开始喷发。

2010 年 4 月 14 日。中国青海玉树发生两次地震，最高震级 7.1 级，2220 人丧生。

2010 年 7 月 30 日。俄罗斯森林大火。正值夏季的俄罗斯当时出现罕见高温天气。首都莫斯科已被烟雾笼罩，7 月气温为历史上有气象记录以来最热月份。俄罗斯 9 万平方公里的农作物被毁，这是数百年来最严重的旱灾。从 7 月 30 日起，俄境内森林火灾形势更加严峻，起火点超过 7000 个，美国国家航空航天局(NASA)的卫星图片显示，熊熊大火清晰可见。NASA 指出，火苗一度窜入到距地表 6000 英里(约合一万米)高度的平流层。大火造成的直接经济损失使俄罗斯 2010 年国内生产总值增幅减少 1 个百分点。

2010 年 8 月 12 日。巴基斯坦特大洪灾，全国至少 1/4 的面积遭灾。据统计，这次特大洪灾造成巴基斯坦 1700 万至 2000 万人不同程度遭灾，数千人死亡，受灾民众总数已经超过 2004 年印度洋海啸、2005 年克什米尔地震和 2010 年海地大地震受灾人数的总和。巴基斯坦三天洪水带来的破坏，远超塔利班与政府军交战 3 年造成的损失。

2010 年 10 月 25 日，印尼西苏门答腊省明打威群岛附近海域发生里氏 7.2 级地震并引发海啸，随后印尼默拉皮火山喷发，数千人死亡，数十万民众流离失所。这是该火山 100 年来最严重的一次喷发。

2011 年，全球各地接连不断爆发各种打破历史纪录的自然灾害，气候仍在不断恶化，北半球连续出现雪灾、极端冰冻现象，各种奇怪天文现象，地陷、天坑、陨石坠落等事件层出不穷。格陵兰岛冰川崩裂、中国南方五省大旱与大涝交替、澳大利亚和巴西洪灾、美国特大龙卷风，均在折磨着人们。

2011 年 1 月 26 日，日本雾岛新燃岳火山发生大规模喷发，喷发出来的浓烟高达 1500 米。

2011 年 2 月 11 日，日本九州南部宫崎县和鹿儿岛交界处的雾岛山新燃岳火山时隔 8 日再次喷发，从火山口喷出的烟云升至约 2500 米的高空。

2011 年 2 月 13 日，韩国江原道东海岸地区普遍下起大雪，大雪堆积形成暴雪，积雪量超过 100 厘米。创下韩国自历史上有气象记录以来最高纪录。

2011 年 3 月 11 日，日本宫城县东北部发生里氏 9 级地震并引发海啸，2011 年 6 月日本多所大学共同调查结果显示，3 月 11 日发生的日本大地震引发的海啸，最大高度达到了 40.5 米。是迄今为止日本国内有记录显示的最高海啸高度。其震级为世界观测史上最高震级。至 2011 年 6 月，日本统计死亡及失踪人数已在 2 万人以上。

根据中国国家地震台网中心调查，全球已开始进入地震活动的相对活跃期。与 20 世纪比较，地球的相对活跃度更加明显。例如 20 世纪全球 6 级以上地震，从不同数据库提取的结果虽有差异，但这 100 年的总数约在 3600 到 4000 次。而到 21 世纪，仅仅 2001 年到 2008 年 5 月中旬，约 7 年半的时间内，6 级以上地震就达 1200 余次。中国地震学家杨学祥教授认为，从 2004 年至 2018 年，全球进入特大地震频发期。而美国密苏里科技大学地球物理学家史蒂芬·高则认为，全球 8 级左右的地震平均每年 1 次左右，现在却远远超过这个频率，不太寻常。地球变得比较好动的原因目前还无法确认，有可能是因为地球岩石圈压力场发生变化。

人类极端仰赖有效率的农业和运输系统，一旦全球气候剧变，城市生活形态可能全面崩溃。农民或许能养活自己和另外两三倍的人口，却不可能养活 50 倍的人口。

根据地质学理论，从 2000 年开始，地球进入了“拉马德雷”从暖位向冷位转变的时期。“拉马德雷”是一种高空气压流，分别以“暖位相”和“冷位相”两种形式交替在太平洋上空出现，每种现象持续 20 年至 30 年。当进入“拉马德雷冷位相”时期后，太平洋高空气流将发生变化，而这种变化将会导致太平洋部分海面的高度发生变化。而由于地球的气圈、水圈和岩石圈的物质运动、重力位变化和角动量交换彼此互有联系，因此，“冷位相”时期往往是飓风和强震相伴而来。

那么,全球灾难最深处在哪?深达11034米的马里亚纳海沟,全球约80%的地震都发生在这个地震带里,因而也是经常发生破坏性特大地震的区域。人们打开世界地图可以看到,与海沟紧挨在一起的是弧形排列的海岛——岛弧。包括日本岛弧与深9997米的日本海沟。岛弧是海底火山喷发构成的海岛。海沟长几百至千余千米,宽几十千米至一二百千米,比周围海底深几千米。

美国科学院院长布鲁斯·艾尔伯特曾指出,日本附近的深海沟正在加深,并且向日本移动。日本列岛已经处在一个随时可能塌陷的漏斗之上。地震在岛弧、海沟的分布是很有规律的。假使人们把震源归纳起来,大致呈一个倾斜的平面,即从岛弧海沟开始,以40° 的倾角向大陆一侧倾斜,好像地球被一把“利斧”以40° 倾角砍了一刀。而日本就靠在这个“创伤面”的边上。马里亚纳海沟,距离日本最近处不过200公里,由于亚洲大陆板块的推压和太平洋板块的后退,正在以每年十厘米的速度向日本列岛扩张。1923年9月1日11时58分,日本关东地区曾发生7.9级强烈地震。地震灾区包括东京、神奈川、千叶、静冈、山梨等地,地震造成15万人丧生,惨号奔泣,死尸之血肉横野……200多万人无家可归,财产损失65亿日元。地动山摇引发了火灾、海啸和泥石流,把东京、横滨变成了一片火海,灾民达340多万人。史称“毁灭1府6县的关东大震灾”,该地震后经科学家研究测算,达8级以上。

地震发生后,东京城里林立的楼房已不复存在,变成了废墟,街道两旁千疮百孔。烟尘蔽日的神奈川港,被夷为平地,像是一座鬼城,往日的繁忙只剩下一片死寂。扭断的法恩寺桥下,河面塞满了灾后的垃圾。处于饥饿状态的幸存者试图从池塘里和湖泊里抓鱼充饥,并排着两英里的长队等待着每天的定量口粮或每人一个饭团子。据说发生地震当天，突然从空中地底传来人世间从未听过的令人心悸的“嘎嘎嘎”声响，紧接着大地上下抖动左右摇晃，发狂似地把人们掀翻在地抛向空中，把一排排房屋摇晃震破、墙倒顶塌……地震形成的海啸掀起了滔天巨浪，横扫了东京、横滨和横须贺的所有港湾、码头和船舶，以及行驶的火车。死亡和失踪者超过14万人，负伤者超过20万人。

中国也是历史上地震最多的国家之一，曾经发生过世界历史上灾情最惨重的地震，史料记载的地震无法计数。中国地处世界上两个最大地震集中发生地带——环太平洋地震带与欧亚地震带之间，属于世界上多地震的国家，也是蒙受地震灾害最为深重的国家之一。

1555年1月23日（明朝嘉靖三十四年）夜间，在陕西渭南一带和山西蒲州等地发生了强烈地震，死亡83万多人。“壬寅，山西、陕西、河南同时地震，声如雷。渭南、华县、朝邑、三原、蒲州等处尤甚，或地裂泉涌，中有鱼物、河渭大泛，或城郭房屋陷入地中，或平地突成山阜……官吏、军民死八十三万有奇。”

1622年10月25日（明天启二年九月甲寅）宁夏固原北大地震，“陕西固原州星陨如雨。平凉、隆德等县，镇戎、平虏等所，马刚、双峰等堡地震如翻，城垣震塌七千九百余丈，……男妇塌死一万二千余名口。”

1654年7月21日（清顺治十一年六月丙寅），甘肃天水南地震，“丙寅，陕西西安、延安、平凉、庆阳、巩昌、汉中府属地震，倾倒城垣、楼垛、堤坝、庐舍，压死兵民三万一千余人及牛马牲畜无算。”

1695年5月18日（清康熙三十四年四月丁酉）山西临汾大地震，“被灾共二十八州县，内被灾较重十四州县，统计压毙人民五万二千六百余名。”

1679年9月2日(清康熙十八年七月庚申)河北三河平谷大地震,"七月二十八日已时初刻,京师地震……是夜连震3次,平地坼开数丈,得胜门下裂一大沟,水如泉涌。官民震伤不可胜计,至有全家覆没者。二十九日午刻又大震,八月初一日子时复震如前,自后时时簸荡,十三日震二次……二十五日晚又大震二次……积尸如山,莫可辨认。通州城房坍塌更甚。空中有火光,四面焚烧,哭声震天。有李总兵者携眷八十七口进都,宿馆驿,俱陷没,止存三口……山海关,三河地方平沉为河。环绕帝都连震一月,举朝震惊。"

1718年6月19日(清康熙五十七年五月二十一日)甘肃通渭南大地震,"夏五月廿一日地大震,山崩。城北笔架山(县北里许)一峰崩覆没。城内东北隅平地裂陷,黄沙、黑水涌出,南乡尤甚,土山多崩。城乡压杀老幼男女共四万有奇。"

1850年9月12日(清道光三十年八月初七)四川西昌、普格间大地震,"西昌县城内地震。屋宇倒塌,压毙官民……压毙男妇二万六百五十二名口。"

1871年6月(清同治十年五月,藏历第十五绕回阴铁羊年五月)西藏错那、洛扎一带大地震,"今年地震灾情严重,房屋全倒,人畜物品亦全埋于地下。宗、寺院、百姓处境悲惨,因此无法支应差务。"

1902年8月22日(清光绪二十八年七月十九日)新疆阿图什北大地震,"八月二十二号,即华历七月十九日,新疆喀什噶尔地震甚厉,民屋塌倒,城镇毁伤,灾区甚广。"

1920年12月16日20时,中国宁夏海原县发生震级为8.5级的强烈地震。这次地震,死亡24万人,毁城四座,数十座县城遭受破坏。它是中国历史上一次波及范围最广的地震,有感面积达251万平方公里。地震发生时山崩土走,有住室随山移出二三里。

灾区有的一间窑洞压死100多人；有的村庄300多口人在山崩时同葬一穴。死者陈尸百里，伤者遍地哀嚎，野狗群出吃人，灾民情景惨不忍睹。

1927年5月23日6时，中国甘肃古浪发生震级为8级的强烈地震。死亡4万余人。地震发生时，土地开裂，冒出发绿的黑水，硫磺毒气横溢，熏死饥民无数。古浪县城夷为平地。甘肃某天主教堂，一修女怀抱四名孤儿埋于屋瓦中，蒲登波罗克大主教称“世界末日将要来临”！

1932年12月25日10时，中国甘肃昌马堡发生震级为7.6级的大地震。此次地震，死亡7万人。地震发生时，有黄风白光在黄土墙头“扑来扑去”；山岩乱蹦冒出灰尘，嘉峪关城楼被震坍一部分；疏勒河南岸雪峰崩塌；千佛洞落石滚滚……余震频频，持续竟达半年。昌马，这个地图上都找不见的地名，成为地震学者关注的中心。

1933年8月25日15时，中国四川茂县叠溪镇发生震级为7.5级的大地震。此次地震异象迭出：犬哭羊嘶，蛇出鼠惊，乌鸦惨啼，母鸡司晨。地震发生时，地吐黄雾，城郭无存，有一个牧童竟然飞越了两重山岭。巨大山崩使岷江断流，壅坝成湖。地震湖崩溃，洪水倾湖溃出，霹雳震山，尘雾障天，造成下游严重水灾，仅灌县境内捞获的尸体就有4000多具。叠溪地震和地震引发的水灾，共使2万多人死亡。

1950年8月15日22时9分34秒，中国西藏察隅县发生震级为8.5级的强烈地震。死亡近4000人。强震使世界各国的地震记录仪纷纷出格，美国的科学家认为地震发生在日本，而日本的科学家认为地震发生在美国。喜马拉雅山几十万平方公里大地瞬间面目全非：雅鲁藏布江在山崩中被截成四段；整座村庄被抛到江对岸。几百名喇嘛和尼姑深埋寺院的瓦砾之下。一位在印度境内的英国茶叶种植园主说地震“听起来就像高速火车通过隧道”。成千上万惊恐的印度人喊着“老天爷发话啦,老天爷发话啦”逃奔旷野。

1966 年的邢台地震由两个大地震组成:1966 年 3 月 8 日 5 时 29 分,河北省邢台专区隆尧县发生震级为 6.8 级的大地震,震中烈度 9 度强;1966 年 3 月 22 日 16 时 19 分,河北省邢台专区宁晋县发生震级为 7.2 级的大地震,震中烈度 10 度。两次地震共死亡 8064 人,伤 38000 人,经济损失 10 亿元。这是一次久旱之后的大震。地震发生后,漫天飘雪。中国总理周恩来三赴震区,落泪不止。

1970 年 1 月 5 日 1 时,中国云南省通海县发生震级为 7.7 级的大地震。此次地震,死亡 15621 人,伤残 32431 人。震前,豕突犬吠,雀啼鱼惊,墙缝喷水,骡马伤人。

1976 年 7 月 28 日 3 时 42 分,中国河北省唐山市发生震级为 7.8 级的大地震。此次地震,死亡 24.2 万人,重伤 16 万人,一座重工业城市被摧毁,直接经济损失 100 亿元以上,本次地震发生在中国的“龙年”,唐山地震是数十万蒙难者的巨大悲剧。

2008 年 5 月 12 日 14 时 28 分,在四川省汶川县发生震级为 7.8 级地震。69227 人遇难,374643 人受伤,失踪 17923 人。直接经济损失 8452 亿元人民币。汶川地震波及面积大,据称几乎整个东南亚和整个东亚地区都有震感。

进入 21 世纪以来,短短十年中,全球连续发生一些造成巨大死伤的自然灾难,海啸、飓风、泥石流、强地震……其中也包括两次死亡人数在 20 万以上的地震。而在 20 世纪 100 年中死亡人数在 20 万以上的地震只发生过两次。对于地震模式,地震专家过去比较偏重于地壳板块运动的研究,但是近来开始注意天体运行是否对地壳活动产生影响,例如 2008 年 9 月 11 日,印度尼西亚地震与日本地震相继发生，只有20分钟间隔，它们之间肯定有关联，而这是什么样的关联，目前还不清楚。从宇宙空间看：星球运行成一线，也可能是诱发多地震的外因。

当前，中国的地震活动主要分布在五个地区的23条地震带上。这五个地区是：台湾省及其附近海域；西南地区，主要是西藏、四川西部和云南中西部；西北地区，主要在甘肃河西走廊、青海、宁夏、天山南北麓；华北地区，主要在太行山两侧、汾渭河谷、阴山—燕山一带、山东中部和渤海湾；东南沿海的广东、福建等地。

2011年初，美国地质勘探局根据获得的相关数据推测，美国加利福尼亚州在未来30年内，发生能造成大面积破坏的强地震可能性为99%。美国地质勘探局指出，他们发现，加州在2038年前不发生6.7级地震的概率只有1%。同一时期，加州发生7.5级以上大规模地震的概率预计为46%，以加州南部人口稠密地区遭遇地震的可能性最大，这一预测是科学家根据新模型做出的。早在2001年，美国地质勘探局地震学家露西·琼斯曾与联邦紧急措施署官员参加会议。当时，他提出了美国最可能遭遇的三大灾难。即纽约恐怖袭击、新奥尔良超强飓风、加州强烈地震。前两个预言很快不幸言中。琼斯和其他地震专家目前正努力阻止第三场灾难的发生。他们计划重新评估加利福尼亚州的防震措施，使其能经受住一场强烈地震的考验。

美国《福布斯》杂志曾刊载了因为各种环境灾难的原因，本世纪有几座可能会沦为“鬼城”的城市，其中就包括旧金山，早在2009年6月，美国华盛顿大学的地震学家维达里提出，美国西岸的旧金山和洛杉矶可能进入百年大地震的周期，而在更北边的西雅图，甚至有可能会出现规模9级的超级大地震。这个说法在美国地震研究机构一直存在，但如今却让人感到格外恐惧。科学家最近利用计算机模拟了一场里氏9级的地震，发现震动将持续2

到 5 分钟,届时从加拿大不列颠哥伦比亚省到美国加州北部的所有质量欠佳的建筑将无一幸免，高速公路和桥梁也将全线坍塌。不仅如此,地震还将在短时间内引发强烈海啸,当巨浪涌向海岸的时候,地势低洼的海滨城市难逃被淹的命运。

如果说地球真的进入地震频发期,那么日本大地震可能就是其中一环，也许是与印度洋地震海啸的某种能量上的转移和呼应。地震,让全球各地息息相关。

3. 地球摇晃,火山爆发

进入2011年,专家测算地表的活动开始活跃,这也就意味着灾难多发。2011年初,美国地质勘探局的地质学家利兹在美国黄石国家公园黄石湖的湖床底部发现了一个高约30米,直径600多米的巨型隆起。最新的研究表明,自2004年至今黄石公园内巨大休眠火山的高度一直在以惊人的速度向上抬升,特别是最近三年,该火山口底部的海拔高度平均每年上升7.62厘米,创下了自1923年以来的最快纪录。

黄石公园所在地区在过去曾发生过多次地震和火山爆发,其中规模巨大的火山爆发共发生过三次。一些零散的勘探资料表明,最近一次爆发所喷发出来的物质覆盖了约9000平方公里的区域,厚度达到了惊人的1500米,最终形成了黄石公园现在所处的这片海拔超过2000米的熔岩高原。

科学家们研究发现,隐藏在黄石公园地下的世界上最大规模"超级火山"的喷发间隔约为60万年,而它的最近一次爆发很可能就发生在距今约64万年前。换言之,这座超级火山目前或许已经进入了喷发活跃期。

英国科学家曾用计算机进行了模拟演示,一旦黄石公园内的超级火山爆发,在三四天内大量的火山灰就会抵达欧洲大陆,而美国3/4的国土可能将"面目全非"。飘荡在天空中的火山灰将会使地球的年平均气温下降10℃,地球北极则会下降12℃,这样的寒冷气候至少会持续6至10年之久。

据专家研究,火山与人类文明有着巨大的关联,事实上人类文明有今天的繁荣,在很大程度上依赖于最近一万年以来的通常稳定的气候状况。然而就在这样一颗行星上,某些事情确实正在发生。时间正以不断加速的方式表现着。这颗星球感觉上好似就在蜕变,并以史无前例的频率振动着……

有人将地球比作一个鸡蛋。从外到里,依次是地壳、地幔、外核、内核。地壳和地幔可以当作地球这个鸡蛋的壳,壳的质地相当厚。液态的外核是蛋清,而固态的内核就是蛋黄。如果人们真的到达地心,将面临7000℃的高温——这是足以把最坚硬的金刚石变得跟黄油一样柔软的巨大压力,以及"如何找到回家之路"的恐慌。也许有一天,人类真的能踏上这趟6000多公里的生命之旅。

目前世界上最深的人造洞穴位于俄罗斯北部科拉半岛,苏联从1970年开始挖掘,一直持续到1989年,仅挖到14公里深处。据传俄罗斯人从钻孔中听到了哭声和叫声,他们担心已经钻透地表进入"地狱内部",因此中途放弃了钻探。事实上停止挖掘的真正原因是,这个深度的岩石非常热,钻头的压力导致岩石熔化,好不容易钻出的洞会重新封上。

100多年前,儒勒·凡尔纳将地球内部描绘为"充满巨大的洞穴和通道"。事实上,凡尔纳小说里最终到达的地方相当于地壳。当时的科学家认为,地球是一个坚硬的外壳,里面包着软软的岩浆。实际上,主人公是从一个火山口进去,又从另一个火山口出来,仍在地球的表层。由于钻探地球的深度有限,目前科学家只能通过分析地震波来了解地球的内部构造。

英国火山学家斯蒂芬·塞尔夫认为,地质研究证明,超级火山的爆发能量和摧毁力是有史以来未曾见过的,仅超级火山爆发产生的火山灰就足以毁坏整个大陆几十年,只要超级火山爆发,人类将回到数万年以前的石器时代。尽管超级火山爆发很罕见,但这是人类不可避免的,从某些意义上讲,人类将来必然要面对超级火山,并面临着如何从超级火山爆发中幸存下来的问题。与小行星撞击、核武器攻击和全球变暖等威胁不同,人类在超级火山面前所能做的事微乎其微。

古代人对本土疆界以外的事知之甚少,所以不可能理解火山爆发和本土的气候剧变有什么关系。但近年来,来自格陵兰和南极洲冰芯的详细天气记录已经可以确定自古以来重大火山爆发的日期。

希腊大陆克里特以北 70 英里的桑托里尼火山于公元前 1600 年左右爆发。据历史学家研究,桑托里尼火山爆发对气候的影响导致不久后欧洲米诺斯文明的突然消失,这一文明曾经在青铜器时代在地中海东部占领先地位达千年之久。

5 个世纪后,大约在公元前 1150 年至公元前 1136 年间,冰岛的赫克拉三号火山爆发,把数以百万吨计的尘埃和颗粒物抛进大气层。而根据地球另一端中国保存的原始竹简所述,与此同时“在亳这个地方,天空下起了尘雨”。“下了十天带灰的雨。雨是灰色的。”“六月天突然飞起大雪,雪有一尺多深……所有谷类作物冻死……。”考古学家也在西方世界发现同一时期的毁灭性后果的证据。在同一时期,苏格兰和英格兰北部 90%的人口突然都消失了。

公元前 209 年左右,冰岛火山又一次大爆发。在这一时期,中国正处于秦朝秦二世胡亥继位时期。农民起义风起云涌,社会动荡不安,根据中国《历代纪事年表》所述,“有三个月看不见星辰”。中国历史学家班固在《汉书》中记载,同一个时期“大饥荒”饿死了半数人口,出现“人吃人”的现象。

公元 79 年 8 月 24 日下午,意大利的维苏威火山突然喷发。这次火山爆发将位于那不勒斯湾的庞培、赫库兰尼姆、斯塔比亚等众多古罗马城市掩埋,死亡总数可能达到数万人。对这一火山最可信的记录来自罗马学者小普林尼。在一封给罗马历史学家塔西佗的信中,他写下了他的所见所闻:一朵形状像松树似的黑云出现在火山口,过了一段时间,这朵黑云沿着山坡滚下来,将周围的一切都覆盖了,包括附近的海面。在火山喷发时,地面不断地颤动,后来地震非常强烈。灰尘如同厚厚的板块一样落下来。海面突然退回去了,然后又被一阵地震逼了回来。太阳被灰尘遮掩,白天如同黑夜。

1816 年是地球上最罕见的灾年,被称作全球“没有夏天的一年”。当时并没有人知道,引起这次灾难的直接原因是 1815 年春天印尼坦博拉火山爆发的结果,这次火山爆发遇难人数总计 11.7 万。当烟雾消散以后,坦博拉火山已“喷掉了山顶”,其高度从 4100 米锐减到 2850 米。其喷出的火山灰在地球大气圈中形成一个层面,将太阳释放给整个地球的光和热给挡在了外面,导致全球低温天气。从 1816 年开始,全球性的低温袭击了欧洲、美洲甚至中国。在新英格兰,1816 年 6 月普遍下雪,整个夏天都有霜冻。从不列颠群岛到欧洲大陆,社会几乎崩溃。历史学家 J.D.波斯特称之为“西方世界最糟糕的一次生存危机”。由于全球各国的“粮食骚乱”,激发了席卷欧洲的革命,法国政府倒台。根据美国的记载,新英格兰地区,纽约和宾夕法尼亚州部分地方覆盖上了一层厚玻璃似的冰雪。那些勉强熬过了 5 月、6 月寒冷的玉米在 7 月的冰雪里还是难免一死。更令人意想不到的是,最严重的还是 8 月,几乎所有绿色的植物都冰封在霜降之下。在中国,出现了“嘉庆大灾荒”,据云南《邓川县志》记载,嘉庆二十一年(1816 年)“是岁大饥,路死枕籍”。

1883 年 8 月印度尼西亚喀拉喀托火山爆发,喀拉喀托火山山体崩塌后坠入海洋,引起海啸,巨大的海浪淹没了数百个村庄,致使超过 3.6 万人丧生。火山喷发后 4 小时,3000 英里(约合 4828 公里)外的地方仍可以听见类似重机枪的咆哮声。据《吉尼斯世界纪录大全》提供的数据,全世界有超过 1/13 的人听到喀拉喀托火山的怒吼声。

1902年5月8日，西印度群岛培雷火山喷发，灼热的火山云笼罩空中，大量毒气四处蔓延，无数火山灰从斜坡疾速滚下。据记载，先是一股白烟在巨响声中升腾。片刻一声炸雷，一团火焰咆哮着冲向天空，人们听到震耳欲聋的爆炸声，火焰被炸碎了，四处弥散着拳头大小的火蛋，四周的树木燃起熊熊的大火。接着一条大得难形容的火蛇从海拔1397米高的培雷火山口冲天而起，高达数百米的滚滚浓烟，瞬间挡住天空，大地顿时一片漆黑，并发出剧烈的颤抖。巨石如雨撒下，世界犹如进入末日。不过短短的三分钟，全城29935人只有两人幸免于难，更为可怕的是，附近3座城市无一幸免，停靠在港口的16艘船只的船员也同样遭受灭顶之灾。

澳大利亚莫纳西莫大学教授雷·卡斯研究，近十万年中，世界最大的超级火山爆发很可能发生在印度尼西亚苏门答腊岛上的多巴湖。多巴湖火山最后一次爆发的时间是在73000多年前，那次爆发的威力非常大，火山灰挡住了太阳辐射线，导致世界回到了冰河时代。卡斯教授指出，超级火山是地球上最大的潜在危险，超级火山肯定是会爆发的，它可能在几年、几十年或更晚爆发，但迟早要爆发。

大多数科学家认为，6500万年前，一颗名为Chicxulub的小行星坠落在地球表面，引起大爆炸导致恐龙灭绝。1991年在墨西哥的尤卡坦半岛发现的一个远古陨星撞击坑进一步支持了这种观点。凯勒认为，经过对“K–T界线”岩层沉淀物的研究发现，小行星撞击地球的时间发生在“K–T界线”形成前约30万年，但它并没有造成生物灭绝；相反，印度德干地盾系列火山爆发的时间与“K–T界线”形成的时间最接近。

在7.5万年前，印尼托巴曾发生了一次规模相近的超级火山爆发事件。托巴火山爆发造成了地球上60%以上的生命死亡，火山喷发物比起 64 万年前的黄石超级火山喷发物高出 2 倍。那次爆发导致地球长达 1000 年的结冰期，估计当时喷发出来的火山物质可能高达 1000 立方千米。一些研究员认为，托巴火山爆发可能导致地球生命大部分灭绝，人类人口下降到 10000 人到 5000 人之间，当时的地球类人生命"智人"被推向灭绝的边缘，人类进化出现"基因瓶颈"。

地球资料显示，毁灭性的天然灾难平均是万年一遇，尼安德特人曾是地球的统治者，最终却未能进化成现代人，3 万年前突然从地球上神秘地消失了，俄罗斯圣彼得堡史前人类学研究小组通过研究预测，尼安德特人的灭绝缘于当时的火山大爆发。小组负责人科学家柳波芙·古洛婉诺娃指出，突如其来的火山爆发使得生态环境发生巨大改变，出现极端寒冷的天气和多变的气候，北半球产生了 "火山冬天"的现象。

4. 气候大转向，动物群死事件频出

2011 年初以来，世界各地天气异常。全球许多国家和地区有大量动物神秘死亡。谷歌也将全球 30 多个动物神秘死亡地点绘制成地图推出。

2011 年 1 月，意大利北部小镇法恩扎也突然下起“死鸟雨”，据法恩扎镇居民说，从 1 月 2 日起就不断有死斑鸠从天上掉下来，刚开始是一只一只往下掉，接着是十几只、二十几只一起掉……越来越多。这些死亡的斑鸠嘴角都带有奇怪的蓝色斑痕，至少近万只死鸟离奇坠地。美国阿肯色州比比小镇 5000 多只燕八哥在从空中坠亡。此外，瑞典、巴西、日本等地也有鱼或鸟大量死亡。

众所周知，动物有先知先觉的本领，人们称之为“第六感”。而更为离奇的是在美国、加拿大以及欧洲许多国家，最近几年，尤其是在 2009 年至 2011 年，发生了许多“蜂群衰竭调控”事件：许多蜂群蜂去巢空，空巢中还留下没有独立生存能力的蜂王和有待工蜂哺育的幼虫及雄蜂，而且并没有发现蜂巢内有蜜蜂的尸体。据美国农业部数据，美国 2007 年蜂窝减少 32%，2008 年减少 36%，2009 年减少 29%。至 2010 年，无法活过冬天的蜂群已经增加到 30%—35%左右。而欧洲每年有近五分之一的蜜蜂消失，类似的现象还出现在拉美和亚洲。

爱因斯坦曾预言：如果蜜蜂从世界上消失，人类也仅仅剩下 4 年的光阴。蜜蜂本身有着非常精巧的导航系统，它们成群结队，借着“摇摆舞”互相进行沟通，蜜蜂同时也是对地磁最敏感的昆虫。对于蜂群崩溃混乱症发生原因的怀疑：有全球变暖说；有手机信号干扰说；有学者认为罪魁祸首是广泛使用的杀虫剂吡虫啉，也有学者认为是一种名为以色列急性麻痹病毒（IAPV）的昆虫病

毒,至今众说纷坛,找不出原因所在。

2010 年 11 月,联合国坎昆气候大会召开,193 个国家展开磋商。关于引起全球变暖的原因,会上有着激烈的争论,尤其对于碳排放,发达国家和发展中国家之间的分歧依然很大,大会在一片混乱中开局,又在一片争议中结束。

没有任何人——即使是联合国气候变化小组,能确知世界气候从现在起到 10 年后会呈现什么样的场景。自 1860 年地球上有气象仪器观测记录以来,全球平均温度升高了 0.6±0.2℃。20 世纪以来,1998 年最暖,2005 年为次暖年。这并不意味着全球的气候正在趋向正常。实际上,20 世纪是过去 1000 年中最暖的 100 年;1850 年以来最暖的 12 个年份,有 11 个出现在 1995—2006 年之间。

各国的科学家使用 31 个复杂气候模式,对 6 种代表性温室气体排放情景下未来 100 年的全球气候变化进行了预测。其结果表明:全球平均地表气温到 2100 年将比 1990 年上升 1.4—5.8℃。这一增温值将是 20 世纪内增温值(0.6℃左右)的 2—10 倍,可能是近一万年中增温速率最快的。最近 100 年里,中国的气温上升了 0.4—0.5℃,以冬季和西北、华北、东北地区最为明显。1985 年以来,中国已连续出现了 16 个全国范围的暖冬。

与全球未来的情况一样,中国气候也将继续变暖。到 2020—2030 年,中国平均气温将上升 1.7℃;到 2050 年,中国平均气温将上升 2.2℃,变暖幅度由南向北增加。不少地区降水出现增加趋势,但华北和东北南部等一些地区将出现继续变干的趋势。未来 4—5 年,中国黄淮海地区出现 30—50 年一遇的极强降雨事件的概率将比 20 世纪 80 年代和 90 年代增加 4—6 倍。长江流域出现连续大旱的可能性较大,部分地区的干旱程度、范围、持续时间还将进一步加剧。中国是一个冰川大国，拥有现代冰川46377条，多年冻土的面积达220万平方公里，季节冻土占70%的国土面积。目前西部地区冰川连续退缩。

据联合国政府间气候变化专业委员会发布的第四份全球气候评估报告，1993年7月，北极海冰覆盖面积约为750万平方公里。到了2007年7月，北极海冰覆盖面积仅剩430万平方公里。在北极，因为冰层与冰层之间距离变得太长，北极熊已经没有体力游得那么远，于是它们开始被淹死在海中。研究人员已经观测到，格陵兰岛冰盖的融化速度已经明显上升，其流失的水量相当于美国科罗拉多河流量的6倍。

人们知道北极在融化，但人们并没有预想到北极冰山的融化速度如此之快。据美国宾夕法尼亚州立大学教授理查德·埃利2010年8月在格陵兰的调查，一块巨大的浮冰从格陵兰彼得曼冰川上崩离，断裂的浮冰面积相当于4个曼哈顿大小，可能是历史上有记录以来从冰川上崩离的最大一座浮冰岛。在未来十年内的某一时刻，如果这种状态继续下去，意味着格陵兰的冰盖将消亡，将造成全球海平面上升7米，距离北极数千里远的地区都将受到严重影响，届时像新奥尔良一样的地势低洼城市将会消失。对极地科学家而言，无疑这是骇人听闻的事件，因为它明显证实北极融化的速度正在急剧加快。对国际局势观察家来说，这同样是骇人听闻的事件，因为它意味着加拿大、美国、丹麦、挪威和俄罗斯这五个北极周边国家很有可能就北极土地、水域归属权的斗争很快从口头争吵进入到真刀真枪阶段。

北极也是一个非常复杂的地盘！根据现行的《联合国海洋法公约》，北极不属于任何国家，除俄罗斯、美国、加拿大、丹麦、挪威5个北极周围国家外，很多国家都宣称对北极拥有部分主权。目前，没有一个极地国家有明确证据表明自己的大陆架延伸至北极，因此北极一带被视为“国际范围”，由国际海底管理局监督管理。除《公约》外，与北极地区直接相关的国际条约是1925年生效的《斯匹次卑尔根群岛条约》。作为《斯匹次卑尔根群岛条约》缔约国，中国也有权进出地处北极的群岛地区从事科研等活动，有分享“区域”及其资源的权利，有权进入北极公海地区行使包括海洋科学研究在内的公海自由。

北极蕴藏着丰厚的能源资源。随着北极冰山融化速度的加快，这些能源资源的开采方式将变得极为简单。俄罗斯人动作最快。早在2001年俄罗斯就向联合国表明了自己对北极数十万平方公里水域的主权。此后，挪威、丹麦、加拿大对北极的“领土要求”也随之而来。2007年，俄罗斯的深海潜水器在北冰洋4261米深处插上了一面钛合金的俄罗斯国旗，以宣示对北极的主权。美国的破冰船也不甘示弱，它们驶进北极海域，并准备组建“北极舰队”。而加拿大总理也展开了3天的北极之旅，亲自出马宣示主权。美国官员称俄罗斯在北极宣示主权的行为是“异想天开”。美国和加拿大也产生纠纷。美国认为，西北航道是一条国际航道，各国“均有权通行”。加拿大则干脆在北极地区召开新闻发布会，明确宣布“凡驶入西北航道的船只必须在加拿大海岸警卫队登记备案”。

美国学者格温·戴尔认为，随着全球气候变暖，地球陆地表面都将会变成沙漠或灌木丛生的地带，或许只有北极圈和格陵兰岛才能成为“几近消失文明的未来中心”。如果幸运的话，一个几亿人的文明有可能在这一地区存活下来，因为“西伯利亚的苔原地带和加拿大北部还处于海平面之上，这个地区的植被也将非常茂盛，而面积增大的北冰洋将会有大量的水藻繁殖，各种鱼类也将把这里当做繁殖的乐园”。如果气候按这种程度发展下去，十年之内便会发生全球性的战争。气候条件恶劣的国家可能会使用他们的军事力量来争夺陆地、食物和水源。气候难民会大量出现，数千万来自热带和亚热带的气候难民将会涌向气温稍寒一点的国家，他们不会选择在庄稼颗粒无收的国家生活。地球会出现许多“破落”国家，非洲和中东地区可能特别会有问题，因为那里的国家领导由于未能解决国内饥饿问题而引起民愤。这种国家可能会充满着难民、恐怖主义和海盗。国家和国家之间也会因为水资源发生冲突——比如说印巴之间，伊拉克和土耳其之间——他们很可能会为一条河流而发生战争。

2010年，联合国气候变化专门委员会依据全球变暖数据预测，到2100年，全球气温最低升高1.8℃，最高升高4.8℃。

南极西部冰盖在大半个南极洲的海拔1800米处耸立。它含冰220万立方公里，和格陵兰冰盖的含冰量相若。在地球的数十万以至数千万年历史中，极地冰盖经历了一个又一个扩大和减退的周期。南极大冰原融化的水，并非均匀地分散到世界各地海洋中，而是会集中在北美和印度洋周围。

“好好享受你的生活吧，如果你够幸运的话，这种生活还能持续20年，2038年之后，一切就不堪设想了。”英国著名的环境学家詹姆斯·洛夫洛克坚信地球的大灾难必将出现。洛夫洛克在上世纪70年代提出了轰动科学界的“盖娅学说”，认为地球拥有一个全球规模的自我调节系统，可以使环境适应生命的生存，成为继达尔文之后首位对地球生态提出全新观点的科学家。

盖娅假说的核心思想是认为地球是一个生命有机体。具有自我调节的能力，为了这个有机体的健康，假如她的内在出现了一些对她有害的因素，“盖娅”本身具有一种反制回馈的机能，能够将那些有害的因素去除掉。何以见得呢？

自地球形成以来的46亿年中，太阳辐射强度增加了约30%（其中5%增加于显生宙期间）。理论上说，太阳辐射强度增减10%

就足以引起全球海洋蒸发干涸或全部冻结成冰。但地质历史记录却证明,地球上尽管发生过 3 次大冰期和大冰期内的暖热期交替变化,地表的平均温度变化仅在 10℃上下。这就表明历史上地球存在某种内部的自我调节机制。即整个地球的森林、湖泊、海洋、大气层等等因素构成了一个全球生态系统。生态系统的一个重要功能就是生态系统的稳定性。

詹姆斯·洛夫洛克认为灾难在某天会突然降临,导致地球大部分人口的死亡。盖娅和人类社会都会面临崩溃。洛夫洛克认为,极端气候会进入一个全新的被破坏的热系统中,一旦那天到来,任何行为都是为时已晚。面对正在发生的情况,人类的反应很迟钝。

早在 1983 年的时候,詹姆斯·洛夫洛克模拟出一个奇幻的世界,并解决了一个世界级的难题。借助计算机,洛夫洛克模拟出一个地球的孪生兄弟,它也有着地球形状的身材,荒芜的出身,不过它有个更诗意的名字,叫做“雏菊世界”。

雏菊世界里埋藏着无数等待发芽的种子。可是由于播种的人不幸是个色盲,这些种子只能长出两种东西:一种是黑色雏菊,另一种是白色雏菊。黑色雏菊吸收热量的能力非常出色;白色雏菊则天生善于反射阳光,是一些冷冰冰的不好伺候的植物。

最初的时候,太阳光线还很微弱,星球表面温度很低,寸草不生,两类种子都在地下沉睡着。后来,光照逐渐增强,黑色雏菊敏锐地接收到了阳光,热了热身就率先萌发了出来,成为新世界的第一批拓荒者,在仍然稍显寒冷的雏菊星球上生长起来。它们从两极开始向低纬度蔓延,渐渐繁茂起来;同时,它们吸收的热量温暖了大地,使得星球温度缓缓上升。

这种升温让埋在地下的白色雏菊种子捡了个大便宜,它们开始在温暖的赤道附近萌发并扩展开来,很快便跟黑色雏菊不相上下。星球被黑色和白色的花朵包裹起来，地表温度渐渐稳定下来。

而发生变化的是，太阳突然增大了辐射力度，把雏菊世界进一步晒热。由于白色雏菊反射太阳光的能力强，能够在炎热的环境中保持自身温度的凉爽，而黑色雏菊则因为耐受不了高温，逐渐衰败。白色的花儿迅速赶超了它们的竞争对手，在星球上大行其道起来。黑色雏菊则被逼回了两极，苟延残喘。此时的大地一片白茫茫，进而拒绝着阳光的照射。然而，当白色雏菊即将获胜时，一件事情发生了。原来，由于白色雏菊密密麻麻地覆盖着大地，星球表面无法接收到足够的热量，地表温度悄悄开始下降，一直降到了黑色雏菊能够重新生长的温度。而黑色雏菊的重新抬头，使雏菊世界陷入了新一轮的循环：黑色雏菊温暖着大地，白色雏菊退回赤道；但地表温度的上升没有让黑色雏菊坚持到最后，白色雏菊趁机重又登上历史舞台。就这样，星球温度起起落落，反反复复，但却始终处于一个适宜雏菊生长的范围。

世界上并不仅仅有雏菊。兔子们最先被放养到雏菊世界。它们来了最初确实导致了雏菊数量的下降。但到了后来，兔子实在太多，食物不再像以前那样丰富，于是增长速度开始放缓，而雏菊数量渐渐回升，最终两者一道形成了一种同进同退的动态平衡状态。兔子的好运还没过多久，狐狸也跟来了，使兔子数量减少，而雏菊增加。可是随后狐狸也因为食物短缺而减少，给兔子带来了重新繁衍的机会：雏菊世界循环了一阵之后，就又达到了某种平衡的状态。也就是说，不管人们如何为雏菊世界添油加醋，它所展现的基本趋势，仍然和最初的模型相一致。并且引入的物种越多越丰富，星球自我调节的能力就越好越强大。

按照物理学原理，一个物体在所受合力和合力矩都为零的时候就处于一种静力平衡状态。这种平衡状态也分三种情况分别是稳定平衡、不稳定平衡和随机平衡。物理教材上用一组简图很形象地表示出了三种状态各自的特点。人们可以想象一口半球形的铁锅，再想象一个玻璃球。现在把玻璃球放在锅底就得到了一种静力平衡，如果对玻璃球施加一点微小的初始扰动，玻璃球就会偏离锅底失去平衡，但是在合力的作用下小球依然会滚动回锅底。这时候如果没有摩擦力和空气阻力的话小球会一直在锅底附近做单摆运动，否则就会在阻力的作用下最终耗尽动能再次停留在平衡位置上。这种平衡就叫做稳定平衡。如果把铁锅倒扣在地面上，把小球放置在这个倒扣的半球的顶部同样可以得到一种静力平衡状态，这时候任何微小的初始扰动都会导致小球偏离平衡位置并且越偏越远再也无法回到原处，这种平衡就叫做不稳定平衡。雏菊世界就是这样一个不稳定平衡的世界。在黑白雏菊数量相等的时候达到一种平衡状态，这时候黑白雏菊的生长速度是相同的，如果没有外界的扰动这种平衡会一直保持下去。但这种平衡同时又是脆弱的，一个小小的事件，就导致了后面的灾难。

造成这种状况的根源在于两种植物的反馈机制。黑雏菊数量增多会导致温度上升，而温度上升又会导致黑雏菊数量的进一步增多从而陷入一种恶性循环，白雏菊数量增多也是同样。显然任何一种很小的推力都会导致整个世界的毁灭。当然后来由于科学家的研究解开了这个谜题，使得人们可以通过主动干预来维护这种平衡，但依然无力抗拒一只小虫子带来灾难。

全球最后一次“热浪”发生在大约 5500 万年前的始新世时期，也称“古新世—始新世热极限事件”。那时，世界气温过高已经持续数百万年，到达了一个临界点。

“古新世—始新世热极限事件”是由突然释放出来的 3000 亿至 3 万亿吨的化石碳气体引发的，最终的结果是始新世早期的气温要高于我们今天的气温，当时两极地区没有冰层覆盖，气温比正常情况升高了 6℃，而且这段时期足足持续了 2000 年。

在这2000年里，地球低纬度和中纬度地区很多地方一片荒芜：在陆地上，到处都是沙漠；在海洋中，临近海平面的海水上层也很少有海洋生物活动，因为一旦海平面的温度超过20℃，海洋生物就会大大减少。只有在接近两极地区的高纬度地带气温适宜的地方才有陆地生物和海洋生物的繁衍。

5. 冷热“风暴眼”，冰期来了

对于生命来说，宇宙是一个充满敌意的地方。到处都是真空。在极少数临近真空状态的地方，温度又非常高，化学反应无法进行——分子在稳定地形成之前就被分开了。而有些地方又太冷——由于反应过于缓慢而失去了生命出现的可能。

还好，还有一个温暖和有水的地方——地球，但各种各样的危险潜伏在它的周围。火山爆发喷吐出连绵的熔岩，把数百万吨有害的化学物质抛到空中，引发强烈的地震；海啸不断改写大范围的海岸线；冰河时代的出现改变了全球气候……

是否可以这样推论，大概在公元前 10000 年，极其可怕的灾难席卷了地球。地球上火山爆发，地震不断，洪水四溢。紧接着，大量的植物和动物灭绝，恐怖的全球黑暗时代到来。这是一个充满荒凉的世界，事实上，灾难的突发远远超出了人们的想象。

这次灾难到来得很突然。幸存的人们到处找寻洞穴和高山避难，关于他们境况的记录保存在成百上千的大洪水神话或者火灾神话中，这些故事每一个文明传统里都有。最近一个世纪，科学家收集了关于这场灾难的证据，用“冰河期理论”加以解释。

现代科学界一向偏爱均变论，这种对均变论的偏向唯物主义（这种理论假设所有的存在，包括思想都是由物质构成的）结伴出现，它们正是传统人类起源理论的基础，尽管这基础根本未经证明。

大约在 6.5 亿年前，地球呈现完全冷冻状态，表面温度骤然跌落，整个地球覆盖在 3000 多米厚的冰层之下。这一冰冻期持续了大约 2500 万年之久。

地球每隔一段时间都会遇到一段冰川期，在过去 300 万年来，地球跌跌撞撞地循环走过了几十个冰川期。每次冰川期到来，极地的冰层都慢慢扩大到其他地方。冰川期快结束的时候，它们又慢慢缩回到极地。每次冰川期一般都仅持续大约 4.1 万年，但在过去的 50 万年中，地球被这些冰层覆盖的时间却长达 10 万年。

冰川还可能会引起另一种连锁灾难。美国的科幻电影《后天》，讲述的是全球温室效应改变了海洋暖流的运动，从而使得地球在几周时间内进入到了冰川期。冰可以反射 85%的太阳光，而海面对阳光的反射率不足 10%。冰川越多，暴露于阳光之下的海面也就越少，那么地球吸收的阳光能量就越少，气温就会越来越低。一旦地球被冷冻，单细胞微生物就会死亡或退化。这样，只有发生一系列大规模的火山爆发，几十甚至上百亿吨炽热的火山熔岩才有可能融化厚厚的冰川。

与此同时，过去 50 万年中，冰川期及间冰期的温度变化都变得更加极端，最低温度和最高温度的纪录连续被打破。根据地球岩石的纪录，这些极端的气候变化不可能在短时间内缓解，而最近的两次冰川期更是有史以来气候变化幅度最大的两次。在这次即将到来的冰川期中，北美洲的遭遇与其在过去十几万年间的历次冰川期相似，将被厚厚的冰层覆盖。同时，电脑模拟显示，欧洲和亚洲也进入了冰层区，从英格兰到叙利亚，大片的土地都将被厚达 3.5 千米的冰层覆盖。这是此前冰川期中从未见到的景象。

2010 年 2 月，美国宾夕法尼亚州立大学的理查德·艾理教授通过采集、对比被称为冰核的冰川深层标本来推断气候的变化。艾理最惊人的发现发生在北美的格陵兰岛，他在那里钻出了一条 3 公里深的冰核，获得了 10 万年以上的气候历史。

通过研究这段冰核，理查德·艾理教授发现，气候循环的主要模式——间冰期与冰川期相互交替，只是问题的一个方面。冰核证据显示，有一个 10 年当中，在格陵兰岛中部，温度变化了 18 华氏度。这说明,气候并不总是循序渐进地发展,而是在两个极端之间野蛮地摇摆,它不仅在冰川期中发生过变化,甚至还在稳定的间冰期中也发生过变化。更糟糕的是,这种变化来势迅猛,10 年当中就能把气候彻底改变。

更让人担心的是,研究还显示,气候的这种疯狂摇摆,似乎是一种正常状态,而人们所享受万年的稳定气候,实际上是自然界的一种反常现象!

2011 年初,中国福建博物院展示了一批化石标本,距今 3 万到 1 万年前,地球发生过一次大的冰期,2.7 万至 1.1 万年前的冰川时期,台湾海峡一带原来是一片远古动物乐园,

标本经过北京大学实验室测定,这些动物生活的年代在 2.7 万至 1.1 万年前的冰期。包括诺氏古菱齿象、轴鹿、达维四不像鹿等。而大陆与中国台湾地区在大约 1 万到 4 万年前陆地是相连的。

18 和 19 世纪人类最大的发现之一就是,曾在地球上一度繁衍生长的绝大多数物种突然销声匿迹了。达尔文的进化论对此首先作了阐释。他认为,这些物种的逐渐绝灭是因为在不停的生存竞争中,它们对于环境的适应能力劣于它们的竞争对手。

冰川期的形成,与地球围绕太阳旋转的轨道有关。地球的旋转轨道并不总是完美的圆环。科学家发现,在这种持续了 10 万年的循环中,轨道先是从近似一个圆形,然后拉伸成一个椭圆形,之后又恢复到近似圆形。在椭圆形轨道上,地球远离太阳约 500 万公里,这个期间,地球便进入了寒冷的冰川期。而当轨道恢复成圆形时,冰川期又会被温暖的间冰期取代。

现在,地球正处于间冰期,气候相对稳定,人类文明得以迅猛发展。但地球的气候远比人们想象的难以预测,已有科学家提出:地球可能会在没有任何预兆的情况下提前进入第五纪冰川期。

为了找到冰川期有可能提前的确切证据，一些科学家将目光投向了浩瀚的海洋。

众所周知，大洋暖流有助于稳定天气模式。但是，科学家们最近发现，洋流有时也会变得异常慵懒。

艾理的一条冰核记录显示了发生在1.3万年前（上一个冰川时代末期）全球范围内气候的剧烈变化。当时，全球变暖，北美洲的冰川开始融化，在今天加拿大的哈德森海湾，形成了一个巨大的淡水湖。这个湖被冰山形成的大坝包围着，但大坝最终裂开了，11.5万亿立方米的淡水注入了北大西洋。由于淡水浓度比海水低，不会下沉，造成大洋热盐环流速度减慢，暖空气的循环停止，温度随即大幅降低。这就是“新仙女木事件”。这一反常的寒冷时代，统治了地球1000多年。

美国陆军寒地研究与工程实验室的气候学家唐·佩罗维奇研究发现，20世纪60年代，北极海冰的平均厚度超过3米，而今天还不到1.8米。以这样的速度，不用50年，北极的海冰层就会消失。

海冰就如同一个塞子，它可以阻止淡水冰河直接向大洋推进。一旦海冰消失，淡水冰河就会畅通无阻地涌入大洋。随着越来越多的冰河融化，势必会引发又一个冰川期。

海洋学家尼奥·博格为这种现象找到了直接的证据，他的研究小组在格陵兰岛海岸发现，洋流运动确实正在变慢。有些科学家据此预测，100年内，大洋热盐环流就会停止。但博格更悲观，他担心，这种变化会发生得很快。

大约在1万多年前，极少数的现代人在最后的一次冰期中幸存了下来。这些曾经数度覆盖地球表层的冰期是由地球年平均温度发生了几度的变化所引起的。在以往的100万年中，这样的冰期不断重复发生，它发生的规律性实在令人吃惊。距人们最近的一次冰期大约在1.8万年前进入盛期。当时,冰层覆盖了欧洲和北美的绝大部分地区。通过对海洋沉积物中氧的同位素含量的丰度进行测定,就能够对以往不同时期现于地球的冰川时代作出判断。在通常情况下,水中所含的氧是氧16,它的原子按里分别有8个质子和中子。而氧的另一种同位素氧18的原子核里则有8个质子和10个中子,而氧18这种类型通常只占地球含氧量的千分之几。这两类氧的化学性质几乎是一样的,但由于氧18稍重一些,因而当水蒸发时,易于留存下来。当冰期来临时,海洋里的一部分水蒸发到天空变成雨雪落到地面,带走了大量的氧,致使海洋里的氧18含量增多。因此,海洋沉积物中氧18浓缩物的变化就为人们勾勒出了一幅冰盖形成的自然历史图画。氧18的变化情况表明冰川形成的历史具有某种引人注目的周期率。它们每隔不同的时期重复出现,其间隔期分别为10万年、4.3万年、2.4万年和1.9万年。对这种周期性变化的解释既简单又出人意料。它是由南斯拉夫天文学家米留丁·米兰科维奇在本世纪前半叶首先提出的。当地球环绕太阳运转时,地球上出现了从冬到夏这种周而复始的季节变化。这是因为地球自转轴线与地球轨道平面的夹角并不是恰成直角,而是成23.5度的斜角。因此,当北半球夏季来临时,太阳处在天空中较高的位置,日照时间长,我们接受的热量就多些;同此道理,冬季太阳在天空中的位置偏低,日照时间短,气温也就相对的冷一些。如果地球自转轴线不成斜角,情况就非如此。关于引起地球热量变化原因的更精巧的解释是,地球公转的轨道并不是一个正圆形,而是一个椭圆形。椭圆形与正圆形的度数差用一个数值来表示,叫做偏心率。地球的轨道是椭圆形,加上太阳处在中心位置,这就意味着地球轨道上有一点距离太阳最近,我们称之为近日点。地球运行到近日点的时间是每年的1月。现在我们已经得知,由于月球和其它行星引力作用的结果,地球自转轴的倾斜度、地球公转轨道的偏心率以及到达近日点的时间，这三者都在随时间发生缓慢的变化。偏心率的变化是每10万年一次，地轴倾斜度是每 4 万年一次，近日点变化要复杂一些，它在每隔2.3万年和1.9万年之间交替。因此，米兰科维奇的理论回答了氧18含量的丰度所表明的冰川形成具有周期性的原因，因而也回答了冰川覆盖量的问题。冰川覆盖量取决于夏天气温处于 0 ℃以下的地区的面积，因为只有这样，冰盖才能年复一年地堆积起来。人们发现，在冰期到来时，物种的灭绝率同样达到了高峰，尤其是热带物种，它们陷入了走投无路的境地，例如加勒比海地区的物种就找不到更为温暖的地方。

冰川学家，史前气候专家洛兰·李斯基认为，下一个冰川期可以比此前100万年中的任何一次都要来得严重。500万年前，复杂生命刚刚开始进化，地球那时的温度比现在高出很多，极地没有任何冰。上一次类似的"温室地球"阶段大约发生在1亿到5000万年前，当时南极上森林苍郁，浅海则覆盖了现在美洲、欧洲和非洲的大片地区。

这之后，可能是与喜马拉雅山快速上升有关，地球大气中的二氧化碳量开始慢慢下降，地球也开始慢慢变冷。南极在3000万年前第一次出现了永久性冰盖，此后慢慢扩大。不久，北极也出现冰盖。

250万年前左右，地球气候进入了全新的震荡阶段，冰川期与间冰期频繁交替一直到现在。在此期间，北半球的冰层也不断扩大。这期间，北欧、北亚和北美洲的覆冰厚度一度高达4000米，海平面则在今天海平面的120米之下。一次比一次更冷的冰川期，让地球在过去50万年中总体来说不断变冷——直到"人类世"到来。"人类世"这个词是刚开始受到广泛认可的地质概念，由诺贝尔奖得主大气化学家保罗·克鲁岑提出。它没有特定的起始时间,意指人类活动开始对地球大气和生态产生越来越关键影响的这段时间。

世界或将进入一个小冰期,是自然界的轮回现象,其实并非是目前人类所面对的最大灾难。《太甲》曰:“天作孽,犹可违。自作孽,不可活。”“人祸”隐忧也许才是最严重的。而人类之所以走到危机四伏的境地,是人类欲望膨胀、灵魂分裂和自身拥有越来越强大的能量结合后所造成的。

第二章

资源荒匮
人类能否过上史前生活

2011 年，美国纽约期货市场原油交易价格突破每桶 125 美元。预计 2012 年后，石油价格每桶将突破 200 美元。

随着石油短缺问题的加剧，国与国之间的友好关系也变得更加难以维系。

人类文明将就此遭遇生存危机。

成百上千万的人失业。没有了汽车的人们将用脚走到沃尔玛，不是去买便宜的、从半个地球外运来的“中国制造”商品，而是从被遗弃的建筑里找点玻璃、铜丝什么的换钱……

以上场景难道真将成为现实?遍地贫民窟中讨生活的人们将如何与地震、洪涝、干旱抗争?

1. 当全球被石油绑架

南海，被称为世界上最复杂的海——全世界唯一存在岛礁、海域、大陆架主权和主权权益多边交叉争议的海域。“打开一张中国地图，在右下角，都附有一个中国南海诸岛的小地图，标有9条断续的国界线，专业人士都把它称为“九段线”。自2011年以来，中国南海与石油勘探有关的邻国纠纷不断升级，目前，南沙群岛除中国控制的岛礁外，还有其他岛礁被外国所侵占，这种分割和控制有蔓延的趋势。

中国东海、南海危机四伏？在南海不断升级的纷争背后，是深海巨大的石油资源以及各国对石油的恐慌。根据IEA（国际能源机构）2010年发布的能源报告，在全球约4112亿吨的石油资源量中，海洋蕴藏1350亿吨，约占33%；全球约436万亿立方米的天然气资源量中，海洋蕴藏140万亿立方米，约占32%。相比陆上，海底油气开发的风险之高、投入之大也不在一个层次上。目前，陆地上已鲜有可开采之地。现在，勘探已经开展到深海，这一地区的开发成本已显著提高。美国休斯敦大学教授吉姆·朗波顿认为，综合考虑各种技术难题后，深海石油开采的成本比沿海浅水开采至少高9倍以上。以墨西哥湾的“杰克2号”油田为例，油井被钻探到了海底以下6千米。到触及油层就需要安装8千米长的管道，而抽出石油需要的实施费用也十分高昂，其提炼成本高到令人望而却步的程度。

在深海的地层中，地下水远远超过石油，但是特大的地下水源是千万不能挖到的，会给钻井台和所在海域带来毁灭性的结果，现在都是通过钻头探测装置避开有水的岩层，转几个弯再开采到石油，所以海洋石油成本的高风险、高投入，足以让大多数石油公司望而却步。一旦漏油事故发生在水下1000—2000米，目前全球还没有有效的技术可以迅速堵漏。而且海上作业还面临许多无法预料的风险，包括天气、洋流、海啸、海底地震等。

2010年4月，全球石油巨头英国BP石油公司在墨西哥湾发生漏油事故，据有关方面估计，这次事故造成的真实损失至少有1万亿美元。BP公司在墨西哥湾的“深水地平线”石油钻井平台发生爆炸，损坏了海底油井管道，约3万平方公里的海域被污油覆盖，路易斯安那州的70英里海岸线受到污油侵蚀。

BP的黑色梦魇也由此开始。市值大幅缩水，由于受到石油污染，墨西哥湾32%水域已划为禁止捕鱼区。BP公司股价已下跌1/3，市值蒸发820亿美元左右，并面临近400亿美元的清理和法律诉讼费用支出，有人测算，BP公司一次漏油事件，已经相当于再打一场海湾战争。如果没有英国政府的支持，BP这家跨国巨头将面临“灭顶”之灾。

十几年前，东南亚金融危机后，油价仅为每桶10美元左右。美国发动伊拉克战争前，油价仅为每桶25美元。至2008年，美国纽约期货市场原油交易价盘中突破每桶145美元，与此同时，美国次贷危机愈演愈烈，引起油价下行，至2011年，美国纽约期货市场原油交易价盘一度冲破每桶125美元。

经济学家认为，如果石油破了一桶125美元，等于美国的消费者，装一加仑的汽油要4美元，将严重地侵蚀全世界最大的消费市场。而美国是全世界最耗费石油的国家，它根本没有大众运输系统，整个国家每一天就要进口1000桶的石油，如果石油的价格继续上涨，整个美国的经济将失去它的动能。

而每桶100美元，可能会成为全球石油油价的底部，主要的原因是沙特为了应付社会动荡，以将近1000亿美元的社福基金，发放补贴民众，国家赤字变得非常严重。按照《路透社》最新的分析，沙特主导的定价权，会把100美元的油价定为油价的底部，因为这是沙特维持成本和国家运转所需要的收入。

2010年俄罗斯本来还出现庞大的赤字，俄罗斯从金融海啸以后，一直面临庞大赤字的问题，但是2011年竟然因为利比亚战争石油价格大涨。北非的问题使得俄罗斯意外得到了巨额的收入，俄罗斯是全球最大的石油输出国，2011年俄罗斯的财政预算将是零赤字，甚至可能出现GDP1%的盈余。

自21世纪以来，"金砖四国"（巴西、俄罗斯、印度、中国）等拥有30亿人口的地区工业化进程加速，世界经济再次以5%左右的速度增长，经济发展直接导致资源需求增加的时代再度到来。

原来地球上的能源足够美国、日本、欧洲大约8亿人以美国式生活方式生活，世界银行一份报告称，一个人一年食用的玉米，仅够SUV（运动型多用途车）加油一次。如果新兴经济体的30亿人都期待开上SUV，而粮食产量又没有大幅度提升的情况下，只有涨价。

一个国家未来有三大生存要素，水资源、食物、能源。人们也许短期内可以在能源上摆脱对石油的依赖，可是现代工业摆脱对石油的依赖，依然遥遥无期。大宗商品价格不断上涨，已成为全球经济新图景中的一个新的永久性特征。

石油是现代战争的主要根源，一战、二战都与争夺石油资源有关。美国地缘政治学家威廉·恩道尔认为石油战争可分为两类：一类是争夺石油资源控制权的战争，从20世纪70年代以来，3次中东战争、海湾战争、伊拉克战争、英阿马岛之战，都是围绕石油进行的。伊拉克的未开发石油储量比沙特阿拉伯还多，这是萨达姆被美军赶下台的根本原因，而另一类是争夺石油定价权的战争。在目前石油供求基本平衡的情况下，石油战争将以期货市场争夺石油定价权为主。随着石油的资源不断减少，而理想的替代能源尚未解决，石油供应从相对不足变成绝对不足。届时，对于石油海上通道和陆上石油管道的控制权的争夺，也可能成为战争导火索，而海上通道最重要的是中东石油出口的霍尔木兹海峡以及马六甲海峡，而陆上石油管道，主要是从俄罗斯及中亚通往欧美的石油管道。此外，俄罗斯、伊朗等具有军事实力的石油出口国，如果面临美国的战争威胁，或者由于不能掌握石油定价权而使经济长期处于困境的情况下，不排除利用局部战争的手段，推动油价的上涨，如伊朗为了抬升油价可能主动对以色列发动战略导弹攻击，以封锁石油出海口。

美国国务卿亨利·基辛格曾说过："如果你控制了石油，你就控制住了所有国家；如果你控制了粮食，你就控制住了所有的人；如果你控制了货币，你就控制住了整个世界。"这句鲜为人知的断言总结了美国的强权哲学，至少是那些躲在幕后决定着美国外交和国内政策的少数精英人物的强权哲学。

美国地缘政治学家威廉·恩道尔认为，自 19 世纪 60 年代美国南北战争结束后，美国政治界一直信奉扩张主义信条，并把它命名为"天定命运"，而贯穿美国扩张的一条红线是围绕石油控制而展开的战争，即控制所有的石油，控制世界各地的石油，这条红线串起了许多鲜为人知的事件。美国的边界从大西洋扩展到太平洋，到 1898 年后，其势力范围扩张到了菲律宾、古巴和夏威夷。作为扩张的一个组成部分，美国很早以前就从俄罗斯人手上购买了阿拉斯加。经历了多年的起伏跌宕，世界一直处在英美石油巨头的垄断和控制之下。美国控制了石油，也就控制住了潜在竞争对手发展经济的关键。而苏联的解体就是被超低价石油给拖垮的。因为，苏联的石油都是在冻土地带开采的，其成本远高于中东的石油。而当时 10 美元一桶的国际石油价格，对于主要依靠出口石油作为外汇收入的苏联几乎没有利润。

随着石油面临的枯竭，各国在"石油"前面临的矛看，将愈发不可调和。石油资源的争夺战在21世纪将变得越来越激烈。2011年初，美国加利福尼亚大学经济学家纳塔利娅·米雷什金娜和黛比·尼迈尔撰文指出：石油开采的高峰期将在2030年结束，而可再生能源和新型环保燃料要到2140年才能在全世界广泛应用，化石燃料可能在2050年就会枯竭。而英国石油公司(BP)推算，按照中国目前的探明储量和开采速度，中国石油不够用10年。而英国石油储量消耗分析中心称，石油开采量下降10%—15%足以令发达工业国家的经济完全瘫痪。上世纪70年代，石油开采量仅下降5%就导致全球物价上涨了5倍。当前，全球石油消耗到了什么程度呢？以美国全国的机场消耗为例，28000桶42加仑容量装的石油，这仅仅是美国每两分钟所消耗的石油量。11000架飞机起飞，仅相当于美国每8小时的商业航班数量。而一架飞机穿越大西洋需要60000升煤油，这相当于普通汽车驾驶50年所需的燃料，塑料的原料是石油，而100万只塑料杯，这一数量的塑料杯仅是美国航班每6小时的消耗量。

从农耕文明到工业文明，继工业文明之后，新的文明在哪里？自有了人类社会以来，人类所有的文明都是建立在能源之上。虽然，人们很难接受"文明可能会覆灭"的说法。然而，历史上那些衰落的文明也认为他们比他们的邻国和祖先更加优秀。而存在了200多年的美国也未必比延续了将近1000年的罗马帝国更加坚实！

西班牙思想家奥尔特加·加塞特说，"文明崩溃的可能性是我们自身死亡率的两倍"。假如地球上根本就不存在化石能源，那人类将依然停留在农耕文明中，也就没有欧美所谓"工业强权"，地球上的游牧民族将一如既往地与农耕民族进行征战。许多人愿意相信，现代文明一定能克服古代社会和简单社会无法逾越的障碍而幸免于难。但这种信念到底有多么坚定？而许多具有某种历史感的人深信德国历史学家维拉莫威兹在论述罗马帝国时所说的

“文明会死,因为它已经死过一次”。

美国学者迈克尔·舍默对人类60个文明进行研究后,得出结论:现代文明比古代文明的生命周期更短,因为现代文明过于复杂,需要更多的自然资源来支撑自己以及保护自己的疆域。一个复杂社会的崩溃,就好像是人们头上起支撑作用的拱梁突然垮掉或完全消失。平民百姓再不能依赖外在的防卫、内在的秩序,再没有公共设施的维护或食品物品的分发。社会组织降低到经济上可维持的最低层次,周围到处是危险的对手,地平线上显示的只有未知。现实人生也是如此,即中层、底层、上层之分,很多底层人民在生存底线中挣扎。堕落、犯罪,其实就是因为社会法则过度苛刻,使他们根本没有机会,所以他们就选择放弃。而中层社会的人民就会乐观地奋斗,因为他们有一定机会进入社会主流、核心,有机会去为自己的阶级制定有利的社会规则。

文明的延续依赖于能量需求与供给的关系,但如今的能量供给是建立在矿物燃料等一次性能源上面的。这显然是个巨大的问题,日渐枯竭的能源越来越难驱动越来越庞大和复杂的社会体系的运转。

美国历史学家约瑟夫·汀特认为,能源是复杂社会的一种必需品,社会越复杂所需的能源就越多,相反就会退回石器时代。人类的社会是迄今为止最复杂的社会,它的运转全靠能源维持。复杂的社会就如同解决问题的机器。它通过配置社会的各种资源来解决一个又一个的问题。在最初的时候,一个社会要解决的问题往往是那些最容易解决而且又能带来最大回报的问题。因此,解决这些问题所获得的收益相对较大,而维持整个复杂社会“机器”的努力和成本相对较小。然而,一段时间之后,社会所要解决的问题变得日益困难,解决这些问题所要付出的代价变得日益高昂,同时,解决这些问题的回报却开始减少。因此,维持整个上层阶级

(包括官僚机构和专门职业)的成本就变得越来越高,让社会不堪重负。

在汀特看来,维持一个社会复杂性的最基本需求是能量。他所谓的能量包括食品供应、人力和畜力、燃料(比如木材、矿物燃料或者铀等)以及其他物质。只要能量供应充足,一个社会就可以向更复杂处发展,但一旦能量供应达到极限或者开始减少,那么社会的复杂性就将变得难以维持或者开始降低。最终,这个社会将达到一个临界点,此时,社会要解决一个问题所得到的回报不足以补偿要付出的代价,即入不敷出。例如罗马文明,罗马武力征服邻邦,然后把邻邦人民当奴隶来发展生产。可是每一次征服都伴随更大的更复杂的需求来运行整个政府机构、军队、教育、公共建设、福利等等东西。而这些最终得靠税收来实现,于是苛捐杂税多如牛毛,把土地所有者逼得无路可走。而开拓疆土所得的回报无法抵偿付出的代价。从这时起,社会开始变得脆弱起来,任何一个危机或者严重问题都可能成为压垮骆驼的那根稻草,也就是说任何一个危机或者严重问题都可能导致文明的崩溃。

当人类开始审视当今世界,发现石油变得日益昂贵,并且寻找新的油田变得成本高昂,日益困难的时候,就会觉得汀特对石油这一人类工业文明的心脏的特殊强调似曾相识、倍感亲切。

早在1964年,俄罗斯天体物理学家尼古拉·卡尔达舍夫就提出了这样一个理论:他认为人类文明的技术进步将与其国民可控制的能源总量息息相关。

纵观历史,最早人类能源的获得是钻木取火技术。太阳系所有的星球中,地球因其能够点燃火而显得独特。木材、草本植物、粪便、人类等动物的毛发——都能够燃烧。有了火种,人类用这一技术吓退其他各种试图侵犯他们的动物,或者将它们活活烧死。火照亮了人类穴居者夜晚走的路和他们要入住的漆黑洞穴,火帮助人类祖先抵挡食肉动物的袭击，火使他们在冰河时期能生存下去，火还可以让那些令人类感到害怕的动物无处藏身，极易被发现。

而人类的化石能源时代启于欧洲工业革命，这是一笔上帝给人类已经储藏了上亿年的宝贵财富。英国之所以成为持续长久的工业革命发源地，其根本原因是该国煤炭丰富、森林资源短缺，人口的能源需求增长迫使他们放弃木材、改用煤炭，而采矿抽水则最终导致了蒸汽机的出现……与此同时在“煤炭与蒸汽”、“石油与内燃机”、“电”推动下，整个世界经济、社会产生连锁式飞跃发展，世界从此正式全面进入工业文明时代。

1852年波兰人依格纳茨·卢卡西维茨发明了使用更易获得的石油提取煤油的方法。次年波兰南部克洛斯诺附近开辟了第一座现代的油矿。这些发明很快就在全世界普及开来了。1861年在巴库(现阿塞拜疆共和国城市)建立了世界上第一座炼油厂。当时巴库出产世界上90%的石油。后来斯大林格勒战役就是为夺取巴库油田而展开的。

争夺20世纪的生存空间，就是保持对殖民地的控制——从而控制赖以生存的能源。从这个意义上讲，欧洲的发达国家都面临这样一个基本的共同问题。这种生死攸关的格局应该是第一次世界大战产生的最根本原因，更是紧接着的二战再度爆发的根本原因。

澳大利亚学者希拉·纽曼认为，经济学家们认为由于机器的改良(而不是燃料种类及形式的日渐多样化)，即便燃料资源减少，地球仍可以产出更多的能源。然而，事实却是1830年至2001年世界人均能源消耗增长了8倍。21世纪，全世界面临着石油的自然枯竭，更糟糕的是，人们无法找到一种同样有效、便捷、廉价的替代燃料。

2. 另类殖民，石油折腾世界

现代文明即将终结，这不是宗教预言、也不是阴谋者的恫吓，而是世界知名的地质学家、物理学家、天文学家，经过研究后所得出来的一致结论。所有参与研究的专业人士，连他们自己都对即将到来的石油危机感到深深的恐惧。

美国著名学者塞缪尔·亨廷顿曾在《文明的冲突与世界秩序的重建》一书中指出，21 世纪以来，各文明间的均势却在发生一些逐步的、无情的、也是根本的变化，西方社会的权力相对其他文明将继续衰弱。其衰退主要特征表现在：它的衰退跟其崛起一样，是一个缓慢的过程；这种衰退并不是直线型的，带有间歇性和反复性；在人口与领土、经济产值和军事能力等方面控制的资源方面，相对而言正在下降。

自 17 世纪以来，欧美等工业强权，依靠化石能源，以蒸汽动力，然后是汽油和电力建立起了化石工业文明，并以血腥手段将其地盘由欧洲的一个角落扩张至全世界，工业文明的强势，完全依赖于自然资源的充足供应。一旦某种关键性的资源出现短缺，而技术发展又无法提供廉价的新能源替代品，整个工业文明就可能像黑洞一样从内部塌缩。而由于工业文明带来生态环境的破坏也可能引发社会危机，成为崩溃的导火索。当上述两种危机叠加在一起的时候，任何形式的文明都无法逃脱厄运。

可以想象这样一种情景：敌对的大国集团在石油短缺的威胁下对最后的产油国发动入侵并爆发大战，结果是两败俱伤，造成国内的不稳定和平等主义的革命，而周边的“落后势力”的侵袭，对于压迫他们的强权进行报复性的破坏，使大都市萎缩，大国解体。受到威胁的主要是经济文化发达而人口密度较低的西方国家。

就本世纪经济世界里所发生的变化而言,关键是,世界经济依靠石油能源的巨大扩张和复杂化已经发生,它不可能以这样的速度无限期地持续下去,当它达到了收益递减的转折点的时候,各种压力就会发展出来。这些压力既包括国家间的竞争,也包括国内围绕分配所产生的社会冲突。例如由国际竞争所引发的1914—1918年的世界大战,留下了一个受到削弱、饱受痛苦的欧洲,那些曾经强大的国家至今内部四分五裂,在巨大的债务重负之下踉踉跄跄。而美国也在反复性地步欧洲的后尘。

2011年初,国际能源署(IEA)首席经济学家比罗尔指出,廉价能源时代已经结束,在未来,石油的供应量不大可能赶上需求。随着世界上多数主要油田已过产油高峰期,未来5年全球可能面临灾难性的石油枯竭能源供应危机,并影响经济复苏。在这一对石油枯竭全球能源前景迄今最严厉的警告中,比罗尔指出,世界范围的石油枯竭速度已经超过了之前的预期,石油峰值出现时间至少提前十年到来。国际能源机构对全球800多家油田的调查显示,许多大型油田已经过了产能最为旺盛的黄金时期,石油产量下降速度是人们两年前预计的近两倍。

美国普利策奖得主保罗·萨洛帕克认为:"石油顶峰的后果将是无法想象的。永久性的燃料短缺将把世界经济推入漫长的大萧条。成百上千万的人将失业。农田里的拖拉机将由于没有燃料而无用武之地,造成大饥荒。没有了汽车的人们将用脚走到沃尔玛,不是去买便宜的,从半个地球外运来的'中国制造'商品,而是从被遗弃的建筑里找点玻璃、铜丝什么的换钱。"

中东人之所以富得流油,只是因为他们手中握有世界一半以上的石油资源,也就是说他们是坐在金矿上。在石油被广泛应用之前,中东地区是世界上最贫穷的地区之一,石油美元填满了中东人的口袋。

但世界上其他地区的人民却没有这份幸运，他们得靠辛勤劳作才能过上富裕的生活，这还得要他们出生在英国、法国这样好的高福利国家，而如果他们出生在非洲这样的贫穷地区，他们可能天天食不果腹。这些贫穷的人民会如何想、又如何做呢?他们的未来在哪里呢?

所有的石油生产都遵循一个钟形曲线，当一个新油田被发现的时候，起初，产量很低，因为用来大规模开采的机器设备还没有装好。逐渐地，设备的规模逐渐扩大，被开发的油井越来越多，石油产量也跟着迅速上升。到了一定时间以后，产量增加的速度就开始减缓，直到完全停止。然后石油产量就开始无法逆转的下降。慢慢地，即使再挖油井、使用更发达的技术也无法抽取更多的石油。这个过程一直到抽取、运输、加工石油总计耗费的能量超过了采出的石油能量时才停止。到了此时，已经不值得再继续开发该油田了。这个曲线对于一个国家、乃至整个地球上的石油产量都成立。因为国家、世界的石油产量是由无数个大大小小的油田产量累加起来的。这个著名的定律是 1953 年美国地质学家金·哈伯特发现的。早在 1953 年，金·哈伯特就推断，美国石油出产将于 1969 年左右达到顶峰，之后就会一直下降。1970 年，他所预见的情况真的发生了，一直到今天，石油专家把这种情形叫“哈伯特顶点”或“石油顶峰”。其他的产油国家，如法国在 1988 年、英国在 1999 年等等，也陆续出现了同样的情况。

虽然油价自 2001 年以来翻了一番，石油公司用于探勘的总预算只增加了一点点；虽然美国的炼油厂都在满负荷生产，但是自从 1976 年以来，美国没有建造一座新的炼油厂；世界上的每一条油轮行程都排得满满的，但是新油轮建造的速度还不及旧油轮报废的速度。

没有哪个石油公司会建更多的工厂来炼越来越少的石油。石油公司不光在缩减产量,最近几年还在疯狂地互相兼并。每当一个行业开始萎缩、衰落的时候,行业里的大公司就会趁机收购资产比自己弱小的竞争对手,以期成为“最后一个站着的人”。

勘探公司已经把地球翻了个遍。全球每年新发现的石油总量在1962年达到顶峰,之后就一直下降,到最近几年,几乎没有什么新的大油田被发现。

目前世界石油的实际储备量也会对这个问题产生影响。而以往的一些针对石油储量居世界前四位的国家(沙特阿拉伯、伊朗、伊拉克和科威特)的调查让人怀疑,已知的统计数字到底有多少可信度。据说,科威特的实际石油储量其实只有官方报告的一半。

2011年初,《维基解密》公布的美国外交电报显示,全球第一石油出口国——沙特夸大其石油储存量近四成,而实际石油产量根本不足以遏制全球油价飙升,美国担心全球石油产能或于2012年初就会见顶。

美国驻利雅得大使馆在2007年至2009年致华盛顿总统府的电邮显示,美国驻沙特总领事在2007年11月曾会见沙特石油大鳄Aramco开采部前主管侯赛尼,当时侯赛尼向总领事表示,沙特阿拉伯向外声称原油储存量为7160亿桶,其实夸大其词,实际只有4160亿桶,显示沙特的石油储存量可能不足以压抑国际油价的上升。

侯赛尼认为,沙特的产油量可能在10年内达到每天1200万桶,但在此之前,全球可能在2012年遭遇石油峰值,届时全球原油生产能力在达到巅峰后,会逐渐下滑。

侯赛尼认为,世界12000亿桶的石油储量中,有3000亿属于虚估,即属于可能存在,属于开采成本过大或者现有技术无法开采的资源。比如在北极、在深海、在油页岩中。问题是,要把这种非传统石油提炼成燃油,成本非常高,对环境的破坏也非常大。这些资源要被利用,一个前提就是油价进一步大幅度地上涨。

无论如何,科学家的共识一直认为:石油顶峰或者已经来临,也可能在未来10年至15年到来。国际能源分析家马修·西蒙斯分析认为,沙特90%的石油产量是来自七个大型油田,这些油田全都正在老化,但它们仍然继续生产沙特90%的石油量……这些油田能够十年如一日地维持如此高的产量,全靠工程师们向地下注入大量的水,以保持地下油田的高压。当注水方法再也行不通的时候,石油产量将会不可避免地出现突然下降。通过他的审慎研究,西蒙斯已经有力地证明了——因为沙特的大型油田已出现问题,全球的能源局势将突如其来地崩溃。

针对油源枯竭,石油公司做了些什么?美国麻省理工学院做了一篇评估报告:现在勘探公司每找到一桶油,在过程中就要花掉6桶油。

美国经济学者柯林·坎贝尔博士对于石油的未来有另一种解释:如果我是一家石油公司的老板,我永远也不会把事实告诉公众。这不是游戏规则。所有的银行在把钱借出去的时候,都有一个假设:经济会增长。银行很乐意把钱借给别人,因为他们相信明天的经济增长所带来的回报足以抵消放款的风险。可是,当经济增长的原动力——石油——开始变得不足时,这种增长就变得不可持续,银行就面临巨大的危险。股票市场也是同样的道理:人们把钱投进去,以期获得回报。可是当公司无法再发展时,它的市值就会瞬间蒸发。整个过程将会类似1929年的大萧条:当市场终于发现经济无法再增长时,它就崩溃了。

3. 石油破两百，全球遍布贫民窟

石油正在成为现代工业文明的瓶颈，成也石油，很可能败也石油！纵观现代经济史，在通货膨胀及金融危机的背后，总是有着能源价格居高不下的背景。2011 年初，美国纽约期货市场原油交易价盘继 2008 年次贷危机时每桶 145 美元的历史高位之后，再次重新站上 100 美元，并不断走高。

石油价格的上涨，将直接导致全球大通胀及食品价格上涨。印度家庭有超过一半的收入用于食品支出。2010 年该国食品价格涨幅达到 18.32%，洋葱在印度号称国菜，是印度最便宜、最基本的蔬菜之一，但近来洋葱价格疯涨，市价高达每公斤 75 卢比，约合 12.5 元人民币，是正常时期价格的 5 倍多。高涨的洋葱价格引发群众抗议，印度主要城市都有群众走上街头，抗议政府的不作为，导致印度内阁召开紧急会议，讨论洋葱价格飙升的问题。而印度此前已发生过多次“洋葱危机”，正是这一问题导致了之前两届政府的下台，除了洋葱外，印度的黑胡椒、豆蔻、姜黄、西红柿、土豆等蔬菜价格也在飞涨。目前，即使是最廉价、最基本的土豆咖喱饭对于穷人来说也已经变得过于昂贵。在印度首都新德里，据印度非官方福利团体“德里力量”2010 年调查报告，印度首都有 52%的人口居住在水电及卫生等基本设施都缺少的贫民窟里；印度第一金融大城孟买情况类似，约 60%的民众住在贫民窟里，食品价格上涨，受影响最大是社会底层的穷人。美国城市理论家迈克·戴维斯预言，未来的地球将是一个贫民窟星球。大批被正式世界经济逐出的人群，必须把他们的生活押在危险的山坡、河漫滩或临近散发毒气的垃圾场等不可避免的灾难上。

早在 2009 年末，投资家巴菲特就已经预计到能源带来的全球通胀，这一次被他相中的是食品公司和石油巨头。巴菲特旗下的伯克希尔·哈撒韦公司在提交给美国证券交易委员会(SEC)的报告中披露,该公司增持了世界最大零售商沃尔玛及富国银行的股票,并新增对食品生产商雀巢和美国最大石油公司艾克森美孚的投资。该公司对沃尔玛的持股规模从1990万股提高近一倍至3780万股,价值18.6亿美元。巴菲特还将富国银行的持股增加近1100万股至3.134亿股。

石油对人们的影响有多大呢?事实上,人类所有的生活用品都和石油紧密相连。如现代生活中无处不在的塑料就是用石油做的,包括电脑、家用电器的制造等等都离不开石油。据美国化学协会的数据表明:生产一个32M的DRAM内存条,需要消耗3.5磅(1.6公斤)的石油和70.5磅(32公斤)的水。而制造一辆汽车大概需要20桶石油。如果算上零件等,最终消耗的能源大概相当于汽车重量的两倍。以农业为例,杀虫剂和农药制造离不开石油;化肥是用氨水,而氨水是从天然气生产出来的;所有的农用机械及农具,包括拖拉机、联合收割机等等,都需要使用石油。

2011年初,奥地利石油问题专家罗纳德·施托费勒曾撰文指出,全球石油开采极限期已经到来,在未来三到五年时间里,国际油价完全有可能飙升至每桶200美元。施托费勒认为,人类至今还没有找到能够真正替代化石燃料的其他能源,而且至少在相当长的一段时间内也不会找到。所有的国家都必须面对这种残酷的现实。

美国学者斯蒂芬·李柏认为,所谓太阳能等新能源都依赖于石油,预计2012年后,石油价格每桶将突破两百美元,国家经济巧妇无米,后果就是整体混乱,一切传统的秩序都将面临巨大冲击,尤其是金融秩序。在全球大通胀中,大批人将沦为穷人,打击是毁灭性的,因为他们有限的退休金、养老金或者是失业保险金,可能到最后根本无法解决生活的最基本需要。企业家不愿意再增加新的投入,不愿意再增设新的岗位,因为他也会预期到自己的盈利跑不过通货膨胀率,于是能源危机加剧了失业率、削减了社会的消费能力,等于变相对整个经济体实施了通货紧缩。直到有一天,当通货膨胀率如果超过了 20%,人们会对整个货币体系失去信心,银行的信用体系也将面临崩溃,人们会宁愿把纸币都当掉,把它换成黄金、生活必需品存在自己家的地窖里,再也没有人相信银行会给自己的财产保值。这个时候,人们只好把钱继续拿去孤注一掷豪赌石油价格,又反过来进一步推升石油价格上涨。除非全面的替代能源出现,否则根本无法摆脱这种恶性循环。事实上,欧美国家正在面临这种选择。他们选择坐视通货膨胀率高达两位数不管、坐视大量的商品过剩,而想尽办法来刺激经济继续快速增长。同样,石油将会成为引发第三次世界大战的导火索……随着石油短缺问题的加剧,国与国之间的友好关系也变得更加难以维持。当一个文明面临资源短缺以及复杂性回报递减困扰的时候,这个文明就将遭遇到生存危机。

大约 900 年前,欧洲人和亚洲人发现地下的煤矿并开始燃煤。煤就是古时植物垫的最表层——储存了三亿年之久的阳光。煤的开采使人们能铲掉更多的林地以转为农地,因为人们已不再完全依赖树木作为热源。愈来愈多的农地可以生产更多的食物,因此世界人口剧增。

从本质上说,石油无非就是过去的动植物的死尸。只不过它们深埋地层中,历经亿万年之久的复杂地质变化,早已经变成一片黑水。今天流动着的石油液体中,已经难以找到这种影子。如果没有人类的眷顾,这些经过演化的动植物遗体除了极少数被上帝拿出来“晾晒”,从地下自然冒头以外;绝大部分将会暗无天日,永久地长眠于数千米的幽深地层,同时也可能悄无声息,消逝于更深邃的时间隧道中。但是,或许是机缘巧合,或许是冥冥中注定,人们发现了地缝中自然冒出的石油可以变成能源。

石油也是一种古老阳光的积蓄。由石油促成食物供给的大跃进，使得世界人口猛增。2010 年，联合国人口普查工作组编写的《全球人口展望》报告预测，2009 年 3 月的全球最新人口统计数字为 68.5 亿。到 2011 年末，全球人口将突破 70 亿大关。不断激增的人口，加速消耗着世界上日益稀少的能源。

虽然石油、天然气的替代者有很多种，如核能、太阳能、生物燃料等，但如何提高这些替代能源的比例仍然是个挑战。专家们也探讨了替代性能源的进展，内容涉及太阳能、风能、生物质能和核能。

事实上，包括核能在内的所谓的“可替代能源”、“新型能源”本身也是石油的衍生物。指望它们来替代石油是不可能的，因为如果没有大量、廉价的石油，这个替代过程本身就无法进行。

例如核电站，需要用到高度复杂的科技和金属冶炼技术。这些设备的制造要用到大量的银、铜、铂、铝。这些金属，从勘探，到开采，到冶炼，到运输，再到最终投入生产，每一步都依靠石油驱动的机器。学者理查德·巴内特在他的《短缺的政治学》一书中提到：每生产一吨铜要用掉 112000000BTU 的能量，大约相当于 17.8 桶石油。而生产一吨铝用掉的能量是铜的 20 倍。核能发电需要铀矿石。铀矿石跟上面提到的金属一样，也需要大量的石油来勘探、开采、提炼和运输。

可再生能源的能量密度远远低于石油、煤炭、天然气这样的化石能源，氢能源只是科幻电影中最常出现的超级替代能源，但是在现实中广泛制造并使用氢能源还只是一种构想。剩下的选择就是乙醇。目前世界上已经掌握的从植物提取乙醇的技术来自玉米，美国前总统布什 2007 年曾提出玉米转换乙醇的科技计划，导致全球粮食价格疯涨一倍。可耕种土地始终是有限的，亩产量也是有限的,通过玉米转化乙醇意味着每个人都必须从自己的饭碗里拨出一些“喂”给汽车。除了以上所有问题之外,玉米乙醇最大的弱点在于能量含量低——将玉米转化成乙醇的过程比将纤维素转化成乙醇的过程要简单,因为玉米含糖量很高,可以直接开始从糖到酒精的步骤,省却了将分子转换成糖的步骤,但是玉米乙醇产生的能量仅仅比所有种植和制造过程中使用的能量多30%而已,换句话说就是折腾半天还不够费劲的。另外大面积地种植玉米需要使用大量化肥,这会对水源造成污染,还有其他粮食作物涨价带来的影响也需要计算进成本中。

利用风力和太阳能驱动汽车,在冰岛或者瑞典这样人口有限、面积狭小的小国或许可以实现,在美国大规模使用几乎不可能实现。同时,新型能源所需要的设备,如太阳能电池板、风力发电机、燃料电池、生物柴油厂、核电站等等,都需要用到高度复杂的科技和金属冶炼技术。而这些设备所需要的金属、矿石在地球上的储量也极其有限。有迹象显示,许多相关的矿产资源也濒临枯竭。铜的价格在过去五年里涨了 3 倍,铝的价格翻了番。2007年,铀矿石的价格一度达到 140 美元一磅,而一年前,它的价格只是 48 美元一磅。铂金属是能够促使汽车、卡车和巴士所排放的尾气污染物下降到一个可接受水平的催化剂。科学家估测,如果今天正在使用的 5 亿辆交通工具全部重新配备燃料电池,这就意味着全世界的所有铂金属在 15 年内就可以用光。一旦人们用完了所有的铂,由于铂金属不能合成,地球将不再会有获得铂的办法。同样的事情还发生在了很多其他稀有金属上。被用作制造阻火材料的锑金属 15 年就将被用光,银在 10 年内就会被耗尽,锌可能在 2037 年被用光,而铟和铪这两种重要的计算机芯片原料金属在 2017 年就可能被用完,用来制造荧光灯的磷光体的金属铽在2012 年前就会被用光。科学家指出,地球上稀有矿产消耗过快的原因，与人类研发能源新技术时不考虑成本有关。估计称世界上的铟储量最多可以维持人类十年的使用。这种稀缺性已经反映到了它的价格中，2003 年 1 月每千克的这种金属大约还只可以卖到 60 美元，然而到了 2006 年 8 月它的价格却狂飙到了每千克 1000 美元以上的高位。

美国珀杜大学教授史蒂夫·哈利特推演了没有石油的情景下人类的生活场景，全球战略石油储备只有一个月左右的用量。当用完了所有的石油后，接下来会怎样？首先，会影响交通。所有汽车油表上的指针将指向“E”，公路、铁路和空中交通将完全停止，太空飞船、卫星、运载火箭、火车、轮船，军队的飞机、坦克、潜艇、航母都成了摆设。整个地球的限电和停电很快就会开始。人类主要是用煤发电，但离开烧柴油的挖煤机，人类将如何采煤？又如何把煤运到发电厂？室内采暖和空调将无法开动，电视机和笔记本电脑只能再用几个星期就会停止工作。

如果没有了石油，那么，所有石油产品也将很快从这个世界上消失，而实际上人类的文明世界都是建立在石油之上。如果无法从全国各地运来粮食和新鲜蔬菜，人们只能自己动手，丰衣足食，一小块庄稼地将变得非常重要，而所有粮食都要靠人力播种或收割，由于无法冷冻和冷藏食品，人类只能吃新鲜食物。钓鱼或许会解决一些问题，但鱼竿和钓鱼线大多是由塑料制成的。人类工业时代的发明绝大多数与石油有关，像电脑、办公桌、牙刷、毛巾、厨具、服装、建材等，这些大多数将从人们的视线中消失。美国学者强纳森·盖特豪斯提到了一个可怕的观点，“从 2010 年开始，最晚不会超过 2020 年或 2030 年，全球石油供给将达到顶点，世界也将开始分崩离析……永久性的燃料短缺将把世界经济推入漫长的大萧条。当真相无法再被隐瞒时，物价将飞涨、经济崩溃，文明世界将像骨牌一样倒下……”这一切，只有从时间中才能得到答案。

第三章

多国大选
2012，人类危机与选择

2012年，拉开各国大选帷幕！联合国五大常任理事国中，有四个国家要举行大选或领导层的新老更替，未来的全球格局将发生怎样的剧变……

1. 2012，全球换届后的新秩序

无论从哪方面来说，2012 年都是一个时间节点，欧元区不再是一个庇护所，反而成了不稳定的源头；欧洲似乎正陷入一场庞氏骗局，希腊、爱尔兰、葡萄牙和西班牙的债务越堆越高，违约近在眼前。全球金融危机及其余波继续让政策制定者伤透脑筋，而“卡恩事件”已经为 2012 年全球储备货币之争埋下伏笔。2012 年是中国的龙年，在这一年的年末，将选出美国新总统，俄罗斯、法国、韩国、新加坡等国家领导人将在此前后换届。联合国五大常任理事国中，有四个国家要举行大选或领导层的新老更替。2012 年韩国将进行总统选举，并将举办第 2 届核安全峰会。

美国的领导人一般任期四年，掐头去尾也就是两年的有效时间。这还不算期间出现的其他选举：如州长或市长选举、议员选举。这些选举也同样需要总统挂帅、站台。真正的治国时间，可谓寥寥。更重要的是，在选举期间各政党的恶性竞争和竞相不负责任的许诺。甚至不惜为了转移国内视线和提高支持率而诉诸对外战争。民主制度也具有双面性，也包含决策缺乏效率、博弈成本高昂的一面。从美国的现状来看，就不仅仅是效率的问题了。而为了迎合选举，解决美国债务危机的机会正在流失，选举的政治需要使债务到了无法控制的地步。

美国的民主选举实际上就是两党的一场广告战，在选举的背后是堆积如山的“金钱弹药”，是操纵政治的幕后财团。根据美国联邦选举委员会的统计数据，仅 2010 年美国中期选举已花掉 20 亿美元，也就是说，每个国会议席的争斗，都要花掉将近 400 万美元，达创纪录的新高！美国 CNN 著名主持人安德森·库珀曾撰文指出：如果候选人甲当选会对石油行业产生极大冲击，石油财团就会抛出数百万美元来对他发动各种攻击，力推候选人乙坐上议员的宝座。当然石油财团会通过“合法的组织”来做这些事,公众将永远不会知道谁是真正的幕后推手。

美国政治家威廉·恩道尔认为:谁当选总统,并没有什么实质性的区别。数十年来美国政治的严酷现实始终如一:没有任何一位总统候选人能够违背美国权势集团意愿和利益的情况下当选总统。亚伯拉罕·林肯和约翰·肯尼迪都曾经试图追求自己独立的政策,而不是一味遵从在幕后控制美国政策的强势家族的旨意,但他们的结局都一样——遭到暗杀。美国自 1776 年 7 月 4 日成立以来,建国不过 200 多年,一共有 12 位总统遭到刺杀,其中遇刺身亡的有 4 位,而且,这些谋刺案件都没有彻底查清,这也是美国政治生活中的特殊现象。

美国大选采用的是选举团制度,赢得 538 张选举人票中的 270 张就可入主白宫。而在各州分配选举人票的方法不是按比例得票,而是赢者通吃,因此竞选时摇摆州往往是双方投放大量竞选资源的重点地区,所以又称为“战场州”。在美国大选中,通常把民主党得多数选票的州在地图上用蓝色表示,称为“蓝州”,共和党得多数选票的州份用红色表示,称为“红州”,两党得票差距不大、摇摆不定的州用灰色或者紫色表示,称为“紫州”或“摇摆州”。红州和蓝州也不是一成不变的,但变化的周期相对较长。如加州在 1992 年以前是属于红州,但克林顿把它染成深蓝,近四届大选中都成为民主党的最大票仓;而原来南部蓝州得克萨斯也被共和党的头号智囊卡尔罗夫染成了深红。

美国经济学家塔勒布曾预测 2012 年美国大选后的世界:华尔街将成为历史上最绚丽也是最丑恶的一页,美联储将轰然倒下;这只是一个时间问题,迟早革命将引发阶级斗争,迫使美国抛弃资本主义、消灭腐败的游说制度、迎来新的有效政府形式、并创建一个没有华尔街控制的银行体系的新经济体。以下时间表对于理解这些预测的历史意义是至关重要的。

首先，民主党的拒绝迫使共和党阻挠政府对亿万富翁的减税议案，他们此举只是自掘坟墓，证明自己是懦夫而已。在大选中，共和党掌控众议院，将其战略战争扩展到用“完全僵局”和“关闭政府”政策摧毁奥巴马政府。在选举后，奥巴马成为跛脚鸭，身陷传票和否决票的泥淖。2012 年，共和党赢回总统大选和参议院选举。保险公司重新掌控医疗领域。自由市场下的金融管制放松再度出现。说客们愈加无法无天。在共和党新总统的第二个任期结束之前，华盛顿完全被亿万富翁和说客们无穷无尽的匿名捐款腐化。华尔街的“快乐阴谋”使罗伯特·希勒《非理性繁荣》的著名预测成真，引发 21 世纪的第三次灾难性崩溃，导致美元计值债务违约、美元不再是世界储备货币。由此，美国在中产阶级的领导下，人们对正在从内部腐蚀美国、脱离现实、失去控制的“快乐阴谋”掀起了一场广泛的抗争。到 2020 年，全球“将呈现出古老的战争模式：人们竭尽全力地疯狂争夺食物、水和能源供给”，而“战争将主宰人们的生活”。塔勒布提到，经验告诉人们，不能相信任何美国政府官员。所有政客都会捏造数字、选用符合个人目的的数据、歪曲事实、满口政治辞令。在不久的将来，贪婪的华尔街银行家、公司总裁、腐败的政治家和福布斯 400 富豪榜上的亿万富翁们的这种失控阴谋将引发 21 世纪一场灾难性的崩溃……荒谬的是，这次崩溃将使美国变为一个全新的、更强大的后资本主义经济体……但是，这一切只有经过一场革命和残酷的阶级斗争才能达成。不过，几乎没有人会谈论将要发生的事。

事实上，内忧外困的美国，其制度模式正面临着 2012 大选的考验，共和党和民主党都存在着自身的局限性，都无法解决现有经济矛盾，无法解决信贷机构生产制造证券泡沫的问题。

2. 双头鹰，强权俄罗斯的危机

在 2012 年，中、美、法、俄几个大国都面临着权力转换或者选举的变局。在俄罗斯，有英雄情结的俄罗斯人在普京力压经济寡头，指挥车臣行动中看到了过去彼得大帝这个强人的影子，俄罗斯总理普京，曾经创造了一个传奇。这个传奇就是，当了八年俄罗斯总统后，竟然屈尊当自己接班人的内阁总理。这种安排显然另有用意。

自 21 世纪初以来，“俄罗斯重新崛起”日益成为热门话题。国际分析人士普遍认为，普京开始执政后树起了俄罗斯重新崛起的旗帜。普京 2000 年入主克里姆林宫，至今他的办公室仍挂着彼得大帝的画像。彼得一世曾告诫后人：俄罗斯有两个忠实的朋友，一个是陆军，另一个是海军。施政八年来，富国强军一直是普京的目标。2000 年他从叶利钦手中接过权杖时，当俄军费开支只有 60 多亿美元，改革前的苏联旧卢布兑美元约 1 美元兑换 0.6 卢布，而到了 2000 年，则差不多 1 美元兑换 28 新卢布，而新卢布则是因为恶性通货膨胀而在 1998 年 1 月 1 日发行流通的，替换旧卢布为 1∶1000，也就是说 28000 旧卢布才兑换 1 美元，事实上使得前苏联人民长期积累下来的银行存款和货币“一夜之间”变成废纸。俄罗斯经过长期政局动荡，普京正是应运而生的一位有名的铁碗人物。从俄罗斯的历史传统来看，它曾长期是一个高度集权和崇尚强权专制的国家。普京在任总统期间调整了以西方为主的外交政策。“打击寡头”和“车臣战争”是普京的重要功绩，普京不但大幅提高军费预算，还多次为军人加薪。此外，他还身先士卒，驾机上天，乘船下海，极大鼓舞了俄军士气。普京的做法实际是合乎俄罗斯民族的特色。

普京，1952 年 10 月 7 日生于圣彼得堡（列宁格勒）的一个普通家庭。父亲曾经在二战服役，后来在一间生产火车车厢的大型工厂里做工人，母亲是个虔诚的东正教徒，没有受过太多教育，一直从事手工劳动。一家居住在圣彼得堡一座五层高没有电梯的公寓楼里，每天上学走出大楼的时候，普京必须踏过成群的老鼠。家族中唯一值得一提的人是他的曾祖父，曾经为列宁和斯大林做过厨师，但是这没有给这个家族带来任何特殊地位或者权利。普京说自己小时候是个穷学生，也是个小混混，因为在同年龄的孩子里体格较小，他是被欺负的对象，于是很小他就开始学习柔道和摔跤，后来专攻柔道。和众多俄罗斯领导人相处过的基辛格曾说，普京的统治完全不依赖个人魅力，他的能力是冷漠、高智商、果断和俄罗斯民族主义的结合。

“俄罗斯是个难解之谜”。不少人包括俄罗斯学者都这样认为。所以如此讲，是因为俄罗斯有许多谜团难以解开，而发生的不少事件又往往很难预测。纵观俄罗斯的历史，俄罗斯有着颠覆一切的传统。赫鲁晓夫之于斯大林，勃列日涅夫之于赫鲁晓夫，叶利钦之于戈尔巴乔夫等。所以在有着这个传统之下的国度，将来发生什么都是不可预知的。而俄罗斯的转变，也注定将让世界为之震颤！人们大多不敢轻易预测俄罗斯的事态发展。预测俄罗斯的人，大多会碰壁。说它是个“难解之谜”也只是透露出这样一种看法，认为俄罗斯是一个很独特的国度，像风一般忽左忽右，其国情是一个较难认识的现象，不可用衡量、研究其他国家的一般标准和尺度来来对待它。例如，普京继叶立钦的衣钵上台后，俄罗斯曾有一段时间欧亚主义思潮抬头，不久似乎西欧主义又占了上风；经过一段同西方特别是美国的靠近之后，近些年又同它们拉开了距离；成立并启动上海合作组织秘书处正常运转不久，莫斯科发生内务部警察大规模查抄中国商城事件等等，一连串事件，矛盾重重，变幻莫测，往往令人们摸不着头脑，如坠云里雾中。

苏联的解体，乌克兰和白俄罗斯等加盟共和国的退出，毁灭性的经济萧条，这一系列重大事件对俄罗斯打击是巨大的。俄罗斯作为国际法意义上苏联的继承国，虽然继承了苏联的大部分遗产，但其综合国力已今非昔比。美国前总统国家安全事务助理、著名战略家布热津斯基在他的《大棋局》一书中曾形容苏联解体后的俄社会生活状况，“实际上是第三世界国家水平”。在这种背景下，俄罗斯重新确立国际地位、并在后帝国时代维持一种利益范围的努力，就不足为奇了。

俄罗斯现在仍然保留着作为一个世界大国的基本条件，更具备重新成为世界强国的巨大潜力。首先是横跨欧亚大陆的辽阔疆域，独特的地缘政治优势。俄国土面积为1707.54万平方公里，雄踞世界第一。俄东西相距9000公里，南北最宽4000公里，东接亚太，西连中东欧，将欧盟、北美和东亚三大板块连在一起，成为欧亚大陆的交通枢纽。俄罗斯还是世界资源大国，已经探明的资源储量占世界资源总量的21%；在世界各国综合国力评估中，俄的资源实力排名第一。俄拥有世界天然气储量的45%，石油储量的13%，煤炭储量的23%。俄罗斯在军事工业方面有着雄厚的实力，是当今世界唯一能与美抗衡的国家。俄近年来武器出口位列世界第二，成为俄国民经济的一大支柱。

在人才方面，俄罗斯每1万人中有37名科学家和工程师，这一比例与美国平分秋色。俄罗斯的崛起步伐确实在加快，但仍然面临相当多的困难和不确定因素。从自身因素看，俄罗斯目前GDP的增长主要靠石油等原材料和初级产品的出口拉动，经济实力并不强。苏联解体后，俄罗斯人口呈加速负增长之势，每年人口递减超过90万人，死亡率之高居欧洲之首。按现在俄罗斯人口出生和死亡的速度，2050年，俄人口数量将减少到1.15亿；到下世纪末，俄罗斯将仅存5000万人。俄罗斯问题的严重性在于，人口出现了危险的“剪刀差”：即人口出生率下降同时伴随着死亡率急剧增长，因此，俄人口数量减少现象在本质上区别于欧洲。从长远看，按这种人口发展趋势，21 世纪还没有过完，俄罗斯可能就没有士兵来保卫自己偌大的国土了。化学元素周期表的发明者、俄罗斯化学家门捷列夫百年前就下过结论：俄国沙皇要保住并开发所占领的土地应至少有 5 亿人口。此外，酗酒、吸毒和艾滋病等三大杀手也严重影响了俄的人口素质。最近 10 年来，联合国已经将俄罗斯人力资源发展潜力从第一档划拨到第二档。

此外，俄罗斯又是个排外情绪浓厚的国家，对外来移民深感忧虑。另外，还受车臣分裂主义等非传统安全因素的牵制。由于涉及到民族、历史、地缘政治和国际关系等多重因素，车臣问题目前早已超出了一般民族问题的范畴，它的存在将大量消耗俄罗斯的精力和资源。而欧美西方国家现在仍然奉行“遏俄弱俄”政策，竭力挤压俄的战略空间。

从地理考察，俄罗斯是一个位于欧亚大陆“心脏地带”的国家。伊凡四世 1547 年即位时，俄国实际上是一个地处欧洲的内陆国家。然而，从伊凡四世开始，俄国的疆域不断拓宽。1598 年，伊凡之子费多尔越过乌拉尔山，吞并失必儿汗国，打开了通向亚洲的大门，使俄国的版图第一次达到了亚洲，并从此一发而不可收，对外扩张的步伐不断加快，沙皇俄国很快便成为一个横跨欧亚两洲的统一的多民族的国家，并最终形成了这样的局面：俄罗斯领土的四分之三在亚洲，但政治经济中心却远在欧洲；俄罗斯人口的四分之三居住在欧洲，而各种资源绝大部分却集中在亚洲。这使得人们有时觉得俄罗斯是一个欧洲国家，又是一个亚洲国家；有时又使人觉得俄罗斯既不是一个亚洲国家，又不是一个欧洲国家。

俄国更深一层的弱点是，尽管它从西方有所借鉴，但在技术上仍然是落后的，在经济上仍是不发达国家。在19世纪上半期，当时的俄国还是封建农奴制国家，农业人口占居民总数的90%，历史上俄罗斯的农奴只有名字或者绰号，没有姓氏。在1861年俄罗斯废除农奴制之后，曾经的农奴才拥有了完整的“姓名”。直至1917年列宁领导的十月革命之后，农奴制被废除，苏联从历史舞台上出现。

众所周知，苏联是以联邦制国家的形象出现，因此在法律上和理论上，无论是1922年苏联成立之初的4个加盟共和国，还是1991年苏联解体之前的15个加盟共和国，俄罗斯在其中都应该是普通和平等的一员，但是在实际上，俄罗斯自始至终都是苏联这个大家庭中的“家长”或“老大”。

苏联时期，俄罗斯的领土面积占全苏面积的76%（约1710万平方公里），人口占52%（约1.48亿）。除了在自然条件方面俄罗斯在苏联时期各加盟共和国中首屈一指外，在社会领域，俄罗斯也是其他加盟共和国无法与之攀比的“巨人”。首先，尽管苏联最终是以列宁的方案成立的，即各加盟共和国以“平等的身份结成联盟”，并以“分权的方式管理国家”，但是，由于列宁去世得早，他的继任者斯大林未能很好地贯彻列宁的上述方针，在后来近70年的岁月里，苏联实际上成了其他共和国“加入”俄罗斯联邦的产物，管理国家采取的是集权方式。

1991年12月，苏维埃社会主义共和国联盟解体，俄罗斯联邦独立，独立国家联合体成立。独立后的俄罗斯由于国内政治制度变迁和国际环境变化，综合国力和国际地位从苏联时期的顶峰跌落下来，政局混乱、经济滑坡、外交迷茫，除自然条件外的所有领域都发生了翻天覆地的变化。但俄罗斯相信，获得独立就等于甩掉了身上的沉重“包袱”，将会很快复兴，重振雄风。但实际上俄罗斯独立以来，并未像人们想象和希望的那样，真的轻装上阵，一显身手,而是陷入了长期的衰退之中。直到2000年年初普京出任总统,俄罗斯才看到了复兴的希望。

在政治领域,独立后的俄罗斯在建立新的社会制度的过程却极为复杂,尤其是在关于建立总统制、实行多党制、总统和议会的权力分配等问题上的斗争尖锐激烈。建立起总统制后,政府的组成又成了大问题。

在经济领域,为了尽快从计划经济的束缚中解脱出来,驶上市场经济的快车道,俄罗斯实行了"休克疗法",结果是只见"休克"不见"疗效",经济连年出现负增长。实行"休克疗法"那几年,俄罗斯的老百姓尽管尚未落到"民不聊生"的境地,但"今不如昔"却是人们对时局的共同看法。俄罗斯独立后经济的复苏迹象也是在普京担任总统以后出现的。据俄罗斯官方报道,2000年俄罗斯经济开始出现增长的势头,2004年GDP的增长已达6.8%,人均约4000美元。

在外交领域,独立后为取得西方国家政治上的认同和经济技术方面的援助,俄罗斯频频向西方示好,推行亲西方的外交路线。然而,俄罗斯"西倾"的满腔热情换来的却是欧美国家的"冷眼"。北约东扩的步伐已逼近俄罗斯的家门口。俄罗斯原以为自己在一些重大国际问题上还可以发挥作用,没想到在科索沃问题上却被晾在一边……俄罗斯终于沉不住气了,旋即调整了外交政策,开始奉行"双头鹰外交",与西方保持一定的距离。

虽然昔日曾与美国争霸近半个世纪的苏联消失了,但苏联所拥有的武装力量和庞大的核武库还在俄罗斯的手中,俄罗斯是"冷战"后世界上唯一一个能与美国相抗衡的核大国。

19世纪俄国著名的思想家陀斯妥耶夫斯基曾经说过:"真正伟大的民族永远不屑于在人类当中扮演一个次要角色,甚至也不屑于扮演头等角色,而一定要扮演独一无二的角色。"

这是俄罗斯对自己的期许，在人类历史上，它的确是一个独一无二的角色。俄罗斯，这是一个无法让人忽视的国度；它地缘广大，兼据欧亚，雄视东西；它文化深厚，拥有一大批享誉世界的大师，足以傲视世界。

它的背后隐忧重重，“突变”、“多重性内在”，是俄罗族民族性格之一，起起伏伏，强盛与羸弱集于一身。常常在灾难之后变得强大，又在极强中迅速衰弱，在衰弱之后，整个民族会再次探寻一条崛起的道路。这一历程到今天都没有结束。

第四章

迁徙风暴
全球秩序因人口而换位

地球人口“大爆炸”，2011 年大约 70 亿，2030 年达到 83 亿，2050 年突破 92 亿。

北极海冰融解，地球西北航道开通，全球化贸易版图重写。美国、俄罗斯、加拿大、冰岛、挪威、瑞典、芬兰等 NORC 环北极海国家，世界新超级强权崛起……

1. 史无前例的人类大迁徙

2011 年,美国加州大学教授,地理学家罗伦思·史密斯撰文指出,至 2050 年,全球人口将突破 92 亿,粮食与水严重短缺,粮食将等同黄金,成为人类第一需要,人类将进入史无前例的大迁徙时代。

在全球变暖环境下,北极海冰融解,地球西北航道开通,全球化贸易版图重新改写。美国、俄罗斯、加拿大、冰岛、挪威、瑞典、芬兰等 NORC 环北极海国家,未来将成为世界超级强权。

在 20 世纪的"人口爆炸"到底发生了什么?公元初期,世界人口大约只在 2 亿至 3 亿之间。发现美洲新大陆时,全人类总数可能还不足 5 亿,到 18 世纪中叶,也只稍过 7 亿。世界人口的第 1 个 10 亿是 1830 年,在近百年后,即 1925 年,达到 2 个 10 亿。第 3 个 10 亿花了 37 年……在 1900 年到 2000 年人口的数量几乎是原来的四倍,从 16 亿增加到 60 亿。

1987 年 7 月 11 日晨 8 时 30 分,南斯拉夫萨格勒布妇产科医院洁白的布衾上,一位金发碧眼的婴儿呱呱坠地——这是世界第 50 亿个居民出生。这一天被命名为世界人口日。

此时此刻,人口学家从科学的角度警告人类:人满为患的时代为期不远了。

在此之后, 世界人口从 50 亿增长到 60 亿, 只花了 12 年时间,这比之前任何一个 10 亿倍数人口增长的速度都要快。

2011 年 10 月 31 日,根据联合国人口基金会统计,全球人口创下历史性里程碑,在 10 月 31 日达到 70 亿。在 31 日,多个国家庆祝新生婴儿象征性成为"世界第 70 亿人口"。

1987 年 7 月 11 日的 50 亿人口,已使人类成为地球上总质量最大的生物物种;而于 1990 年左右,人类成为数量最多的哺乳类,甚至超过鼠类。此外,人类还使用了50%以上的淡水资源,并在史无前例地消耗着地球上的能源。换言之,地球上其他每一种植物、动物都得为被人类剥夺之后所剩无几的资源而你争我夺,最后濒于灭绝。据联合国生物多样性保护秘书处发布的报告显示,全球已进入第六次物种大灭绝期。与地球史上前五次因自然灾害而导致的大灭绝所不同的是,人类因其自身的活动,而把其他物种的自然灭绝速度提高了100至1000倍。而美国哈佛生物学家威尔森则预测,在20年内灭绝速度很有可能上升到背景计数率的10000倍。如果按现在每小时3个物种灭绝的速度,40多年后的2050年,地球近一半的物种将会灭绝或濒临灭绝。

世界处在一个迅速变化的过程中。看一下人口统计情况就会知道世界发生惊人变化的程度。例如1945年第二次世界大战结束后澳大利亚只有800万人口。而到2050年,即在约一个世纪之后,在这个国家里生活的居民将达到2600万。

到2050年,南非的人口也将大幅度增长,从1300万增加到4700万。这个国家在国际舞台上的影响(尤其在道德方面)将会增强。

而第三世界国家的人口在爆炸性地增长,尤其是印度。殖民时代结束后,印度次大陆的人口是3.57亿。但再过50年,印度的人口将超过15亿,甚至超过中国。到2050年,中国的人口在14亿左右。

这是人类在今后几十年里将面临的问题。正在非洲和亚洲贫困地区蔓延的大规模流行病对人口增长几乎没有影响。当然会有数千万人或许甚至数亿人死于艾滋病和其他传染病。但人口学所称的“生殖率”在这些地区非常高,以致这些流行病在人口金字塔上只留下一个“凹陷”。

英国政府首席科学家及伦敦帝国学院教授约翰·贝丁顿认

为，气候变化和人口增长，导致食品、水和能源短缺，进而引发大规模移民、公共骚乱和国际冲突。如果未来数年内没有充分准备的话，到 2030 年，世界将面临“超级风暴”，出现大的动荡。

贝丁顿提到，人口的持续增长将会在未来 20 年里引发对食品、水和能源的大量需求，与此同时，各国政府还必须应对气候变化。所有这一切都将同时到来。据贝丁顿教授预测，2030 年后，全球人口将增加到大约 83 亿。仅此一点，就意味着全球资源需求将在未来变得更大。贝丁顿提到，资源短缺压力将急剧增加，气候变化将使问题恶化。目前，全球的粮食储存量太小，只有年消费量的 14%，一旦发生干旱或者洪灾，粮食就会严重短缺。现在全世界的粮食储备是 50 年来最低的，到 2030 年，人们对粮食的需求会增加 50%，同时，对能源的需求也会增加 50%，对淡水的需求会增加 30%。以英国为例，全球粮食短缺将会让进口更昂贵，而由于气温会越来越高，有些地方将会不适合种植作物。大部分气候专家认为，英格兰东南部将最容易发生淡水短缺的问题，尤其在夏天。在中国，由于出现淡水短缺现象，政府不断建立新水库收集冰山融化的雪水。

2. 欧洲人太懒了

在21世纪,欧洲似乎有意要把自己越分越小。2010年7月,海牙国际法院裁决宣布科索沃从塞尔维亚独立并未违反国际法,科索沃成为在前南斯拉夫废墟上建立起来的第七个新国家。前苏联已经分解为15个新国家。在西欧,甚至有人在讨论比利时一分为二的问题。而在苏格兰,一个支持独立的政党上台了。

欧洲为什么热衷于国家分裂,事实上任何一个国民财富排行榜,小国都占优势。国际货币基金组织(IMF)编制的人均国内生产总值(GDP)国家排名显示,在全球最为富有的5个国家中,有4个国家人口不足500万(排名第4的美国例外)。英国经济学人智库编制的全球和平指数,根据杀人犯罪率、监狱犯人数量等标准对国家进行排名,小国也同样取得了很好的成绩。显然,全球最和平的国家是挪威。在全球最和平的10个国家中,有8个国家人口不足1000万。世界经济论坛竞争力指数显示,在最具"竞争力"的7个国家中,有5个国家人口不足1000万。人类发展指数根据寿命和教育等指标对国家进行排名,在分值最高的10个国家中,只有一个大国:日本。曾任印度财政部长的帕拉尼亚潘·奇丹巴拉姆曾说过这样一句话,"芬兰的人口是500万。在印度,我们的盲人就有500万。"

美国著名学者马克·斯坦却认为欧洲这样的好光景不会很长,马克·斯坦作出过一个惊人的预言:西方文明即将毁灭!在不太远的将来,西方文明无可避免地走向毁灭。马克·斯坦认为,人口问题是造成西方文明毁灭的关键。人是传承文明的唯一载体,有了人,才有一切。没有了人,就什么也没有了。

马克·斯坦指出,一个出生率极低的国家,就意味着社会严重的老龄化,社会福利将无法维持。例如希腊,到2040年时,养老金支出将占 GDP 的 25%以上。没有任何国家能负担这样的福利。而正是西方大政府的福利制度,加速了西方人口减少。这些国家提供的福利,人们从出生到死亡,都由政府包下来了。所有这些,都使人们变得懒惰,越来越依赖政府,不用养儿防老。当然更淡化了繁衍后代的责任和欲望。

到 2025 年，已然呈现的国家人口年龄结构断层化特征会更加明显,最年轻与最年老人口间的断层将继续扩大。“最老的”国家(指 30 岁以下人口占全国人口总数不足 1/3)将在世界地图的北部边缘地区形成一条带子。相反,“最年轻的”国家(指 30 岁以下年轻人占国家总人口 60%或更多）则将主要集中在撒哈拉以南非洲地区。

人口老龄化将发达国家带到了人口统计学上的“警戒点”,现在,欧洲每 10 人中就有近 7 人处于传统的工作年龄(从 15 岁到 64 岁)。

几乎在每一个欧洲国家,2010 年至 2020 年期间,老龄人口(65 岁及以上)与工龄人口之间的比率,将高速猛增,从而加重老年福利项目的财政负担。到 2010 年,在欧洲国家,每个老年人对应 4 个工龄人口，而到 2025 年，这一比率将攀升至 1∶3 甚至更高。

西欧各国情况不同。英国、法国、比利时、芬兰及北欧国家可能维持欧洲地区最高生育率，但仍达不到每位妇女生育两个孩子;而其他国家的生育率,可能低于每位妇女生 1.5 个孩子,与日本的生育率相同,却远远低于每位妇女要生 2.1 个孩子的人口更新水平。

欧洲在二战后曾有一段生育高峰期,但随后人口出生率开始下降。许多年轻夫妇都抱怨,抚养孩子费用太高,不敢多生。大量育龄妇女因追求事业发展等原因推迟生育，或者干脆不生孩子。

统计数据表明，在德国受过高等教育的妇女中，39%不想要小孩；而受教育水平较低者中，也有25%不愿要后代。不孕症是欧洲人口下降的主要原因。英国谢菲尔德大学研究生殖学的教授比尔·莱杰最近指出，受妇女晚育、性传播疾病发病率上升、儿童肥胖人数增加和男性生殖能力下降等因素综合影响，欧洲夫妇面临非常严重的生殖问题，不育夫妇人数10年内将翻一番。

在西欧，为了保持工龄人口不缩减，年度净移民额将翻番，甚至以3倍速度增长。到2025年，非欧洲籍少数族裔人口将达到关键比例——在几乎所有西欧国家里达到15%或更高，并且人口结构将比欧洲本土人口年轻得多。考虑到欧洲本土人民越来越对移民过多感到不满，移民激增会加剧紧张局势。

在欧洲，人口衰减最严重的地方将是乡村，那里的人口届时将减少1/3。而且，乡村居民正在往近郊或城市地区迁移。

葡萄牙里斯本大学人口学家努诺·达科斯塔将"太少的孩子、太多的老人和太多离开乡村的年轻人"比作"三颗定时炸弹"。

达科斯塔指出，过去，平均每个农夫至少能找到一个人继承他的土地。如今很多农夫家庭只生一个孩子，而这唯一的孩子长大以后还可能到城市里发展。以希腊东伯罗奔尼撒地区的普拉斯托斯村为例，村里曾经有1000个村民，其中大多以耕田种地为生。如今村里只剩下几十人了，而且还净是六七十岁的老人。

在意大利，全国260万农民中有超过60%的人年龄在65岁以上。一旦他们去世，他们留下的农田很多将被荒废。如今意大利已经有多达600万公顷的农田被荒废，占全国农田总面积的1/3。

瑞士格劳宾登州由于儿童数量剧减，从前那种只有一间屋子的小型校舍上世纪80年代重新出现在几百个小村里。如今那里的孩子更少了，以至于这么小型的学校都不得不纷纷关门。阿尔卑斯山上的克劳斯村,人口的急剧减少使得当地的公共汽车服务被迫停止。

2010 年，欧盟统计局预测，欧洲正面临着人口负增长的威胁,从现在起到 2050 年,欧洲将缺少 5200 万名工人,只能通过大量、快速引入移民才能解决这一问题。

欧洲国家为维持高福利制度,引进了大量的移民,以补充劳动人口、这就出现了另一种情况。

最近数十年来,恐惧的情绪弥漫着欧洲政治。这并不是一种抽象的,而是实实在在的惊恐:归咎起来就是欧洲的原住民,除了担心自身安全和工作机会之外,更害怕非欧洲的"另类人"威胁到欧洲人的身份认同和生活方式。

2009 年,美国国家情报委员会撰写的《全球趋势 2025》,是美国国家情报委员会有关未来 15 至 20 年全球趋势系列研究报告的第四份。

有关专家预测,至 2025 年,人们从乡村涌向城镇、从穷国涌向富国,这种有去无回的移民潮还会汹涌澎湃地继续。相邻区域间,经济及人身安全上的悬殊差距,会为加速这种大迁移火上浇油。西欧已成为每年上百万移民的目的地,还有 3500 万外国出生的人来此定居,多数来自北非、中东及南亚的移民国家。欧洲移民人数剧增,民族结构会快速变化,城镇地区尤其如此,这将增大加速同化和融合的难度。城镇地区经济机会可能更多,但由于缺少适当工种,虽说人口密度上升,欧洲局势可能更紧张、更不稳定。

文化冲突使大批移民的国家出现动荡。德国、英国、法国和其他一度欢迎难民和移民的发达国家已开始出现对外来者的强烈抵制。

2010 年 8 月,英国《金融时报》著名记者阿德里安迈克尔斯发表文章指出，在今后 20 年欧盟正面临着一个社会发生巨大变化的时代，但政治家们都没有加以重视。欧盟国家都忽视了一枚移民“定时炸弹”，即涌入欧盟的大批移民，将不知不觉地改变欧洲大陆。

西班牙 1998 年时在国外出生的人口只占其总人口的 3.2%。而到了 2007 年，这个数字已升至 13.4%。欧洲的移民人口在过去的 30 年中增加了一倍以上，并将于 2015 年前再添一倍。最近在布鲁塞尔出现频率最高的七个男婴名字分别是：穆罕默德、阿达姆、拉扬、阿尤布、迈赫迪、阿米内和哈姆扎。

美国著名无党派独立民调机构皮尤研究中心的皮尤宗教与公众生活论坛在一份报告中指出：“这些（欧盟）国家拥有悠久的历史、文化、宗教及语言传统。几十万——有时甚至是几百万——长相、语言和行为都不同的移民涌入这个社会，往往会难以适应。”

人口变化有多剧烈？每个人都意识到了欧洲某些城市中的一些社区已变得越来越穆斯林，而且这种变化的速度在加快。欧盟移民总人口的数字本身就说明了一件事美国记者克里斯托弗·考德威尔指出，到 2026 年，原住民在英国伯明翰市将变为少数群体，而在莱斯特这种情况甚至会更早出现。考德威尔说，另一项预测显示，到本世纪中叶，法国、甚至是整个西欧的穆斯林人口可能将超过非穆斯林人口。在 20 世纪，奥地利总人口中有 90% 为天主教徒，但到 2050 年，奥地利 15 岁以下人口中伊斯兰教徒将占多数。对增长速度的预测是有争议的。匈牙利经济学家卡罗伊洛兰特为欧洲议会起草了一份报告，据他推算，法国马赛和荷兰鹿特丹的穆斯林人口比例都已超过 25%，这个数字在马尔默是 20%，在布鲁塞尔和伯明翰是 15%，而在伦敦、巴黎和哥本哈根则是 10%。

欧盟称非欧盟本土国民的就业率要低于本土国民，这就阻碍了经济发展和融合的进程。语言技能的缺乏是造成这种现象的一个重要原因。美国移民政策协会称，2007年时双亲中至少有一人生于国外的小孩占出生在英格兰和威尔士的小孩总人口的28％。这个比例在伦敦则高达54％。在总体上看，在2008年，有14.4％的小学生母语为英语以外的其他语言。

英国《每日电讯报》曾刊登了一份调查。以英格兰为例，英格兰有574所学校中51％至70％的学生母语不是英语，另外569所70％以上学生把英语视为第二语言。统计数字显示，英格兰某些地区为“英语灾区”，其中首都伦敦20个区“榜上有名”。此外，纽汉市9/10的中小学大多数学生的母语为非英语。这一数字在莱斯特和布莱克本为1/3，在伯明翰为1/4。

2008年，英国《泰晤士》杂志发表了一份报告，介绍在西欧各国出现的数百座宏伟的清真寺，在大部分欧洲城市，居民每天有可能听到5次清真寺中的礼拜声。

3. 走向墨西哥，美国要“颜色革命”

好莱坞电影 *The Man* 里出现了第一个少数裔美国总统。美国黑人马丁·路德·金高喊的第一个梦想是希望“这个国家会站立起来，真正实现其信条的真谛：‘我们认为这些真理是不言而喻的：人人生而平等’”。

2008 年 11 月 5 日，奥巴马击败美国共和党候选人约翰·麦凯恩，正式当选为美国第四十四任总统，超过 10 万人深夜把美国芝加哥格兰特公园变成狂欢的海洋。“如果还有人怀疑美国是否是一切皆有可能的国家，还有人困惑于我们建国者的梦想是否仍存在于我们的时代，”奥巴马在会场上说，“今天就是答案。”

令人吃惊的是，美国人口统计局的最新数字显示，到 2042 年，少数族裔将占美国全部人口的 55%，白人将不再占美国人口的大多数。其中增长最多的将是拉丁美洲族裔的人口和亚裔人口。这两个少数族裔的人口比例都将增加一倍，分别占美国人口的 30%和 9%。美国长期以来就被说成是一个移民国家。但早先的移民主要是来自欧洲的白人移民。然而，到本世纪中叶，来自欧洲的白人将首次成为美国人口的少数。拉美族裔将是美国人口增加的主力。到 2050 年，每三个美国人中就将有一个是拉美族裔人。亚裔人口的增长也将非常显著。从目前人口的 4%增加到人口的 9%。总人口达到 4100 万。

2009 年，美国智库 STARTFOR 总裁乔治·弗里德曼，在《未来 100 年大预言》一书中预测，未来一百年内，移民将造成美国的巨大危机。弗里德曼也把目标锁定为美国的近邻墨西哥。

因为 21 世纪世界人口会在达到一个顶峰后逐渐回落。人口的减少会加剧各国对移民的争夺，墨西哥邻近美国，而且人口出生率高，所以美国会千方百计地吸引墨西哥移民。但是，墨西哥移民和其他地方的移民不同。如果是华人移民到美国，意味着在很大程度上要将家庭、文化、传统抛在脑后，远渡重洋，融入美国。但墨西哥的移民，尤其是美国南部的墨西哥移民却并非如此，他们可以早上在墨西哥，下午在美国，国界并不是一个地理的概念，而是人口的概念。当大量的墨西哥人越过国界，来回穿梭的时候，美国和墨西哥的国界就会日益模糊，美国将逐渐被墨西哥化。

弗里德曼在书中提出自己的证据，通过观察 2000 年墨西哥裔居民在美国各州的比例，我们已经可以看出其集中程度。沿着太平洋到墨西哥湾边线，有一个明显的墨西哥裔人口集中地，这里 1/5 到 2/3 以上的人口是墨西哥人（在这里用这个词来表示种族而非国籍）。与加利福尼亚洲情况一样，在得克萨斯州，这种集中程度进一步扩展到州的范围。但是，与料想中的一样，边界周围很容易成为墨西哥人的聚集地。弗里德曼提到，2006 年墨西哥的经济位居世界第 15 位，依据购买力来衡量，墨西哥的国内人均生产总值已略超每年 1.2 万美元。这使得墨西哥在拉丁美洲成为最富有的大国，“就算称不上领先的经济强国，至少也居于发达国家的行列。”

弗里德曼指出，等到墨西哥移民人数达到一定规模时，他们就会意识到自己在一个国家内部是一个独立实体。基于自己的地位，他们开始要求一系列的特殊权利。当他们自然而然地喜欢上美国时，该团体的一部分人会把自己视为这个国家的本地人，而非移民，他们只不过住在墨西哥以外的统治区罢了。与此同时，墨西哥国内也会出现鼓动两国合并的运动。美国虽然控制着太空和海洋，但是墨西哥的挑战来自地面。墨西哥人可以越过边界，深入到美国内地，发起挑战，“而这正是美国最不擅长的方式”。

2005 年，美国哈佛大学教授塞缪尔·亨廷顿在《我们是谁？》一书中指出，美国民族的同一性所面临的最直接、最严重的挑战来自于大规模的、持续不断的拉美裔移民。亨廷顿指出，由于拉美裔移民持续和大规模地涌入美国，以及拉美裔育龄妇女的高生育率，美国的拉美裔移民人口数量不断攀升：2000 年，拉美裔移民占美国总人口的 12%；目前，拉美裔移民总人口已经超过美国黑人总人口；估计到 2050 年，拉美裔美国人将占美国总人口的 1/4。随着美国的拉美裔育龄妇女的人数在 10 年或 20 年后进入最高点，其总人口数量将会进一步"急剧跃升"。亨廷顿以佛罗里达州的迈阿密市为例，来证实拉美裔移民已经取得了对美国许多城市的"主导权"。截至 2000 年，迈阿密人口的 2/3 是拉美裔移民，其中古巴移民或他们的后代超过 1/2。在近 30 年里，说西班牙语的拉美裔移民，尤其是古巴移民几乎主导了该市的各个领域：在 1999 年，迈阿密市长、警察局长，迈阿密最大的银行、房地产开发公司、法律事务所的总裁都是古巴裔移民。

亨廷顿指出，拉美裔移民的庞大规模、持续涌入和区域集中性导致他们在今后许多代一直说西班牙语。例如，在 2000 年，美国有 2800 万人在家时说西班牙语，有近 1380 万人的英语口语很差，43%在美国出生的墨西哥人根本无法用英语进行交流。但以上仅仅只是一个开端，因为西班牙语正日益被作为美国商业和一些地方政府的通用语言。由于拉美裔美国人的数量和影响力的不断增强，他们的领导人正在积极谋求把美国转变为一个双语社会，把西班牙语作为美国的第二种官方语言。

拉美裔移民的属性和势力范围与美国以往的移民存在天壤之别，美国同化以往移民的成功经验，不太可能对当前大规模的拉美裔移民奏效。拉美裔移民必然会在两个重要方面影响美国：美国的许多重要地区在语言和文化上被拉美裔移民主导；整个美国变得双语化和双重文化化。当然，双语化和双重文化化进程最迅速、最重要的地区是美国的西南部。

自本世纪初，每年都有成千上万来自危地马拉、萨尔瓦多、尼加拉瓜以及洪都拉斯等中美洲国家穷人，跋山涉水，通过墨西哥南部边境北进，进入美国。人权组织日前公布一份报告称，在过去几年中，这段旅程已经变成世界上最危险的移民之路，绑架、强奸、谋杀以及腐败官员的勒索已经成常事。报告中称，过去移民们最大的担忧是遇到犯罪团伙的暴力抢劫，现在他们最害怕有组织犯罪集团的诱拐。许多犯罪分子来自声名狼藉的泽塔斯贩毒集团，报告指出，这个集团的血腥名声让移民们不寒而栗。大多数被诱拐或者绑架的移民人质都被关在安全屋中，直到已经前往美国的亲人或者回国的亲人筹集到赎金，才会被释放。

在被关押期间，人质通常受到虐待。幸存者称，他们曾亲眼看到许多人因为没有交付赎金而被杀害。报告作者鲁伯特·诺克斯说："墨西哥移民正面临着严峻的人权危机，他们根本得不到司法保护。因为担心受到报复或者驱逐，他们不敢抱怨。"报告引起了国际人权委员会的关注，他们估计 2009 年 6 个月时间里，有 1 万多名移民在墨西哥遭到绑架。尽管有许多人向当局报案，但没有听说墨西哥对此进行调查。移民被谋杀或者失踪的事件经常被遗忘。报告中的信息主要来自对一家墨西哥教堂经营的避难所的采访，里面大多数移民感到足够安全，才敢于将他们的遭遇说出来，包括受到性暴力袭击，3/5 的女性移民感染性传染病等。

2010 年，华盛顿智库"移民研究中心"出台的移民报告显示，2007 年，美国的移民人口已达 3790 万人，创下 80 年来的最高纪录。

这份基于人口普查局数据的 2007 年移民人口综合报告指出，1970 年时，每 21 个美国居民中就有 1 人为移民；1980 年，移民约占 1/16；1990 年达 1/13。而现如今，每 8 个美国居民中就有 1 人为移民。大量涌入美国的移民中也包括了大量非法移民。

报告称,自2000年至今,美国共迎来了1003万名移民,超过了历史上任何7年中美国接纳的移民人口,但这其中有超过一半的人(560万)为非法移民。

此项由调查由移民研究中心主任卡麦罗塔主持,卡罗麦塔的研究显示,不论是合法或是非法移民的人数均在成长。不过,2005年由华盛顿皮尤研究中心所做的调查预测,在2000年的高峰后,移民数在未来五年内将会下降。

移民通常去向哪里?数据显示,六成人竟然集中分布在5个州:加州是移民人口增长最多的州,其次是纽约州,名列第二。但排在第二位的纽约州,其移民人口数量仅为加州的一半。

2007年,加州的移民人口约1000万,占了美国境内移民总人口的27%,纽约州占11%,佛罗里达州和得克萨斯州各占10%,新泽西州占5%。这5个州的移民就占了全国移民人口的61%。以上5个州的美国本地人只有32%。

统计数字还显示,美国境内的移民遍布各地。虽然上述5州移民人口占移民总数的61%,但2000年以后进入美国境内的移民当中,只有54%在这5个州定居。

虽然有些州的移民数量不算很多,但由于本身人口少,这些移民在当地所占的人口比例会很大,比如夏威夷州和内华达州。在这些地区,移民人口总数虽然远不及加州,但他们对当地的影响不可小视。

美国每年都有大量外来移民涌入,移民的最大来源地是墨西哥。墨西哥移民在移民总人口中的比例为31.3%。目前在美国的墨西哥移民约为1170万人,占所有移民的半数以上。如果再加上拉丁美洲其他各国移民(除墨西哥外,包括中美洲各国和南美各国),这些国家的移民占了美国移民总数的54.6%。

另外一支移民队伍来自东亚以及东南亚。这一地区的移民占美国移民人口的17.6%,约为欧洲和中东移民总数之和。

其中来自中国的新移民（包括台湾和香港在内），人数为200.7万人,位居第二。之后依次为来自印度、越南以及萨尔瓦多的移民。

从墨西哥来的移民人数,是中国移民的6倍。这些数字对西半球来讲,具有重要意义。2000年至2007年之间,进入美国的新移民当中,58.7%来自于拉丁美洲。

从移民人口输出国比例来看,美国移民来源原本保留的多样化特征已被打破。正如数字显示,2007年来自墨西哥的新移民,占新移民总数的31%,而在2000年,这个数字是28%,1990年是22%,1980年为16%。专家认为,拉美移民蜂拥而至,可能会使美国分裂为迥然不同的两个民族、两种文化和两种语言,即英语和西班牙语。

在美国,一边是一些种群生育率持续下降,一边是另一些种群人口急剧增长,两边的不平衡势必导致美国的人口危机。于是,生存资源的再分配迎接挑战,种群间的文明冲突在所难免。

第五章

强权洗牌
美国如何拖世界下水

索罗斯称，当前的全球局势让人不免感觉与 1930 年的大萧条存在颇多暗合，各国在经济复苏萎靡的同时还面临削减预算赤字的压力。

这是一次全球性纸币危机，纸币失去了信用，多米诺产生的第一张牌在哪里，2012 年如果美元倒台将引发 21 世纪一场怎样灾难性的崩溃?

1. 美国将彻底清算

2011 年底,纽约曼哈顿下城的华尔街金融区,一场矛头直指大型金融机构的游行示威正在演绎,抗议者用脚对华尔街的贪婪发出直白的抗议。经济的窘况引发民众不满,人们走上街头谴责华尔街的贪婪。“1%美国,我们都是那 99%”,这是占据华尔街的口号,1%和 99%的对比源于诺贝尔经济学奖获得者斯蒂格利茨的文章《1%有,1%治,1%享》:“过去 10 年来,上层 1%人群的收入激增 18%,中产阶层的收入却在下降。而对于只有高中文化程度的人来说,收入的下降尤其明显——光是在过去 25 年里,就下降了 12%。最近几十年来所有的经济增长,还有其他好处,都流向了金字塔顶端的人群。”在美国,一边是占总人口 1%的幸福的超级富翁,另一边是占总人口 99%的那些人。400 个最富的美国人占有的财富超过 1.5 亿底层美国人占有的财富总和。迄今为止,美国人并不反对百万高薪和巨额奖金。华尔街一直是美国梦的核心,“占领华尔街”运动矛头所指的是美国政府被金融资本掌控而成为其代理人,贫富差异极度分化成为人们愤怒的主要原因。

2011 年 6 月 4 日,美国联邦存款保险公司(FDIC)宣称,总部位于南卡罗来纳州查尔斯顿的 Atlantic Bankand Trust 成为 2011 年初开始美国第 45 家宣告倒闭的银行, 同时也是南卡罗来纳州今年倒闭的第二家银行。

美国华尔街著名金融分析师惠特尼认为从 2011 年至 2012 年间将有超过 100 座美国城市破产,这种持续的预算缺口在历代美国政府中“史无前例”。从规模上来讲,财政灾难在美国加州和纽约州尤为严重。这两州的经济规模都超过希腊。由于面临结构性赤字,加州和纽约州经济几乎陷入瘫痪。

在 2011 年, 美国州政府和市政府的债务总额高达 2 万亿美元。美国各州开销比税收多出近5000亿美元，而且还面临1万亿美元的福利基金缺口。美国50个州中，已有一半的州裁减政府雇员，22个州开始推行无薪休假计划，至少28个州已经下令全面预算削减，其中很多州更推出针对特定机构的大幅削减计划，退休金计划的财政缺口也变得越来越大。随着房产贬值、居民收入减少、消费者停止购物，政府税收锐减，已使得原本就资金不足的养老金计划面临"灭顶之灾"。如今，曾经兵强马壮的美国各州政府正接近财政崩溃的边缘，其持续冲击将导致"大清算"。在美国，只有联邦政府允许出现赤字，地方必须平衡预算，否则将面临债务违约问题。

著名投资大师乔治·索罗斯认为，金融系统崩盘切实发生了，而危机恐怕远未结束。事实上，危机第二幕才刚刚开演。索罗斯称，当前的全球局势让人不免感觉与1930年的大萧条存在颇多暗合，各国在经济复苏萎靡的同时还面临削减预算赤字的压力。此次金融危机是百年以来世界经济史上所遭遇的最严重最深刻的一次危机，危机将一波接一波持续5—10年以上。

在发现澳大利亚的黑天鹅之前，欧洲人认为天鹅都是白色的，"黑天鹅"曾经是他们言谈与写作中的惯用语，用来指不可能存在的事物，但这个不可动摇的信念随着第一只黑天鹅的出现而崩溃。

2011年3月，美国华尔街著名投资家，全球"黑天鹅"理论之父纳西姆·尼古拉斯·塔勒布撰文认为，当前，全球经济出现了一个大问题，经济危机的根源不在于衰退，而在于债务，债务已"像癌症一样"蔓延。华尔街的银行控制了联邦储备系统，这是它们的私人存钱罐。它们已经造成了太多破坏，但拥有的控制权却比以往任何时候都大。早至2012年……最可能是在2020年前，它们将自我毁灭。这是一场预谋。它们最终将毁掉资本主义、民主和美元的全球储备货币地位。由于即将到来的第二次美国革命，这种情况成为现实的时间将会比预期早得多。

“世界级大萧条”，“第三次世界大战爆发”，这就是黑天鹅世界的现实。高度可能事件很可能不发生，而高度不可能事件很可能发生。白天鹅事件是可预测可操纵的，绝大多数黑天鹅事件是不可预测，不可操纵的。塔勒布举了火鸡的例子。一只火鸡在笼子里被喂养了1000天，直到复活节的前一天，按照惯性思维，火鸡认为第二天主人还会来喂食，而没有想到，它的大限已到，黑天鹅在这个时候出现了。所以，不要迷信那些所谓的估值报告和行业发展研究文字，因为所有大家看得到的模型和研究报告都是有关白天鹅的，而世界的命运或许实际掌握在黑天鹅那里。塔勒布不信任很多金融机构用于降低风险的钟形曲线，他认为世界的不可预测性超乎人们的想象，一些人之所以有所谓先见之明只是因为他们比较有运气。人们低估了偶然性的地位。事实上，世界几乎一切重要的事情都逃不过黑天鹅的影响，而现代世界正是被黑天鹅所左右。认识黑天鹅，才能更深刻地认识世界的复杂性，并从不可预知的未来中获益。

在当前，技术和科学的进步带给人们一种幻觉，以为自己能控制命运。世界的经济、政治和交往之间的联系越来越密切，大事件的影响也越来越大。塔勒布不仅思考了黑天鹅会造成的后果，还解释了人们不承认它们的存在的原因。因为人们对证实的偏见，倾向于不跟它们发生冲突。人们会犯“讲故事的谬误”，为了让事情相互之间有关联，就人为地编故事，当一个本来以为不可能的事情发生并造成严重的后果之后，人们就努力使它看上去合情合理。这就是为什么虽然黑天鹅是历史上决定性的事件，但人们回头看过去的时候仍然以为未来是可以预测的。值得注意的是，地球的变迁，人类的进化，历史上的改朝换代，未来的世界格局，全是由黑天鹅决定的。当今世界,史无前例的经济全球化、金融全球化与网络化,共同打造史无前例的全球流动性过剩与场外金融衍生品泛滥,共同催生史无前例的全球资产泡沫。史无前例的全球金融危机,导致国际金融市场所有领域全线崩溃。

自 2001 年至 2010 年,对于美国来说,这十年在惊恐中开始,又在惊恐中结束。它始于华尔街——世界贸易中心——成为大规模杀戮的目标,终止于华尔街金融风暴引发的经济衰退令小市民恐惧和震惊。

这是心烦意乱的十年。美国经济先是一片沸腾景象,然后土崩瓦解。在这十年中美国卷入一场与恐怖主义和“恐怖国家”的恩怨争斗,然后不断地把生命和金钱投入随后的混战。

继美国的股市泡沫后,房地产业也出现泡沫,接着是金融泡沫,这些曾是美国经济增长的发动机。眼下让美国人恐惧的不只是担心丢掉工作。美国人担心的是美国被挖空了。而 2011 年初由美国外交学会发起的一项民调显示,44%的美国人认为中国是世界头号经济强国,而只有 27%的美国人认为美国仍然占据那一位置。

在整整一个世纪的这场竞赛中,美国人无疑走在世界的最前列:美国的军队攻无不克,战无不胜,美国货币全球通用,仿佛具有实际价值一样。美元是美国最成功的出口商品,现每天净流出 15 亿美元;美元也是美国最大的利润商品,生产成本不足一美分,但是价值却同面额相等。

美国最强大的力量还在于它的经济,美国经济也是地球上有史以来最强大的。在许多人的心目中,美国经济已经成为神话,而且,成功的趋势也不可阻挡。大家都相信,美国的领导地位不是周期性的,而是千秋万代的。美国的文化输出和市场化的资本主义在世界各地都取得了成功,似乎成为一种普世标准。“美国是全世界唯一一个幸存的人类进步的典范。”美国总统布什曾在2002年6月西点军校毕业典礼上的讲话中说。说来也奇怪，在这个以硅芯片和互联网域名为代表的黄金时代，没有人能解释为什么信息时代的触角从未越过太平洋延伸到日本，甚至没有人提出过这个问题。而日本一直遵循实体产业立国的方向。

在过去的半个世纪当中，美国一直在运用凯恩斯主义解决经济危机带来的失业等一系列问题。通过扩大政府开支，实行财政赤字，来维持繁荣。在这个世界里，消费将让人们变得更富有，只要提供更多的信贷便能刺激消费。每次经济放缓，美国政府便会鼓励人们借钱购买更多自己不需要的东西。这种做法带来了“增长”，但这种“增长”即是一种所谓的“透支”，是建立在未来必须赢利的基础上。借来的每一美元，终有一天需要归还。每向前跨出一步，最终都对应着向后倒退一步。

然而，一场危机突然发生，美国的主权债务危机自2008年以来愈演愈烈。那些曾无比显赫的名字——通用汽车、贝尔斯登、雷曼兄弟、美国银行、AIG，或远去，或苦苦挣扎……美国经济航母一艘艘沉没，末日的气息仿佛让人看到一个有着100多年霸权历史的帝国正退出舞台。美国政府问责局前总审计长、美国彼特·皮特森基金会总裁兼CEO大卫·沃尔克估计，如果把美国政府对国民的社保欠账等所有隐性债务一起统计，仅在2007年，美国的实际债务总额已高达53万亿美元，这几乎与全球GDP相当。经济学家指出，美国金融危机发生后，债权国不能让美国破产，否则某些债权国自己也会因此破产。

美国耶鲁大学历史学教授保罗·肯尼迪曾提到，大国衰退的转折点，是大国扩张的成本开始超过扩张的收益。从美国看，扩张的成本是它的军费，收益就是用美元资产从全球所换得的贸易逆差。2010年，美国的贸易逆差缩小到4920亿美元，军费开支却增加到7250亿美元，这2300亿美元的差额就是对美国国力的净消耗，会逐步把美国支撑其世界霸主地位的基础消耗光。

二战结束后，美国一直是"世界警察"，是世界秩序的"维护者"，自"911事件"后，美国连续打了两场战争，至2010年，美国国会战争拨款已超过1万亿美元。在2009年各国军费开支排名中，美国军费达6120亿美元，除去伊拉克和阿富汗战争开支，军费为5150亿美元，相比2008年增加7%，是自二战以来最高的国防预算，几乎占全球军费的一半。

庞大的军费让美联储非常担忧，对不能有效填补军费开支这个无底洞一筹莫展。常规力量方面，美国一直维持着一支规模庞大的军队。截至2010年6月30日，美国武装力量共计161万人，其中海外驻军就接近30万人，分散驻扎在数百个海外军事基地(高峰时达823个)。美国现有的核武器数量仍然庞大，维护费用高昂，美国拥有约1.06万件核武器，是世界上拥有核武器数量最多的国家，有7000至8000件处于实战部署状态。核武器和常规武器一样也有储存寿命，美国核武器储存寿命大约是在20到25年，到期必须更新换代。美国国家核军工管理局(NNSA)每年都获得大约64亿美元的费用。

美国还以约5000亿美元的军费开支养活其航母舰队。在目前全球21艘现役航母中，美国有11艘，全为核动力航母，其中尼米兹级10艘，企业级1艘。第三代福特级航母正在建造之中，将于2015年服役。福特级航母造价达百亿美元以上，航母的维护和保养更是不菲。由此种种，美国不大量发行国债就无法度日。

除了近乎天文数字的军费开支外，为应对这一轮的国际金融危机，本身已经债务缠身的美国为了刺激经济，救助陷于危机中的企业，采取了积极的财政政策，使得公共债务出现了大幅度的增加。美国政府庞大的经济刺激计划导致2010年美国政府财政赤字占 GDP 总值达到 10%，预计 2011 年的赤字会继续增加到 1.6 万亿美元。这样美国政府的债务总量会达到 15 万亿美元，占 GDP 的比重超过 100%。

而在未来的一年中，美国国债有 40%是必须拆东墙补西墙借新还旧的。2011 年初，据美联社与 GfK 调查公司针对国民的最新一项调查，当下，美国人的平均债务是 4.4 万美元，包括房贷、信用卡、汽车贷款和其他消费债务。这个数字意味着，一个三口之家平均债务高达 13 万美元。

当前，美国没有找到新的经济增长点来维持其支出，还债能力愈来愈弱，窟窿愈来愈大，而开支又在不断增加，不断老龄化的人口导致国家收取医疗费和养老金支出的潜力下降，而政府为满足这些支出拟征收的税赋在政治上又面临着强烈反对。人们的想法总是自相矛盾，他们既希望政府总能出手救援，又希望不要影响到各种福利及收入。

美国为了还债和刺激经济而增发的货币，可以带来的唯一结果就是通胀：在商品量不变的前提下，货币增加，单位商品的价格就会增加。2011 年以来，美国不仅石油价格暴涨，食品批发价已经出现 36 年来最高幅度上涨。这是自 1974 年以来的最大涨幅。

而美元的外国持有者已经变得焦虑不安。美国 2010 年的赤字是历史最高纪录的 4 倍，而最高纪录就是在前一年创下的。就像一个短跑运动员打破了 100 米纪录，然后在一年后将成绩提高了 4 倍。

事实上，已经债台高筑的美国政府除了多印钞票外，只能依靠外国投资者来弥补预算窟窿。美国已经债台高筑，随着美国削减预算降低福利，国民消费能力正大幅下降。目前，境外美元和本土美元同时增加使美元数量越来越大，美元贬值成为一个不可逆转的趋势。

2. 势力大衰退,“流氓美元”跑路

被誉为“熟悉世界每个角落”的全球国际观察家法理德·扎卡里亚认为当今世界正处在“后美国时代”。在扎卡里亚看来,全球经济危机的根本原因是“成功”。在过去的1/4世纪里,世界见证了不可思议的经济增长。全球经济规模大约每10年就要翻一番,已经由1999年的31万亿美元飙升到2008年的62万亿美元;有“涨潮”必然有“退潮”。

据扎卡里亚研究分析,美国为什么面临这样的局面,说白了就是美国铺的摊子太大了,所以很难兼顾,缺乏重点。然而,美国还有着强势的一面,今天世界贸易有70%仍然是以美元计价和支付的。人们看到2008年这场金融危机,至2011年,美国人已经融资30万亿美元以上，这对任何其他非美元国家来说是不可能做到的。从GDP看,美国约占世界产值的1/4已持续一个多世纪,2007年依然是26%。尽管有人预测,往后二十年美国可能会面临滑落。虽然有些“身份不明”的小型组织和少数“流氓国家”,的确对美国构成挑战。不过,对于“伊朗核计划可能造成第三次世界大战”,扎卡里亚认为不足为虑,伊朗的GDP只有美国的1/68,军事开支还不到五角大楼的1%。

对于正在崛起的中国,在扎卡里亚看来,一个冲撞和冒进的中国并不可怕,可怕的是一个“不战而屈人之兵”的中国。如果中国只是渐进地扩大经济关系,只追求提升实力、友谊和势力,行动既平静又温和,美国该如何是好?

世界经济简直就像一辆昂贵的赛车。有着令人难以置信的行驶能力,可以风驰电掣般地向前奔驰。在过去的10年间,无论任何人驾驶这辆车,都能体验到无与伦比的刺激和兴奋。问题只有一个:事实证明,没有人真正知道如何驾驶这辆车。10年来,全球

经济的面貌超出了任何人的想象:它是一个由125个国家组成的统一的整体,而且这些国家都积极地参与到体系中来,并以史无前例的速度快速发展。这辆车似乎有125个不同的司机,但谁也没有想到需要购买减震器。

回溯到19世纪,当时的货币还是以黄金作为后盾的,这样做的效果就是限制货币的数量,因为人类能接触到的黄金是极其有限的。

在慢慢接受由黄金作为后盾的纸币之后,人们没有注意到纸币逐渐丧失了后盾。政府仍在印刷和发行新的纸币。政府应当确保不会印刷太多纸币,至少在大家的假设中,政府应当如此。

1948—1971年间(布雷顿森林体系时期),各国中央银行储备增长了55%,但在接下来的30年内,这一数字超过了2000%。这种货币和信贷的爆炸性增长同样可以从债券市场上看出来。全球债券市场在1970年总价值为7760亿美元，到20世纪末则增长到了40万亿美元。货币进入到了股市,之后进入了房地产市场。人们看着街头刚卖出的房子,感到自己变富了,而不是变穷了,10年前日本人也正是这种感觉。

即使他们只是减少一小部分美元持有量,也会给美元价格带来巨大的影响。2002年,美元对其他主要货币平均贬值了10%。可在20世纪80年代,没有任何特别的原因,美元对其他主要货币就贬值了接近50%。

另一个复杂的细节是,除了美国之外其他国家现有的高达9万亿的美元持有量,美国贸易逆差每天都要增长15亿美元。不管美国在军事方面取得了多大的成就,也不够补这个窟窿的。每天,美国人都要与地球上其他国家的人交易,各国用有价值的产品和服务换取一些绿色小纸片。这些绿色纸片没有内在价值,但它们的美国管理员却扬言,如果有必要,还会无限量地供应,以确保美国人从中获益！

事实上，这种交易的缺陷就是它破坏了美国企业的赢利能力。受美联储的刺激，美国消费者全都大手大脚地花钱，甚至把自己掌控之外的钱都花出去了。但是，美国企业的利润还在持续下跌。美国企业利润在GDP中的比例自20世纪60年代以来一直在下降，与此相反，GDP中消费支出和贸易逆差的比例却在不断上升。

事情已经相当明显了。美国人花钱，而钱都到了外国商人的保险柜里。美国企业花大价钱雇用本国工人，但是这笔钱没有回到企业手中，而是到了海外竞争者手里。这种趋势不会一直持续下去。就如经济学家赫伯特·斯坦所说，如果它不能，那么它就不会。

美国思想家爱默生被称为“美国的孔子”、“美国文明之父”，爱默生是美国文化精神的代表人物。爱默生曾说过：“大部分人都用这样或那样的手帕蒙住自己的眼睛，使自己依附于某个社团观点。保持这种一致性，迫使他们不只是在一些细节上弄虚作假，说一些假话，而是在所有的细节上都弄虚作假。他们所谓的真理都不太真。他们所谓的2并不是真正的2，他们所谓的4也不是真正的4；他们说的每一个字都令我们失望，而我们又不知道该从哪儿下手去纠正它。同时，自然却利落地在我们身上套上我们所效忠的政党的囚犯号衣。我们都板着同样的面孔，摆着同样的姿势，逐渐学会最有绅士风度而又愚蠢得像驴一样的表达方式……”

美国不得不找到一个新的经济模式，因为它再也不能希望通过消费和贷款走向繁荣。如果他找不到又拖不下去，那么他只有依靠战争解决。

如果把世界上已经被废除的纸币列出来，人们很快就会被天文数字般的事实淹没。在遇到改朝换代或国家金融大动荡之时，纸币很可能沦为废纸。

与纸币的悲惨故事形成对比的是黄金的辉煌纪录。不论它曾装饰过谁的面孔，铭文上写了什么，也不论它到底是什么年代铸造出来的，一枚金币时至今日仍有价值，至少还有黄金本来的价值。此外，一般来说，它还能购买商品和服务，就像它当初被铸造出来时能购买商品和服务一样。

地球上的黄金数量极其有限。要不是上帝极其吝啬，黄金的储量也许就多了，而珍贵性就降低了。但正是因为地球对于黄金如此吝啬，所以黄金才如此珍贵。相比较而言，纸币则可以被无限量地制造出来。当中央银行管理者突破了现代印刷技术的限制，只要多加一个零，纸币就能以10倍的速度被印出来。在电子时代，人类不需要测量纸币的厚度就能知道自己的财富究竟有多少，他们需要的只是关于纸币的“信息”。

对于财政稳定和经济表现来说，纸币的过度增长带来的不利后果就是反撞力。中央银行被迫放慢纸币发行的速度，即使代价是不可忽视的、暂时的经济崩溃。1979年的美国很明显需要果断措施和强劲手段。美联储在保罗·沃尔克的领导下，在卡特政府和里根政府的支持下，显著地减缓了纸币的增长。一开始，经济的确陷入了衰退和通货膨胀。但是，最重要的是，后来市场强劲反弹，经济开始复苏，在抑制通货膨胀方面取得了长足进步。截至20世纪80年代末，通货膨胀的氛围已经得到了显著改变。

过去20年间的记录似乎在强调，虽然过度发行法定货币的压力一直都存在，但是只要长期维持谨慎的货币政策，就能遏制通货膨胀。

自然，美国决不会听任美元在全球的霸权地位旁落。目前，全球外汇储备中，美元约占60%；在国际贸易中，有2/3是用美元结算的；在外汇市场上，以美元交易为主；国际证券发行总额接近50%是用美元；国际贷款总额中以美元计价的部分也接近一半；所有美钞的66%都是在国外流通的，大约3/4新增发美钞被外国人所持有。

早在1944年，由于二战，欧洲大陆满目疮痍，欧洲各国债台高筑，背负了上百亿美元的赤字。而美国一跃成为二战最大的受益者，在美国新罕布尔什州的布雷顿森林会议上，美元已经确立了作为世界货币的霸权地位，为了谋求扩张，1947年，美国国务卿乔治·马歇尔开始实施所谓的“欧洲复兴计划”，名为复兴欧洲，实则控制西欧。根据这个计划，从1948年至1952年，英国、爱尔兰、丹麦等西欧国家得到来自美国的借款高达131.5亿美元。

与此同时，战争的经历使欧洲各国逐渐认识到，只有联合在一起，欧洲才有出路，而让欧洲真正联合起来，关键在于法国和德国这对战争世仇的和解，实现两国工业联合。

一边是欧洲为了对抗强势的美元在苦苦摸索，而另一边美国想要称霸的雄心却无所遮拦，1961年越南战争爆发，为了支付高达2500亿美元的军费，美国所有的印钞机开足马力。美国滥发货币使得欧洲积累了大量的美元钞票。滥发货币，造成美元大幅贬值，让欧洲这些国家痛苦不堪，1965年4月8日，法国、联邦德国、意大利、比利时、荷兰和卢森堡6国签订了《布鲁塞尔条约》，决定建立欧洲共同体，使成员国实现了“自由贸易区”的设想，以反抗美元霸权。

1973年，布雷顿森林体系崩溃，美元接连贬值，此时，美国使用种种手段，通过美元垄断石油等大宗商品的交易媒介地位，维系和巩固美元的国际货币地位。在1970年美国和沙特阿拉伯签订了一系列秘密协议，将沙特纳入其保护范围之中，只要求沙特今后卖石油只用美元结算。从而一举奠定美元的基础，使得美元成为世界的硬通货以及各种商品的结算货币以及各个国家的外汇储备货币。这就是“石油美元”的来历。而在美国的煽动和支持下，以色列和阿拉伯国家在中东地区的战争一发不可收拾，石油价格一夜之间提高了几倍，令欧洲各国深受打击、无法自拔。在法、德两国的推动下，法国、意大利等欧共体 8 个成员国达成了协议，决定于 1979 年建立“欧洲货币体系”，用来与美元抗衡。欧元现钞于 2002 年 1 月 1 日起正式流通，如今欧盟 27 个成员国中已有超过半数的国家加入了欧元区，但是欧洲第二大经济体英国、丹麦等国家因考虑自身利益等原因仍未进入欧元区。瑞典曾在 2003 年举行了一次全民公决，根据公决的结果，拒绝让欧元成为瑞典的货币。欧元异军突起，给美国带来了巨大的冲击，而美国在两次海湾战争后控制住了中东石油布局，进而封锁了欧元区进一步东扩的步伐。

由于沙特是世界第一大石油出口国，因此欧佩克其他成员国也不得不接受了这一协议。从此美元与石油“挂钩”成为全世界不得不接受的现实，任何想进行石油交易的国家不得不用美元结算。目前全球每年的石油贸易超过 6000 亿美元，占全球贸易总额的 10%。

在中东，美国还有一个不听命于人的对手——伊朗，2008 年 4 月 30 日，伊朗石油部官员宣布，伊朗已经在对外石油交易中完全停止使用美元结算。在欧洲，伊朗出口石油用欧元结算，而在亚洲则用日元结算。2008 年以来，欧佩克成员国委内瑞拉也开始要求部分成品油出口以欧元结算。

伊朗是目前世界第四大石油出口国。美国政府认为，终止用美元结算石油，是欧元对美元国际货币地位的挑战，是对美国利益的挑战。

世界上第一个提出并实施终止用美元结算石油的是伊拉克

的前总统萨达姆,而萨达姆最终被送上绞刑架。

以美元作为国际石油交易的计价货币,对美国来说,重要的是巩固了美元作为国际货币的垄断地位。美国从中至少获得了多方面的好处:首先是征收国际铸币税。国际铸币税即一国货币为他国所使用时所获得的收益。美国一位前外交官曾说,“从此之后,美国财政部就可以通过印刷钞票来购买石油,这是其他任何国家都没有的特权”。其次是影响和控制油价。美国国内的利率调整和汇率政策都会直接影响国际油价,美国就可以通过国内的货币政策影响甚至操纵国际油价。垄断像石油这样的大宗商品的交易计价权,就保证了美元在国际货币体系中的垄断地位。

美国著名经济学家克鲁格曼将当前经济格局描述为:全世界都在努力生产美元能够购买的商品,而美国则负责生产美元,利用其核心货币提供国的地位,以印刷品的价格换取资本。在美国通过大量印刷货币来使债务缩水的背景下,世界各国争相印刷货币,资金源源不断地流入房地产、农产品等各类市场,并推高价格。

3. 穷人落入陷阱，恐怖的"止赎"风暴

自美国金融危机以来，"止赎" 已经变成一个令人 "恐怖"的词，所谓"止赎"，是指贷款人无力还贷，贷款机构强行收回其抵押房屋，并拍卖以偿还剩余部分贷款。

斯托克顿市是美国加州的一个小城市，毗邻旧金山高科技公司聚集的湾区，从 1998 年到 2005 年，斯托克顿房产价格翻了 3 番。当 2007 年次贷危机突然爆发，房地产泡沫破裂后，斯托克顿受到巨大打击。资料显示，斯托克顿一套 1540 平方英尺(约 143 平方米)，拥有 3 个卧室、2 个卫生间的抵押房产回赎权丧失的房子在 2008 年 3 月价格为 20 万美元，而一年后的售价仅为 14.55 万美元。而斯托克顿一栋普通中等住宅的价格已跌至 13 万美元左右，而在房地产泡沫的高峰期，同等类型的住宅价格会高达 40 万~50 万美元。2008 年斯托克顿市住房价格跌了 39%，很多高位买入房子的贷款人发现自己承担的贷款已经高于房屋实际价格，于是选择抵押房产回赎权丧失(Foreclosure)，也就是断供，把房子交还给银行。2008 年该市房贷抵押房产回赎权丧失率达 9.5%，高居全美榜首。至 2010 年，斯托克顿市失业率冲上 15%的高度。许多人失去工作没有收入只好选择把房子交给银行自己另觅住处，房屋空置率大幅提高使房价进一步下跌。斯托克顿的房价已下降至上世纪 90 年代中期的水平，那时候中等水平的住房价格是 13 万美元。由此，《福布斯》杂志颁布的"全美十大悲惨城市"排行榜上，曾将斯托克顿市排在榜首。

美国的斯托克顿只是美国楼市泡沫破灭的一个缩影。前美国劳工部长、加州大学教授赖克认为，美国人的住房梦已经变成恶梦。靠低息贷款拥有住房，对于许多美国人而言似乎都是一种错觉。

以位于芝加哥西北约 90 英里的罗克福德(Rockford)市的一位普通美国中产人士为例，现年 55 岁的戈登女士属美国的中产阶级。她在该市一家牙医诊所里做行政助理，丈夫在一家客户服务中心工作，家庭年收入 5.2 万美元，接近美国人口统计局(Census Bureau)公布的约 5 万美元的美国家庭年均收入。自上世纪 70 年代末以来，这部分家庭的收入水平一直处于停滞状态，进入 21 世纪后，甚至有所下降。戈登每月的基本支出让她几乎没有任何可支配收入。她是在 2007 年市场位于高点时买的房，目前房子价值几乎肯定低于她欠的房贷——10.3 万美元。她每月还贷(包括房产税)1100 美元。贷款利率为 7%，而她一直无法以更低的利率进行再融资。其它支出包括每月 500 美元的汽车贷款——她上班需要开车——以及 600 美元的汽油和食品费用。在罗克福德，类似的家庭比比皆是。这里以前是一个制造业城市，收入远高于全国平均水平。在主干道 Kishwaukee 大街上，随处可见以前的工厂、加油站、汽车展厅和酒吧等废弃建筑物。

至 2011 年，"止赎"的美国家庭目前已经达到数百万户，他们都接到了一封贷款机构催款信，内容大同小异：再推迟月供，房屋将被"止赎拍卖"。至此，美国 20 个大城市的房价自 2006 年的高点累计下滑超过 32%。而据一家房价监测公司的数据，2010 年美国住房价值缩水 1.7 万亿美元以上，如果从 2006 年算起已经蒸发了 9 万亿美元！

美国房价从 1997 年开始便一路飙升，以平均每年 8%左右的速度增长着，但是在一些地区，尤其是洛杉矶、拉斯韦加斯和迈阿密，房价一年之间就能上涨 20%~30%。

投机者蜂拥而至，大量购进房屋以便抛售，从而赚取利润。比如，佛罗里达的共管公寓还没开工就已销售一空。在迈阿密，抛售公寓是一项有利可图的投机。投机者一次会买进 5 套或 10 套公寓，有时甚至是在未动工之前。这种投机的理念是，在公寓开始建设时，他们就可以将手中的合约卖给其他投机者。当房屋建好时，接手的投机者再将合约卖给其他买家。无论是第一个买家，还是第二个、第三个买家，他们都没有入住公寓的打算，完全没有。

问题是，当房屋最终建成时，他们的投机对象看上去无比的孤寂和凄凉。夜晚驾车从旁边经过，可以很明显地看到，几乎没有一套公寓里亮着灯。大多数公寓都空无一人等待着最终的买家；最后真正入住其中的可怜人，可能花了大价钱。

最终，这变成了开发商的一个大难题，他们竭力赶走投机者，坚持每个买家只能购买一套公寓，并在特定时间入住。在一些项目中，开发商宣布提供特别的优惠，这促使购买者在周末便蜂拥而来，以便在售楼处周一开门时占据一个好位置。

1997—2007 年这 10 年间，美国的房地产总值从 8.8 万亿美元上升至 21.5 万亿美元。

当房子成了私人取款机，从政府到个人，这种“免费金钱”的诱惑力非常大，使得房屋所有者纷纷冲到当地的银行，申请贷款，然后在债务中越陷越深。向来善于从傻瓜手里赚钱的金融行业也急忙赶到现场，向人们提供房屋净值抵押贷款，可以用于“日常生活开支，比如食品杂货以及煤气费”。

当房地产泡沫破灭时，美国至少会有两种人倒霉，借款人和放款人，两者都跑不掉。借款人仍然偿还贷款，否则就会失去房子，而且通常需要偿还高于房价的贷款。许多人难以承受或不愿承受，于是将损失踢给放贷的金融机构。

例如，美国加利福尼亚州圣何塞的房屋平均价格为 50 万美元。圣何塞地区有多少人能够承担得起 50 万美元一栋的房屋呢？美国人相信，尽可能多地购置房屋，即便超出了自己力所能及的范围，也是一种精明的行为。不过，真正的泡沫性行为出现在美国南部的洛杉矶。在2005年,洛杉矶被评为美国最昂贵的城市,那里只有14%的人有能力购买一栋房屋。

为了填补购买能力与房价之间的巨大沟壑,加利福尼亚大量地依赖创新金融产品,比如可调整利率抵押贷款。也正是由于这种依赖性,购买能力与房屋交易价格之间的差距拉大到了令人咋舌的程度。

在2005年,加利福尼亚公共政策研究所的数据显示,该州近1/5的房主将一半以上的收入用于房地产。最可怕的是,2001—2007年间,非传统抵押贷款的数量和品种激增,意味着一个人一分钱不花也能拿到房子,还有零首付抵押贷款、初始利率很低的贷款、只付利息贷款、灵活偿还型贷款、所谓声明收入贷款(即借贷者可以通过自己的想象力描述自己的财务状况),大量的没有还债能力的美国人买到了房子,或者说字面上是这样。

在普通美国老百姓看来,租房被看做一种人生的失败,就像中学辍学或驾驶一辆老式斑马牌汽车一样。由此,美国人转变成相互竞争的房地产投机者,而不是房屋所有者。他们实际上并没有购买房屋,而是被这些创新的抵押贷款产品诱惑,这些产品更像是购买房屋的可选方式,而不是真正地购买房屋。

美国人全都忘了一个重要的事实:房屋就是房屋,它只提供一种服务,标价50万美元的房屋并不会比标价30万美元的同一套房屋提供更多的服务。同样的屋顶,同样的空调,同样的任何东西。除了一点,当房屋被认为值更多钱时,就会发生两件有害的事:其一,房主会“提取”一部分产权,并认为自己仍处于优势地位。他并不担心房价何时上升,贷款何时到期,他总是一点点地“取出”产权。这种预期是在房价上升中获得的。最终,他们的房屋不可避免地遭遇价格滑落,贷款者也彻底地陷入困境。

另一个可怕的后果是,持有房屋的成本提高了。由于房屋变得更“值钱”，物业税、保险费以及养护费都会水涨船高。这样一来，房屋的净价值或净服务，即房主从房屋中获得的利益实际上变少了。他住的还是同样的房子，但却花费了更多的钱，而这最终原因还是与美国人的过度消费有关。

全球投资家沃伦·巴菲特认为，美国问题的症结在于越积越多的“金融杠杆”，这是，华尔街对“债务”的奇特说法。这是“聪明人走向破产的唯一途径”，巴菲特说，“你的表现很出色，因而过上了非常富有的生活。但是，只要你使用了‘金融杠杆’，就算你的表现一直很出色，做错一件事就会被淘汰出局，因为任何事物乘以零都等于零。如果你周围的人表现得都很出色，那么，你出局的速度会大大加快。你的表现确实很出色，恰如‘舞会上的灰姑娘’一样：王子很英俊，音乐很动听，你也高兴得心花怒放。你寻思道：‘混蛋，我为何要在夜里 11 时 45 分离开呢？我要待到午夜 12 时差 2 分时再走。’但问题在于：墙上没有钟表，而所有人都打算待到午夜 12 时差 2 分时再走。”一言以蔽之，美国就是这样走进经济大灾难的。

第六章

东半球日本劫

危机，恰恰只在未知的时刻突然降临……

1990 年 1 月，一夜之间，日本的经济泡沫破灭，从此股市狂跌、楼市崩盘、大量失业……

20 年后，日本以为可以凭借努力逐渐走出阴霾，结果，2011 年 3 月，一场比关东大地震更为强烈的地震再次袭击日本。专家这样预言日本的经济前景：50 年之内，中国和美国的游客会搭乘高科技飞机，飞越日本上空，观看曾一度是世界第二大经济体的废墟……

日本只剩下东京那样的都市圈，遍布繁华时期建造的、如今却杂草丛生的公路、桥梁和列车道……

这难道是真的吗?

1. 一夜之间，日本变成一片废墟

沿地球上最深的马里亚纳海沟北上，在浩瀚无际的太平洋西北角处，从东北至西南分布着一列弧形的岛屿，与亚洲大陆隔海相望。这就是日本——“太阳最先升起的地方”。

美国财经周刊《巴伦》曾刊登文章《日本的太阳是否落下》，一位对冲基金经理认为，日本的经济前景是一次大灾难，50年之内，中国和美国的游客会搭乘高科技飞机，飞越日本上空，观看曾一度是世界第二大经济体的废墟。到那时，日本只剩下东京那样的都市圈，遍布繁华时期建造的、如今却杂草丛生的公路、桥梁和列车道。眼前的一切都如幽灵般提醒人们，这里曾是繁荣的大都会，却在发展过程中迷失了方向。

2011年3月11日，日本宫城县东北部发生里氏9级地震并引发海啸。至2011年6月，日本统计死亡及失踪人数已在2万人以上。这场大地震死亡失踪人数已经超过2.7万人，另外数十万人被迫过着避难生活。由仙台至东京，长达2000多公里的沿岸城镇陷入末日景象。地震之后，忽然海水迅速退落，露出了从来没有见过天日的海底，那些鱼虾蟹贝等海洋动物，在海滩上拼命挣扎。海水又骤然而涨，顿时波涛汹涌澎湃，滚滚而来，浪涛高10米以上，最高达40.5米。在数十秒间船只、房屋、汽车、轮船像玩具般迅速被汹涌的海水卷走，房屋、汽车被冲入内陆后，再随回流的浪潮漂回大海，整列火车被卷走失踪。在几艘大船上，有数千人随着大船被巨浪击碎或击沉，无一人幸免。大地震使日本瓜果蔬菜的“鱼米之乡”福岛，变成了令人闻风丧胆的“鬼城”。福岛核电站周边20公里成为“无人区”。东日本地震也诱发日本的“迁都论”，众多学者专家力促日本迁都大阪等地，以分散风险，令日本首都的政治、经济地位得以保存。据日本内阁府2011年6月公布的东日本大地震直接损失总额概算，高达16兆9000亿日元，约合1.36万亿人民币。此预算中还未包括因核电站事故造成的核污染等方面的损失额。此次灾难相当于日本国内生产总值（GDP）的5%，以目前日本GDP规模约5万亿美元计，5%等于日本过去七八年累积的经济增长。

日本人口不到1.3亿，奢侈品消费却在2006年一度占到全球的47%。日本92%的女性都有一件或一件以上的LOUIS VUITTON（路易威登）产品，他们把LOUIS VUITTON手袋、Hermes（爱马仕）丝巾看作身份地位的“证件”。而在2011年，在核危机的打击下，法国香奈儿（Chanel）决定关闭受核污染区域的所有店铺，包括东京。奢侈品只是个缩影，核危机引发的人员、资金、贸易、消费和投资的变化将深远影响日本未来。

日本趋势预测专家大前研一在2011年初预测，日本经济将进入到冬眠状态，而至2050年时，日本经济规模仅为中国的10%；尽管日本人将难以接受，但这是一个“历史性的平衡”。自从上世纪90年代经济泡沫破裂之后，日本的实际经济增长率基本在0~1%之间，而始于2008年的金融危机又使问题进一步恶化。面对二战以来最为严峻的经济形势，日本政府税收不断缩水，不得不选择欧美的做法透支财政来刺激经济。由于日本经济复苏缺乏内在动力，刺激性措施一旦到期立刻会造成负面影响，这使得政府进退两难。

日本财务省发布的统计数据显示，截至2011年3月底，日本的国家债务余额总计924万亿日元（约合人民币74万亿元），创下历史新高。截至4月1日，日本人口共计1.2797亿，按此计算，日本国民人均负债约为722万日元（约合人民币58万元），一个三口家负债约2166万日元（约合人民币174万元）。日本国债已超过了英国、法国、德国GDP的总和，其占GDP的比重达到200%，仅仅偿还债券的利息就要用掉财政预算的1/5。这些债务数据还只是日本大地震之前的糟糕现状。

拆了东墙补西墙，东京都地方议员藤井在一次专访中指出，每个日本人都知道这个国家已经负债累累，但是大家似乎都是事不关己高高挂起。日本债务就像滚雪球一样越来越大。这种慢性的“国债依赖症”似乎已经无可救药了。日本第一生命经济研究所的首席经济学家熊野英生指出，2011年度日本债务超过了预算比例的50%，如果不继续发行债券的话，日本将在2011年后破产。著名的国际评级机构标准普尔早在2011年1月就指出，如果日本政府继续不顾一切地发售债券，标准普尔将调低日本长期主权债务评级，日本债务危机爆发只是时间问题。但是如果国债购买的主力军——日本国民开始怀疑政府的偿还能力，对市场失去信心时，债台高筑的日本就将彻底无路可走了。

2. 经济稗草，绝望蔓延 20 年

二战后，全球没有哪个主要经济体陷入这么深的泥潭中，除了日本。日本人说“日本是不一样的。”也许这是真的，因为每一个人都这么说。但是，到底有何不同呢？

美国智库 “新美国基金会”专家乔尔·科特金认为，近代崛起之后，日本民族仍然坚信，他们能将传统（日本本土神道教与儒家、佛教思想相结合的产物）和西方科技结合，会产生一种全新的、更辉煌的社会方式。日本人仍然继承了日本古代“乡村文化”的许多基本特征，保留着传统上的狭隘偏见。日本真正的问题在于，它已不再是一个乡村国家，而是一个世界性的部族，其传统的思想观念无论在国内多么有效，都会造成其在世界舞台上的自我毁灭。

从 1971 年到 1985 年，日本股市上涨了 500％。1985 年，日本经济开始起飞，此后 5 年内上涨了 3 倍。1990 年，日本经济从顶峰开始下滑。8 个月后，下跌了 30％左右。之后，日本经济江河日下。

二战后，日本的经济是如何升空一发而不可收的呢？所谓美式资本主义是日本人最不想要的。第二次世界大战后，日本独创了一个完全不同的资本主义形式。它跟自由资本主义有很大的不同。生产资料不是由富人或自由资本家掌握，而是由大商业集团控制。大商业集团从大银行贷款，而大银行则从普通日本民众的储蓄中得到大量资金。在日本，资本主义的风险和回报以特有的日本模式被集体化了。

日本的经济被称为封建资本主义，17 世纪的奴隶被运到美洲种植园时，他们采用的是主人的姓；日本的情况也近乎如此，日本工人被冠上所供职企业的名称。工人们必须长时间工作，普通

工人最长的工作时间是从早上 8 点到晚上 9 点，得到的报酬却少得可怜。工人们聚会或喝醉时会唱企业之歌。对于企业来说，工人并不是成本，而是农奴或家仆，企业可以在销售额下降时随时踢走他们。在实际工作中，工人以生命作担保。“像水稻一样依偎在一起”是日本人的口号，的确如此，即使被焚烧，水稻也彼此依靠。

日本人认为，大企业将永远存在。日本以大企业为重。这些大企业之间互相持股、互相协作，很少能有小企业跳出来挑战它们，这些大企业之间也很少有重大竞争。大企业创造或引进一些新技术和新产品，经过不知疲倦的工人推敲改进，然后应用于生产，生产出来的各种产品能达到出口要求，通常是出口到美国。

日本资本主义模式相当怪异，大企业根本不关心利润！它们认为追求利润是缺乏远见的，是“短期思维”。它们想要的是市场份额和增长率，因为它们的目标是走出去，占领整个世界！

作为一个岛国，日本国内充满怪僻和杂乱无章。日本人用一个词来形容：Nihonjinron，意思是“日本人论”。他们总认为自己是特殊的、高等的。移民日本受到严格限制，日本人不太信任外人，有时甚至鄙视外人。当然，这并不影响他们外出旅游，但是当他们外出旅游时，他们也倾向于集体出动……为的不过是看外国人。

日本人不仅认为自己优于别人，还经常通过与外国人的直接竞争来证明这一点。20 世纪初，这种竞争采用了一种灾难性的方式。日本人试图以武力统治整个太平洋地区。这个计划开始时进展非常顺利。

日本人论的核心就是法国人所谓的“团结”，日本人称之为“和谐”。意思是所有公民都必须朝着同一个目标团结协作、携手共进。但是法国人会直言不讳地批评本国的制度和历史，而日本人只会保持缄默。

如果说有哪一个国家的民众特别容易受到群体思维的影响，

那么这个国家首推日本。20 世纪三四十年代，日本人团结一致地站在日本军队后面；七八十年代，他们又像骡子似的为大工业合并而勤奋工作。即使在今天，只要某个潮流在日本流行起来，似乎每一个人都应当义不容辞地加入这股潮流中。

据说，日本人的思维方式也是不一样的。西方社会中产生批判性分析的“干性”逻辑，到了日本就变成“湿性”的了——“湿性”逻辑带来的是更强的社会凝聚力。至于个人对权力、对错、罪恶和羞耻的理解，这些本是西方社会中受到犹太教和基督教的共同启发而产生的；而在日本，这些都有了完全不同的解释。如果辜负了集体或者没有尽责，按照日本文化的理解，人就应该为此感到耻辱。即使集体误入歧途，个人也应当不离不弃。

20 世纪 80 年代，《日本第一》这部畅销书充分反映了当时社会的思潮。日本逐渐锋芒毕露。日本式的有组织、集中化的资本主义势如破竹、不可阻挡。

在此背景下，1985 年 9 月，美国召开了世界几大国家的财政部长会议，以贸易壁垒和经济制裁为要挟，美国财政部长得到了一份协议：他们将美元对主要货币特别是对日元的汇率有秩序地下调。美国财政部长似乎相信，既然日本产品的质量比美国产品要好，那么，日元汇率越高，日本产品就会越贵。

如果说日本对美国经济利益的冲击是“珍珠港事件”，那么《广场协议》就是中途岛战役了。日本产品在国际市场上突然变得难以售出。在美国财政部长离开会场之后的几个月内，日元就升值了足足 40%，日本的出口产品比同期贵了一倍。第二年年初，日本 GDP 增长减半。日本的银行必须作出反击了，它能做什么呢？

凯恩斯主义和货币主义在日本家喻户晓。中央银行的业务相当简单：当经济增长速度下降时，中央银行就想办法让货币变得更便宜、更多。事实上,日本银行就是这么做的:降息。贴现率在1986年一年中下调了4次,降至3%。同时,企业利润已经开始下降,同样的情景在10年后的美国也发生了。尽管如此,投资者对日本经济依然持乐观态度。货币仍在流通,受到降息的利好消息的刺激,股票突然间变得炙手可热,成为每家餐馆中的热门话题。

日元兑换美元的汇率,从1985年广场会议召开时的259∶1,到1987年年末已经上升至122∶1。这回,美国担心的不再是美元汇率太高,而是太低了。各国财政部长达成一致协议,这回他们要让各自的货币贬值,以便使美元升值。日元再次降息,降到战后最低点,为2.5%。

投资者对此欣喜异常。他们认为,更低的日元汇率将使日本企业更具竞争力,进一步推动日本股市的发展。日本仅NTT一家公司的市值即超过50万亿日元,约合3760亿美元,超过了德国和中国香港股市的市值总和。

20世纪80年代中后期和90年代初期,日本的资产价格暴涨。1986年3月至1990年3月期间,日本六大城市的商业用地价格上涨了3倍。1987年,土地价格直线上升,增长总额超过了日本当年的总产值。日本普通家庭的股票和房地产增长收益比工资收益还要多。东京地区的一个普通家庭必须申请长达100年、需要几代人才能完成的按揭贷款,才能购买一套面积极小的普通住房。鉴于日本人喜好的长期思维和所谓"湿性"逻辑,这样的现象似乎相当合理。泡沫的顶峰时期,日本房地产的总价值相当于美国所有房地产价值的4倍。据说,日本东京的皇宫及其周边地区的价格相当于整个加拿大的价值。

这些财富都是从哪儿来的?这个时候日本人的自我膨胀变成了一大缺点。市场造就了这种感觉。日本人顽固地坚持着良好的自我感觉。日本人开始认为,他们不仅在商业和投资上高人一等,因为他们根本无法看清日本股票的真正价值，在人种上他们也胜人一筹。

Shinjinrui 这个词是日本人为自己量身定制的，意思是所谓“新人类”。之所以称为“新”，因为他们认识和理解了世界运转的方式，而这种方式是以前的人类拒绝承认的。

日本的所谓“新人类”不像他们的父辈、祖父辈拼命存钱，他们拼命地花钱，拼命地借钱，好像没有明天一样。他们可以花 300 美元到夜总会喝一小杯威士忌，也可以为一个 LV 包花上几千美元。他们花钱购买昂贵的名牌商品，以彰显所谓“新人类”的身份，日本也因此一跃成为世界上奢侈品的顶级市场，爱马仕、费雷、圣罗兰以及数十种其他奢侈品牌的专卖店在繁华的银座商业区鳞次栉比。事实上，“新人类”热衷于消费，通过这种方式，他们获得了关注。但是，这些钱从哪里来呢？

日本人的“财富幻觉”是在房价上涨中开始的，这些钱在所谓股票与房地产的“财富效应”中游来游去，他们没有其他收入，但每次计算净资产，他们就会高兴地看到数字又变大了。减税同样也刺激了消费。

出于对房地产价格上涨的担忧，日本银行决定采取措施。9 年中，日本银行第一次提高了贴现率。1989 年，日本银行开始不停加息，这也许暗示着它在公开市场业务方面也将采取从紧的政策。在接下来的两年中，根据日本房地产经济研究会的统计，日本的房价仍在上涨。两年后，也就是 1991 年，日本的房价才开始下滑，但仍比 1989 年年底上涨了 15%。在日本的某些地方，房价的上涨幅度还要更大，比如在日本千叶市，房价上涨了 90%左右。

但在一夜之间，日本的经济泡沫被挤爆了，从 1990 年 1 月底，日本股市狂跌，与此同时，利率却在上涨。虽然整体房价在 1991 年年中之前还在上涨，但是从 1990 年年中开始，日本市区的房价已经开始出现下滑迹象。1990年，日本六大城市中房地产的价值相当于整个国家的GDP；但仅过了三年，已经掉了一半，其损失相当于GDP的一半。

当房地产价值缩水时，不可避免的——价值高达数万亿日元的日本各所银行的贷款成为不良贷款。日本由此步入了其经济史上罕见的焦虑不安的阶段。到20世纪末，日本人卧轨自杀的人数剧增，铁路局不得不在站台上装上镜子，以迫使那些准备轻生的人在跳下铁轨之前“反省”一下。

为了挽救危机，日本银行和日本政府都试图以传统方式来摆脱困境，即发行更多货币、提供更多信贷。中央银行开始将贴现率调低至接近于零，并不停地降低利率；日本政府则开始大规模投入公共建设工程。

阿列克斯·科尔在他的《犬与鬼：现代日本的坠落》一书中对此做了描述，举国上下，无论男女都在努力让日本这一片国土“旧貌换新颜”。由于不需要扩充自卫队来浪费钱，日本开始将注意力放在公共建设之上。无处不在的高速公路、新的桥梁、新的铁路不断出现。到20世纪90年代末，小小的日本岛上倾倒的混凝土比美国50个州还多。日本每一单位国土上的混凝土面积是美国的30倍。

大规模的公共支出使日本的政府债务上升到GDP的180%，是现在美国债务水平的两倍多。但是，这么大规模的基础设施建设将日本拉出衰退的困境了吗？

事实上，日本住房价格回到了1975年的水平——比20世纪80年代末的巅峰下跌了近90%。在股市上日经指数回到了25年前的水平。股票都按票面价格的半价出售，但是遭受严重打击、极度恐慌的日本投资者仍然嫌它们太过昂贵。日本的经济下滑开始于1990年，此后19年，日本的房地产价值损失超过了1923年东京大火以及第二次世界大战中美国投掷原子弹造成的房地产损失总和,蒸发的财富是其 GDP 的 3 倍。而这还是在利率接近于零以及一次凯恩斯式的英勇救市行动的情况下实现的。

最重要的是，这些项目增加了国家债务，日本的债务从占 GDP 的 60%上升至 150%。20 世纪 90 年代末,日本的政府债务相当于其计税基数的 15 倍,几乎两倍于世界历史最高纪录。

日本政府采取的措施正是凯恩斯主义所建议的——花钱。在经济繁荣期和泡沫期,日本政府在财政上持保守态度,但是到了 20 世纪 90 年代,日本政府走向艾伦·布斯(Alan Booth)所说的“国家支持下的暴力主义”。

也是在一夜之间,日本人已经由世界上最大的储蓄者变成了最大的借债人,原本很节俭的日本人的债务水平已经相当于或超过美国人了。日本 95%的国家债务来自国内。在这一时期,日本仍然保留着世界最大债权国的身份，其国外资产净额大约占到 GDP 的 10%。

从宏观上看,这样一大笔资金是不可能凭空出现的。欠的总是还的。举个例子。假设一个人借了 1000 美元,用这 1000 美元,他可以买很多东西。看起来,他的生活水平在一夕之间就提高了很多。他的额外消费支出也许能让贸易商和制造商觉得应该生产并出售更多的产品。为了更好地利用这一良机,贸易商和制造商可能也会借款。但是迟早有一天,这个人借不到又一个 1000 美元了,他需要还清之前借的那 1000 美元。自然而然地,灾难发生了,整个链条开始崩溃。这个人不仅无法应付他想要的高消费方式,还要将开支降低到最初的水平之下,才能还清借款。而同样用借款来满足新需求的贸易商和制造商,发现他们的销售额不仅没能达到预期水平,反而比扩大生产之前更低了。这个过程可能需要数十年,但是这一天终将会得到清算。

由此,自1990年之后,日本人发生了令人吃惊的转变:20世纪80年代,大家都认为日本人是世界上最聪明、最有激情的;而在90年代,很多观察家却觉得日本人是无能之辈,既不尝试改变,也无力进行调整和改组。

由于日本政府在上世纪90年代之后反复使用财政政策刺激经济,日本政府的债务负担非常沉重,缺乏进一步扩大公共支出的空间。

屋漏偏逢连夜雨,日本经济在萎缩,日本人口也在萎缩。导致这一原因的是日本普通妇女不愿意生孩子了,而这个国家又普遍保守排外,按照一般观点,一个国家要保持人口不萎缩,其人口出生率不能低于2.08。但是,日本女性平均只生育1.34个孩子。因此,日本成为世界上老龄化最严重的国家之一,5个人中就有1个年龄超过65岁。据经济学家对日本老龄化进行观察:日本大多数出租司机在70岁左右,酒店和餐馆的服务员经常是六七十岁的女性,他们呈现了一幅仅由老年人支撑经济体的超现实图景。东京则呈现出了另一番景象,它似乎和世界上其他主要城市一样充满了活力,但是,东京的活力来自于吸纳二线城市的年轻人。东京是日本的服务业中心,但也无法摆脱一个日渐老化的社会症状。

3. “跌跌不休”的日本

据世界银行2011年发布的《2011年全球经济展望》报告，其中预测2011年日本实际经济增长率仅为0.1%。受东日本大地震影响，上半年国内需求和供应均大幅下降，因此全年增长接近零。与此同时，日本在遭遇地震、海啸，以及随后的核危机之后，经济进入衰退。据美国“末日博士”鲁比尼测算，灾难给日本带来的经济损失已高达25万亿日元，日本政府正在利用第一份4万亿日元支出计划进行清理工作。

经济低增长率，在日本也已经习已为常，通常，每逢节日及周末，日本执政党以及政府都会有一种“紧张感”：因为日本主流媒体喜欢在这些日子进行政情民意调查，而执政党不知道新的一个星期开始时，新出炉的民意调查会有什么样冲击性的效应。

在日本政界，有种说法：内阁支持率在20%徘徊，被称为危险水域；内阁支持率降到20%以下，被称为“退阵水域”。根据日本媒体的统计，支持率在20%徘徊的首相，用不了多久就会宣布辞职，而内阁支持率大幅下降后反弹回升的，都属于凤毛麟角。

日本政坛上演的新时代“走马灯”歌舞伎，“乱哄哄，你方唱罢我登场”。有统计表明，从1885年日本创立内阁制后的第一任首相伊藤博文算起，迄今日本每位首相的平均任期只有两年。如果从1987年底下台的竹下登算起，迄今日本每位首相的平均任期都不到两年。

如果从文化的视角考察，就会发现在日本的传统文化中，存在着一种“伙伴意识”的集团主义。它决定了日本政坛的“生态圈”，不可能经常出现处于长期支配地位的强有力的政治人物，而是由集团中的派系以一种“吃果果，排排坐”的近似幼儿园儿童游戏的方式来“轮流坐庄”，实现集体负责。而日本国民已经习惯于这种“走马灯”式的首相变化，这已经成为日本政治运作的一种机制了。

日本的政治文化决定其很难产生具有绝对权威的领袖。日本政治是一种“协商政治”，当首相的人常常不是最有能力的人，也不是权力最大的人。因此，日本的政治乱局并不影响社会稳定，日本社会依然秩序井然。而且在日本的政治模式下，政治家和普通公务员系统是分开的，是两套不同的体制，而公务员系统一直在稳定地运行。日本公务员的金字塔是很稳定的，无论政治争夺如何激烈，国家机器仍会按照既定的方式正常运转，不受影响。

当日本经济形势比较好的时候，政权也相对稳定；而当经济低迷，政府在国内民生问题上无力回天，党派斗争加剧时，往往会在外交上寻找突破口，以转移矛盾，提升支持率。

美国在东亚地区对其表示支持。但在日美同盟中，日本并不掌握主动权。在日俄发生领土争端时，美国公开声称，“北方四岛”(俄罗斯称南千岛群岛)不适用美日安保条约。日本在东亚地区有两种政策路线选择，一种是迎合美国、作为美国控制东亚的工具；另一种是推动“东亚共同体”建设，这是日本面临的选择。

所谓经济繁荣的幻觉不断堆积，迟早，它们肯定会坍塌下来，就如高山上的积雪。日本遭遇的“超级地震”比任何国家都严重。

第七章

地球预言
人类进入“大审判”时代

“诺查丹马斯大预言”、“玛雅 2012”、“圣经密码”……很多民族都留下了末日预言，事实一再表明：许多预言并非空穴来风……

1. 玛雅预言，一个魔咒

人类总是对未知之事充满好奇与恐惧，而最为担心的就是所谓“末日灾难”，地震前的动物迁移，海啸前的异常海情，火山喷发前的寂静，这些超越人类抵御能力的巨大灾难在事发前总是有不同寻常的异兆。

虽然很多民族都有末日预言，但为什么玛雅人所说的预言，会受到人们这样重视？玛雅预言，出自古玛雅族距今约 2500 多年前所创造的神秘玛雅历法——长历法（Long Count Calendar）。根据近代考古学家们的考证，玛雅长历法的大周期将在 2012 年 12 月 21 日这一天结束。早在 1966 年，玛雅文化专家美国耶鲁大学皮博迪自然历史博物馆名誉馆长麦克尔·D·科在他 1966 年撰写的《玛雅》一书中认为：“在第 13 个超级纪”的终点，一场大浩劫会清洗掉全世界“堕落”的人，而玛雅文化最著名的长历法是在 2012 年 12 月 21 日终结的。麦克尔·D·科以此推测，人类的文明将在那个日期被毁灭。

这一末日理论在上世纪 90 年代初被一些玛雅学者接受后，广泛流传于世界各地，又引发了关于玛雅预言的各式研究与结论。现代玛雅学者普遍认为，玛雅历法中明确表示：目前太阳系正经历着一个从公元前 3113 年起到公元 2012 年止的“大周期”，而 2012 年 12 月 21 日将是本次人类文明结束的日子。此后，人类将进入与本次文明毫无关系的一个全新的文明。

根据不断更新的考古发现，玛雅研究者们推断，玛雅人可能在公元前 355 年至公元前 1 世纪间发明了长历法。19 世纪晚期，玛雅学者约瑟夫·古德曼根据各地出土的玛雅碑铭中首次得出了玛雅长历法中一个大周期等于 13 个白克顿（玛雅历法中计时单位的一种）即 1872000 天、5125.36 年的结论，但古德曼并未赋予这个数字任何特殊的意义。继续研究的古德曼,在提出玛雅历与公历的换算方法后,于1905年在美国出版了《玛雅计日》一书,书中提到了长历法最近一个大周期开始的时间始于公元前3114年8月11日,但并未得出关于终结日的进一步结论。随后,众多专家在此基础上进行了终结日推算。但是直到1966年麦克尔·D·科出版了《玛雅》一书,才真正将长历法大周期的结束日展现在公众面前,而这一时间在书籍首次印刷时为2012年12月24日,后再版时更正为12月21日。目前,研究者基本认定,是麦克尔·D·科首次确认了玛雅历法预言中的2012密码,即世界末日是在2012年的12月21日。美国科尔盖特大学考古天文学家、玛雅文化专家安东尼·阿维尼认为:在玛雅历法中,1872000天算是一个轮回,即5125.37年。玛雅人的“长历法”从玛雅文化的起源时间开始算,即公元前3114年8月11日。根据“长历法”,到2012年冬至时,意味着当前时代的时间结束,长历法于是将重新从“零天”计算,又开始一个新的轮回。

此外,考古学家也在玛雅遗址的不断发掘中得到了新的收获。20世纪60年代,一块被称为“第六纪念碑”的古玛雅石碑被发现于墨西哥南部,石碑上明确地记载了2012年12月21日这一时间点。而根据玛雅碑铭专家戴维·斯图亚特的研究,他认为碑上所载文字能够模糊地解读出“一些事情将会发生”的大意,以及碑文与掌管战争和创造的神秘玛雅神Bolon Yokte有关,这位神□同时也是玛雅圣地帕伦克地区诸多神话中的主角人物。

由于石碑损毁较为严重导致上面的信息不够清晰,从而无人能对石碑做出准确的解读。但戴维·斯图亚特承认,如果有人提问“有没有碑铭提到2012的故事?”碑铭研究专家们仍将一致回答“去看第六纪念碑”。对于玛雅历法中的2012预言而言,这块石碑的发掘无疑是一件有利的力证。

此后,学者们更关注于预言的内涵。美国学者劳伦斯·约瑟夫认为,玛雅人确实把2012年看作一个巨大的转折点,但这个转折点不是指世界的末日,而是指“第五个太阳纪”的到来。在玛雅人残存的四部珍贵文献中,有一部是记述玛雅人天文历法的。通过玛雅文化专家的研究,人们知道玛雅人有三种历法,即地球年、金星年和卓尔金年。他们分别是:地球年365天,金星年584天,卓尔金年260天。

在“卓尔金历”历法中,这种历法以一年为260天计算,但奇怪的是,它不是以地球上所观察到的任何一种天体的运行为依据,在太阳系内没有一个适用这种历法的星球。依照这种历法,这颗行星的大致位置应在金星和地球之间。

“卓尔金历”中的这个符号,表达了玛雅人所描述的银河核心。有玛雅学者认为,这个叫“卓尔金历”的历法记载了“银河季候”的运行规律,而据“卓尔金”历所叙述:地球现在已经在所谓的“第五个太阳纪”了,这是最后一个“太阳纪”。

倾毕生精力研究玛雅文明的墨西哥裔美国学者荷西·阿古力斯博士是玛雅文明的狂热研究者之一,阿古力斯曾在美国普林斯顿大学、加利福利亚大学、华盛顿州大学等多所大学任教。在他的《玛雅效应》一书中也阐述了他对于2012年预言的研究。他认为,玛雅历法显示了玛雅文明对于太阳系之外的银河系中心超乎现代科技的了解,这种理论被称为“与银河系同步”(或称“同化银河系”)。从1992—2012年的20年,是地球在“大周期”最后阶段的最后一个时期。而玛雅人认为,这是“地球更新期”。在这个时期中地球要完全达到净化,过后地球将走出银河射线的范围而进入“与银河系同步”的新阶段。

2010年,美国加州大学教授赫拉尔多·阿尔达纳在其撰写的《历法与纪年II——远古与中世纪的天文与时间》一书指出,早期的玛雅文化研究专家发明了一种“GMT 常量”，用于把玛雅历转换成现在通用的公历，但这个“GMT 常量”的可信性存在问题，因此两个历法之间有偏差，即 2012 年这一时段将推后。

16 世纪，西班牙征服者来到新大陆，寻找传说中的黄金城埃尔·杜拉多。然而，无法解释的神秘现象表明，他们并不是第一批来此拓荒的淘金者，因为同样的工作在很多个世纪前早就发生过了——无数巨石建筑群构造在地球上最难以进入的雨林深处，它们错综复杂地记录了整个天穹及地球上发生的各种事件。

自从 1839 年美国人琼斯·史帝芬斯第一次在中南美洲洪都拉斯的热带丛林中发现了玛雅文明遗址以来，世界各国考古人员在中南美洲的丛林和荒原上，一共发现了 170 多处被遗弃的玛雅文明的古代城市遗迹。这些热带丛林中有一座座规模惊人的巨型建筑，雄伟壮观，更令人惊讶的是玛雅文化中的精确历法和天文知识。时间是玛雅人宇宙观的核心，所有的装饰、浮雕和雕像，无一不同某具体日期直接相关。所有的玛雅建筑都是石头做的一个巨大日历的一部分。

对考古学家而言，在 20 世纪 80 年代前，绝大部分的玛雅象形文字都没有被破译。而到目前为止，人们也仅仅是破译了其中的 3/4。令人惊奇的是，玛雅人在数学与天文学方面无疑更为先进。而且玛雅人的计时方法，也许是他们最惊人的成就。

犹太基督教的时间哲学是线性的；创世发生在很久之前。学者们在很大程度上忽略了内在不同的时间观念，这在中美洲历法和宇宙观中很明显：周期时间哲学认为过去和未来的创世事件在周期终点中以相似的方式统一。认为古玛雅历法创造者预测了未来，以未来事件为目标，这个论点有两个论据：玛雅思想认为，重要事件（如出生）发生在一个时间过程的结尾——以此为例，260 天周期循环的最后时刻，胚胎形成了。另外，长计历中采用终点命名法，某个时间段以它最后一天命名。例如，我们现在正处于4阿哈乌卡盾，因为最后一天在4阿哈乌这个位置上。

中美洲人类的出现是一段史诗般的征途，在大约8700年前，墨西哥中部巴尔萨斯河谷的谷物种植就体现了这种农业天赋。把谷物和瘦小的野生类蜀黍分开需要几十年、上百年不间断的杂交繁殖。随着他们文明的发展，西半球的拓荒者们在数学、医学、哲学和天文学上取得了深远的成就，并为现代世界提供了赖以生存的主食，如玉米、巧克力、烟草、土豆等。没有这些发现，很多美好的东西可能就不会存在于现代世界了。

事实上，在有史书记载的古人类中，玛雅人当属于绝顶聪明的那一类。当其他地区的农民们只知道稀里糊涂刀耕火种的时候，玛雅人就实行了轮耕制来保持土地的肥力。而玛雅人兴建的金字塔足与古埃及人的金字塔相媲美，他们所兴建的总容量达到2145万立方米的13个水库，其建筑工艺之精良也令其他文明的人群无比汗颜。

此外，就科学来看，玛雅人所取得的成就与我们今天比起来，也是达到了一种极致，让我们觉得百思不得其解。危地马拉的古玛雅人写的《波波·乌》如此描述世界的表象：“像一团雾，像一片云，也像一粒飞尘，这就是创世”，“它（创世）开始于从一片飞云中心猛然降下的尘埃。”

在人类进程的兴衰起伏中，1519年西班牙征服者到达玛雅时，玛雅古典文明已经绝迹了。玛雅文明的古典时期（约公元250—900年）早已消逝。入侵者发现的是一个新兴的阿兹特克（Aztec）帝国，越过墨西哥中部高地一直延伸到玛雅领土的西部。在长途跋涉寻找新家园的过程中，阿兹特克人偶然来到墨西哥中部高原。在那里，他们看到一只鹰停在一棵仙人掌上，嘴里衔着一条蛇。预言实现了，这是他们找到新家园的标志。他们建立了一座城市,后来被称为墨西哥城。到了公元1500年,他们的首都特诺奇蒂特兰(Tenochtitlan)已经是一个繁华的大都市了。

需要澄清一个常见的误解,玛雅人并不是在9世纪星际空间的天蝎座的召唤下消失的。大约1100年前,在科潘、帕伦克、蒂卡尔、亚克锡兰等宏大的城市衰败之后,由于贪婪、瘟疫和干旱,玛雅文明崩溃了,就像今天人类文明在某一个时刻突然崩溃一样。不同的部落踏上了寻找新家园的漫漫征途。他们背负着自己的文化身份和成就,就像肩上的重担一样,最后在新的地区搭起房子,如雉堞状的峡谷和危地马拉高地的高原。

日夜交替,文化起伏跌宕。无数的玛雅群体繁衍生息,新生的一代又一代在中美洲文明中不断发展。中美洲的历史和世界上其他任何地方的历史一样复杂,甚至可能更为复杂,因为玛雅人居住的地方地震和火山爆发连连,骚乱不断。但是其核心信仰和传统已经经受住了时间的侵蚀,例如古老的神话和仪式。

阿兹特克人继承了早已逝去的玛雅王国逐渐消失的文明,也继承了他们的宇宙观,包括260天制的泛中美洲日历,这早于奥尔麦克文明2000年以上。阿兹特克人是在古典玛雅文明(在墨西哥西部以及今美洲中部的部分地区发展)消失五个世纪以后才出现,一些传统却是和古典玛雅文明相承的,如人类经历的大时代更替。他们认为每一个大时代的终结都意味着一次变革。1520年,西班牙贵族科尔特斯以小规模的部队打败了墨西哥中部的国王蒙特苏马,史称"墨西哥征服"。墨西哥广袤无垠,西班牙入侵者花了好几年时间才深入到玛雅王国所在的土地上,直到那个时候,他们才意识到另一段古老的在丛林中消逝的玛雅文明。

拉坎东雨林的低地上,乌苏马辛塔河向西流去,把墨西哥和危地马拉分割开来。在这里,未被征服的最后一部分玛雅部族的后代繁衍至21世纪。他们现在只在帕伦克遗址或是圣·克里斯托瓦尔·迪·拉斯·卡萨斯的那波伦研究中心和博物馆出现时才穿上他们标志性的、随风飘拂的白色外套。但是在19世纪70年代，他们是丛林中的幽灵、奇怪的森林居住者，他们以猴子为食，用木棉包围营地，并不断迁徙。事实上，在征服之后，对于新世界印第安人的大部分研究都是从留存下的阿兹特克帝国人身上得到的。正如卡洛斯·富安蒂斯所说：“墨西哥人是阿兹特克帝国的后裔，而阿根廷人起源于船舰。”但今天，很多拉丁美洲人和奇卡诺人都自豪地承认他们是阿兹特克人的后裔。很多美洲人（指所有南北美洲的非专业学者）过去理所当然地排斥“异类”，现在依然如此，而现代墨西哥人俨然成了异类。

2.“双鱼时代”已结束

天文研究实际上是世界上最古老的职业：早在农业文明初期，人们就知道如何从天空的变化中得到信息，决定什么时候播种、什么时候收获；也能够通过长期的观察准确地预测星座出现的时间。

日月被顶礼膜拜。这种崇拜逐渐演化为一种信仰，那就是诸神都在空中。研究天象也就相当于是在做祭拜。由此，占星术应运而生。

国际天文学联合会用精确的边界把天空分为 88 个正式的星座。人类肉眼可见的恒星有近 6000 颗，每颗均可归入唯一一个星座。每一个星座可以由其中亮星的构成的形状辨认出来。这些正式的星座大多都根据中世纪传下来的古希腊传统星座为基础。这 88 个星座分成 3 个天区，北半球 29 个，南半球 47 个，天赤道与黄道附近 12 个。黄道天区的 12 个星座：双鱼座、白羊座，金牛座、双子座、巨蟹座、狮子座、室女座、天秤座、天蝎座、人马座、摩羯座、宝瓶座。

引用星相学的一个“理论”。即太阳的自转轴正离开曾经停留了 2000 年之久的双鱼座，逐渐向水瓶座转移，因此从 2000 年起，我们从双鱼时代进入了水瓶时代，一直持续到 2050 年。

有许多占星学家都会提到所谓“双鱼时代”已经终结。要知道，这个“双鱼时代”是从耶稣降生的那年开始的，鱼也是耶稣的标记。“耶稣鱼”最早是基督徒为了躲避罗马帝国宗教迫害而使用的暗号，随着米兰敕令的发布，此符号也因其历史意义而成为耶稣的代表符号之一。为避免受到伤害，不知由何时起，有人发明一个特□的暗号来代表自己信徒。这个暗号就是一条鱼。考古家在许多地方发现有暗号，当时一个基督徒在罗马帝国各地旅行或经商，在旅馆投宿时，喜欢在房门外画一条简单的鱼，如果有另外一位基督徒也投宿在同一旅馆，或者这旅馆的主人也是基督徒的话，这两条鱼便可促膝谈心，直到天明了。

在旅馆或在餐厅进餐时，基督徒也在桌子上画一条鱼，同桌的人如果也画一条鱼的话，他们便会面对面地发出会心的微笑。进餐完毕后，这两条鱼会自动地“游到同一地点”畅谈。但如果对坐的人并不画一条鱼的话的，这个画鱼的人便处处提防，小心被人捕捉或伤害。

在占星术中，天象是一个人诞生时的星图。从技术上来说，它代表行星在“黄道”（太阳系的平面，形状像一张平坦的饼）上的投射。诞生时的天象表示一个人在终身的变化中潜在的基础。它就像一张名片，伴随着他度过一生。它说明了他的基本性质，也就是这个具体化身的表达方式。一天分成四个等份，根据诞生的时辰，太阳处在其中的一个等份里，同时处在当时的黄道宫里。因而出生日期就确定了太阳的宫，时辰就确定了运星的宫。它们对于这个人形成了一种决定性的组合，因为运星确定了太阳的宫是怎样具体表现出来的。每个四分之一等份分为三个宫，每个宫都与一个专门的活动区域相对应。

运星（即生命主星），即诞生时东方地平线上的宫，是根据诞生时当地的时间来计算的。它说明了一个人和他的生命所代表的实体怎样被置于地球上，并且描绘了他与周围环境的关系。下降星座（西方地平线上的星座）象征着与他人的关系。地平线把天空分成两个半圆，以天的中央（权力）为天顶，以天的底部（存在之源）为天底。

而与每个宫相对应的生命区域是根据它所包含的黄道星座来经历的。在每一种天象里，宫轮与黄道轮都以特有的方式互相重合。

因此，研究占星学的人必须熟悉占星的基本语言——元素、星座、行星、宫位及相位。

自从化学周期表及118种元素被发现之后，“元素”这个词的复杂性已经远远超过地、水、火、风的概念。虽然如此，这四个基本元素仍然能提供基本的结构，以便人们观察大自然和人类的行为。

四元素代表四种基本的接收和消化外在刺激的方式。火元素代表的是让事情发生的驱力，或是证实及确立这股驱力的一种需求，以及赋予它意义的渴望。土元素代表的是让内在驱力变成具体现实，以及想触摸和闻其味的渴望。风元素代表的是沟通、定名和建立概念的驱力。水元素代表的则是在情感层面产生联结的驱力，并且想要知道这份联结是否愉悦。按占星术分法，四元素是黄道的基本结构，因此能帮助人们了解十二星座的性质。每个人的天宫图都是由四元素及其特质组合成的，但某些星盘会强化或缺少其中的一些元素。例如，代表意外事件的星盘里往往缺少土元素。

在西方占星术中，世界纪元的理论是基于分点岁差而建立的。因此它是周期性的。黄道十二宫的每一宫依次支配夜空，总计26,000年满一轮然后再重新开始。相信占星术的人都认为，每一宫的伴随特性或“个人特质”会影响2000年以后的社会性质，并且每一宫都支配着天空。“双鱼时代”历经两千年，在千禧年过后就结束了。现在，已进入了“水瓶时代”，“双鱼时代”的末日已经到了。正如星宿符号学者所言，双鱼星座的理念是，人类必须由比他们更强大的事物来告诉他们应该做些什么，因为人类自己不会思考。因此，那是一个充斥着强烈宗教信仰的时代。双鱼是个古老复杂的星座，包含了太多的情绪，所以在情绪方面起伏非常地大，矛盾、敏锐的感性、知性、诗情和纤细的触觉，善良，无私，超逸，旷达，直观以及富有同情心，种种冲击之下便产生了无与伦比的艺术天才。双鱼时代亦有缺点：逃避现实、痴心妄想、酗酒成风、药物成瘾、偷偷摸摸、含糊不清以及意志薄弱易受影响。而目前世界进入了水瓶时代。而这个时代的理念是缺乏怜悯与人道精神的强烈理想主义色彩，有流于口号的倾向。科技将人们与自然的联系切断，让人们越来越丧失了解自然生命节奏的能力。而过于多元的思想，过多的思维主导，将会使得人们变得倾向于用理智来代替情感，将世界变得冷酷而现实，世界从一个潮湿迷茫、变化莫测的水象时代，走向一个一片荒凉、充满干燥而富于进取心的风象时代。

3.《圣经密码》“加密”

2010年,美国作家迈可·卓思宁的《圣经密码》一书在中国出版,作家迈可·卓思宁坚信“圣经密码”是真的,并与2012年有关,引发了众多的争议与讨论。而好莱坞 Relativity Media 公司已经买下该书电影版权,准备拍成科幻大片在2012年上映。

据美国媒体报道,美国国防武器签约承包商 Trijicon 公司自2010年前以来,一直把“圣经密码”镌刻在瞄准器上。“圣经密码”中刻着一些章节的缩写。如“JN8:12”代表《约翰福音》第8章第12节。该节写道:“耶稣又对众人说:‘我是世界的光。跟从我的,就不在黑暗里走,必要得着生命的光。’”还有的瞄准器镌刻有“2COR4:6”,代表《哥林多后书》第4章6节。该节是:“那吩咐光从黑暗里照出来的神,已经照在我们心里,叫我们得知神荣耀的光显在耶稣基督的面上。”

在所有宗教中,基督教最推崇末日文化。在其看来,人类天生即是罪孽深重。人类在被上帝创造以后,就因邪恶地滥用自由而背叛上帝,也就是因为这个“原罪”,而给我们这个世界带来死亡以及其他种种的不幸。这些内容在圣经的典籍中都有记录。

1947年,贝都因族的一名牧羊人为了寻找一头失踪的山羊,走进古犹太沙漠库姆兰的一个山洞,有了历史上最伟大的考古学发现:用纸莎草和动物外皮所写成的腐朽经卷。世人很快的称之为《死海古卷》。

《死海古卷》的惊世发现,再到1979年翻译结束,1980年开始发行,基督教又掀起了一阵宗教风暴,很多曾经背弃耶稣的教徒重新回来了,《死海古卷》的时代,是从耶稣之前的170年到耶稣之前的58年,没有一卷是写在耶稣之后的。《死海古卷》和《圣经》中描写的很多预言都曾是地球上发生过的事,而《启示录》是《圣经》中最富争议的一部画卷，其字里行间藏着骇人末世预言。《启示录》又名《若望默示录》，是《新约圣经》的最后一章，据说是耶稣的门徒约翰所写的，主要是对未来的预警，包括对世界末日的预言。它描绘了一场规模巨大、代价沉重、无比惨烈、而又波澜壮阔的正邪较量和人类劫难。它描述了一场由一个被称做“羔羊”的人和他的信众与被称作“兽”的势力之间所发生的激烈较量。《启示录》中明确指出“他们与羔羊争战，羔羊必胜过他们，因为羔羊是万主之主、万王之王”，“他的名称为神之道”。当然，由于许多人都受到了“兽”的迷惑，助纣为虐，犯下了大罪，所以人类会经历巨大的灾难。

《启示录》中提到了包括规模空前的火灾、地震、冰雹、烟雾和硫磺、蝗虫、瘟疫、异常的高温与战争，水变质害死人，海中生物的大量死亡等等。《启示录》完全像是神话故事，但末了，却是非常肯定和严肃的某种告诫。

2006 年，一份此前从未为世人所知并研究过的 1704 年牛顿手稿，在耶路撒冷的一家博物馆中被研究人员发现，让人惊讶的是，这份手稿内容研究的根本不是有关宇宙和地心引力等科学问题，而是有关《圣经密码》和虚幻的神学；尤为耸人听闻的是，在这份秘密手稿上，牛顿解释在公元 800 年神圣罗马帝国的查理曼大帝之后的 1260 年，即 2060 年，就是世界的末日。牛顿是根据《圣经》的丹尼尔一章算出这个结论的。这封信函目前陈列于耶路撒冷希伯来大学的牛顿展厅。

牛顿，18 世纪最伟大的物理学家，主要贡献有发明了微积分，发现了万有引力定律和经典力学等等。牛顿用数学方法揭示行星的运动、彗星的轨道和海洋的潮汐；他探究了光的分解和色的本性。然而，这样一位伟大的科学家竟将后半生的宝贵时间全部用在了研究神学上，写了 100 万字的手稿研究圣经，由于大多数牛顿神学手稿都在上世纪 30 年代的一个拍卖会上被一位名叫亚伯拉罕·雅胡达的神秘收藏家买走，这些手稿后来的下落一直不为世人所知，因此后世科学家也根本无从知道牛顿穷半生之力,到底在手稿上算出了些什么。直到耶路撒冷希伯来民族博物馆的研究人员竟然在馆藏中发现了这些尘封的牛顿手稿,在数千页写得密密麻麻的纸上,研究人员看到牛顿尝试用复杂的公式破译所谓“圣经密码”,并试图计算宇宙的“末日”时期。牛顿预言世界末日的到来将伴随着瘟疫和战争的爆发,并预言圣人到时将再次降临地球。研究人员由此认为,晚年的牛顿对神学的痴迷程度显然已“病入膏肓”了。

随着牛顿手稿“惊人内容”的披露,一部有关加拿大学者研究牛顿生平的纪录片《牛顿:黑色异教徒》在英国播出,英国再次掀起一股“牛顿热”。

2010 年初,美国哈佛·史密斯索尼亚天文中心公布了几幅哈勃 Hubble – Chandra 望远镜拍摄的高质量照片，它们似乎可以用来证实牛顿的预言。

在几幅船底座伊塔星(Eta Carinae)的图片中,显示船底座伊塔星正在变为超新星,可能即将爆炸。这个星球位于距离太阳系只有 7500 光年,质量约是太阳的 100—150 倍。

根据历史记载,大约在 19 世纪 80 年代,这颗恒星曾经有过一次不平常的爆发,使得它成为南半球夜空中最亮的星之一。这次爆发,让周围的恒星系都受到了影响,但是不知何故船底座伊塔星却得以幸存。

由美国 NASA Chandra X 射线天文台以及哈勃太空望远镜所合成的最新图片显示,这颗神秘的恒星正处于极不稳定的状态中。蓝光是船底座伊塔星自上次爆发后的气体组成,大约有 20 极(数的单位,1 后面 48 个零）吨气体，以每小时百万公里的速度向外扩散。

而内核橙黄色区域里有两个清楚的圆形突出部分、一个炙热的中央区域,以及一些奇怪的辐射状条纹。充满着气体与尘埃的两个圆形突出部分,正吸收来自中央区域的蓝光与紫外线。

这意味着船底座伊塔星正处于向超新星变化的过程中。

一旦它爆发,这么近的恒星大爆炸足以杀死地球上的所有生命,如果爆炸产生的能量波朝着地球这个方向喷发的话。当然,发生这种情况的概率极小。但却不是不可能。

圣经密码最初在 20 世纪初, 由捷克首府布拉格一位犹太教士魏斯曼德所发现,并在他死后的 1957 年,由他的学生将其公之于众。魏斯曼德发现在旧约摩西五书《创世记》、《出埃及记》、《利未记》、《民数记》及《申命记》的开端,同样每隔 50 个字母跳读,就可拼出“Torah”。而“Torah”意思就是“摩西五书”。

到了 1980 年代,以色列希伯来大学的数学家伊利雅胡·芮普斯和物理学家杜隆利用计算机高速计算对比(一套精密的数学运算模式),挑选圣经时代以来的 32 位知名人物,结果发现他们的名字和出生与死亡日期在《创世记》中都是编在一起的。后来他们把整本希伯来文圣经原文去除了所有字间距,连贯成总长 304805 个字,采用计算机跳跃码方式,在字符串中寻找名字、单词和词组,最终找到了一系列相关信息。据此完成了《创世记等距离字母顺序解码》这篇论文。经过耶鲁大学、哈佛大学、希伯来大学多名数学家验证,以及美国《科学》杂志的三次复核后,该文正式发表在了美国《科学》杂志上。

4. 诺查丹玛斯,《诸世纪》劫难

据说,400 年来始终再版,常盛不衰,预言世界末日的书,全世界只有两本。一本是《圣经》,一本是诺查丹玛斯的《诸世纪》。

早在 1939 年秋,德国向欧洲宣战后不久,约瑟夫·保罗·戈培尔博士夫人躺在床上,专心致志地阅读着一本晦涩而神秘的书籍。这是一本 1568 年出版的文学作品,其中引用了一位名叫诺查丹玛斯的人所写的若干则预言。丈夫约瑟夫·保罗·戈培尔已经入睡,然而,妻子为其所读到的几则预言兴奋不已,以致于不得不叫醒丈夫,与其共同仔细研读书中的神秘文字。约瑟夫·保罗·戈培尔亦为之震惊。他随即命令宣传部雇来一位名叫恩斯特·克拉夫特的瑞士籍占星术师,命其利用诺查丹玛斯的预言资料,对所占领的欧洲战区展开心理扰乱战。法国中世纪的一介游医,为什么能令鲁道夫·希特勒的决策官僚机构为之愕然?而诺查丹玛斯其人,竟如何使得英国的谍报机关花去了近 8 万英镑的巨额报复性反宣传费用?

诺查丹玛斯是一位生活在欧洲中世纪的犹太人,本名叫米歇尔·德·诺斯特罗达姆,而人们所熟知的却是诺查丹玛斯这一拉丁语风格的名字。

诺查丹玛斯于 1503 年 12 月 14 日出生在普罗旺斯。人们通常认为其家族是在宫廷内侍奉过勒内家庭的犹太系意大利医生,其实,这一家族只不过是来自阿维尼翁附近的极其平凡的庶民而已。祖父佩罗与粮商的女儿弗朗莎私订终身,并生下一子,取名叫儒姆,这就是诺查丹玛斯的父亲。1495 年,诺查丹玛斯的父亲放弃家业,移居到圣勒米,与尼艾尔结婚,并在当地谋求到一份税官的职业。诺查丹玛斯一家原本奉信犹太教。当诺查丹玛斯 9 岁时,全家皈依天主教。1512 年,诺查丹玛斯的父母又改信基督教,并加入了新基督教教会。

诺查丹玛斯是长子。他有四个弟弟，有关前面三个弟弟的情况，人们一无所知，只知道他最小的弟弟曾经发表过许多普罗旺斯风格的歌曲及杂文，最后在普罗旺斯最高法院任检察官。诺查丹玛斯的非凡才能从他幼小的时候起就十分引人注目。他所受的教育主要来自于他的祖父，拉丁语、希腊语、希伯来语、数学，以及被称之为天体学的占星术等，无所不学，无所不通。祖父去世后，他回到住在巴里大街的父母身边，继续接受外祖父对他的教育。不久，诺查丹玛斯被送到阿维尼翁去学习，与居住在当地的几位表兄弟住在了一起。

诺查丹玛斯熟悉天象的运行，小小年纪就成为拥护地球围绕着太阳旋转的日心说的坚定分子。诺查丹玛斯的父亲与母亲，非常担心自己的长子会因此而被天主教教会当做异端分子来进行迫害，于是，1522 年，19 岁的诺查丹玛斯在父母的劝说之下，离开了阿维尼翁，开始学习医学，并在十年以后获得了博士学位。可是，诺查丹玛斯从小就是一个不安于现状，极易招引他人非议的人，因而最终放弃了安定舒适的在大学教书的工作，像他的犹太祖先一样，开始了漂泊不定的流浪生涯。1534 年前后，诺查丹玛斯与一位“身份高贵而极富魅力的美女”结婚，婚后生下一男一女。

诺查丹玛斯向来不愿置身事外，欧洲大瘟疫在法国肆虐时，他前往疫情严重的村庄，因此成名，这些村庄早就被其他医生放弃。但那场瘟疫影响了他一生，也是他所面对的一大挑战。就在他对抗瘟疫的时候，发生了更悲惨的事。他生命中的一大悲剧，就是他身为知名的瘟疫医生，却救不回妻子和两个孩子，之后，诺查丹玛斯完全消失了。他开始一次长途旅行，经过意大利和西班牙，他行遍各地，见到很多事，他就在这段时期变了一个人。

1554 年，诺查丹玛斯定居马赛。同年 11 月，普罗旺斯地区发生了有史以来最大的洪水。污水与被污染的人畜的尸骸更加重了各种疫疾的迅速蔓延。根据当时的记录，疫情最为严重的是普罗旺斯的首府埃克斯。5 月，市政当局请求诺查丹玛斯前往救援。他孤军奋战，在传染病的旋涡中与死神搏斗。他告诫百姓不要使用被污染过的水，不要生活在污浊的空气与环境中。当他刚踏上普罗旺斯的首府埃克斯这片土地时，其绝望感简直无法形容。他亲眼目睹了患病者为自己缝制死后所穿的衣服，他们担心他们死后没人会顾得上自己……

疫情缓解后，诺查丹玛斯离开埃克斯前往萨朗。然而，当他还没喘过气来时，里昂又发生了黑死病的灾情。他又前去里昂救援。

诺查丹玛斯身边的世界不断改变，于是他往内心探索，并创作预言诗体，也就是他的著名四行诗。1547 年在里昂出版的罗马帝国时代新柏拉图学派中人撰写的《神秘埃及》一书，促发了诺查丹玛斯进行预言的灵感，以至于在他的《诸世纪》里面留下了该书的明显痕迹。他写诗的速度很快，四年内就写了 1000 首，每天都要写不少东西，工作很繁重。诺查丹玛斯在法国的沙伦小镇定居，并开始他的写作生涯。诺查丹玛斯将他的住宅的最顶层改造成他的研究室，每到夜间，他总是与他那些神秘学的书籍为伴，在研究室中展开细致的研究。1557 年，他在这里定居，他当时的妻子是安奴，他的六个孩子在此出生和生活，他也在这里完成所有重要作品，时间是从 1549 年到他过世前，即 1566 年。诺查丹玛斯知道读者想要什么，他的第一本书是通俗的化妆品指南和烹饪书，接着，他就全心全意创作预言体诗，他的做法就是在诗歌创作里加入预言，更有说服力的是，有些四行诗中的预言在他在世时就已经成真。过了几个世纪，许多研究这些神秘四行诗的人，坚信诺查丹玛斯已画下未来的蓝图，而他预见的未来世界充满危险。

在法国南部，诺查丹玛斯走过的街道仍旧保持着16世纪时的模样，他居住的房间还在，他就在里面写下预言，而里昂市仍保有他原来的作品。这本书很稀有，是少数仅存的首印版诺查丹玛斯预言，虽然有无数个翻译版本，但这才是最贴近原版的版本，他的手稿并没有流传下来。很多人都想知道，诺查丹玛斯在作品里到处暗藏密码，诺查丹玛斯使用的密码很随性，阅读者必须习惯这种混乱的思路，像研究希腊的文学那样，这样才能从混乱的思路中读懂预言。

1550年，诺查丹玛斯开始运用自己的占星结果来编写年历，以后每年编写一套，并逐渐放弃流浪行医的生活。1554年，重新建立家庭的诺查丹玛斯，终于能够安坐下来阅读自己所喜爱的各种书籍了，特别是有关哲学、神秘学、占星术方面的书籍。这样的阅读，在当时是一件十分冒险的的举动，因为有可能随时被人告密而遭到宗教迫害，所以，据诺查丹玛斯后来回忆说，他在当时就养成了读完一本书之后就立即烧掉的习惯。

诺查丹玛斯著作的初期版本中，包括《诸世纪》在内，显得十分地混乱。那是因为那些著作最初被分成两部分，分别于1555年与1568年印刷所致。1555年所印的那一部分，连印刷日期都没有。正因为如此，难免有一些被篡改过的、与真正的初版相隔数百年之遥的“初版”在世间流传。并导致以后的附会之风愈演愈烈。

诺查丹玛斯死后被葬在萨朗的方济会派教会的墙壁中，妻子安努用最精美的大理石为他立下了碑。在大革命时期，迷信的士兵们将他的墓掘开，把遗骨埋到萨朗的另外一个教会里，这就是圣·罗兰教会。如今人们若是去那里的话，仍可以看到诺查丹玛斯的墓及其肖像。

《诸世纪》有1000首预言诗，这些诗晦涩难懂，后世有人试图将世上发生的一些事件与《诸世纪》预言诗句联系起来，以求找出预言的灵验之处。因为他的诗比较晦涩难懂,很多被证明是成功的预言往往是后人附会而成。例如诺查丹玛斯在《诸世纪》中有过这样一段预言:1999 年 7 月,为使安哥鲁莫亚王复活,恐怖大王将从天而落,届时前后玛尔斯将统治天下,说是为让人们获得幸福生活……在预言中并没有提到 1999 年 7 月人类灭亡。

在《诸世纪》的各种版本中,大英博物馆所珍藏的是 1558 年初版的最古版本,但第十一卷和第十二卷的两百首诗,现在已经七零八落,第十一卷仅剩下两首诗,第十二卷只有十一首诗,几乎等于全部失传。

在这些有关的预言诗中,最为著名的是关于"伟大的希勒恩"将"成为世界主宰"的那首预言诗,预言他将"被人喜爱""畏惧恐怖烟消云散""对他的赞誉高过云天""他很满意圣者的称号"。戈培尔夫妇的兴奋,也就在于这一关于"伟大的希勒恩"的预言,无疑将实现在他们所效忠的元首希特勒身上,从而导致了在德国宣传部门与英国情报机关之间的一场创纪录的心理大战:1940 年,德军飞机在英吉利海峡两岸撒下英语和法语版本的《诸世纪》选辑,预言希特勒的一定胜利;而 1943 年,英军飞机在欧洲大陆撒下德语版本的《诸世纪》选辑,预言希特勒的必然失败。

"幽深夜里独坐于秘密的书斋,黄铜三脚架之上,幽暗的火苗微微闪烁,难以置信的预言诞生了……"

这是 1555 年出版的《诸世纪》第一部之中的第一首四行预言诗,它表明了诺查丹玛斯的预言将是令人难以置信的。正是这一诺查丹玛斯掀起的诗意预言洪流,使当时与后世的人们陷入了令人难以置信的预言漩涡之中而不能自拔,这是因为,《诸世纪》之中的预言令人难以置信地无法破解,不仅预言诗的写作采用了多种语言及方言,比如有法语、意大利语、希腊语、拉丁语,再加上普罗旺斯方言,使之成为语言的大杂烩,造成了阅读的困难;而且作者打乱了语序和时序，词语驳杂罗列，语义晦涩艰深，导致了解读的困难，从而在看不懂与读不懂的双重障碍之中。

在《诸世纪》书中，所写的尽是令人惊恐的辞句，描述人类的末日来临。在诺查丹玛斯预言中，世界末日，人类不愿意继续生存下去，也无法再生存下去。面对末日的来临，绝望无助的人类在地球的每个角落进行着血腥的相互屠杀，所有人类发明的最先进的武器，都被用上。整个地球都卷入一场空前的战争之中，战火在地球的每个角落熊熊燃烧。人类相互之间杀得是“云叠雾厚不见天日”，人与人之间的关系，就被“屠杀”所主宰，人吃人成为一种司空见惯的现象。在那无比恐怖的世纪中，人人每时每刻都处于死亡的恐惧与噩梦之中，地球上的每个人都在死亡之前为自己缝制死后穿的衣服，以免死后无人过问……

在末日来临之际，世界气温骤然下降，久而久之，地球上的海洋全部结成一块硕大无比的冰块，太阳不再出现。诺查丹玛斯在第十卷的第七十一篇叙述：“大地和大气逐渐冷却，连水也跟着一起冷却，人们开始崇拜恐怖的星期四，那时就再没有放晴的日子，从四个地方扩展……。”从这首诗可以非常明显的看出，到那时太阳的温度将传不到地球，海洋和可饮用的水随大地一起冷却。人类的生活也将进入寒冷的状态中，很有可能人类将一个个冻死。

在最后的第十二卷的第五十二篇：“两个胴体却一个头部，土地分成两部分，而且四个成为一对，小的对大的，洞穴对人们来说并不好，尖塔被闪电轰击，对鬼怪来说更为恶劣。”这首诗所叙述的更为离奇，像是指大毁灭后的仅存人类，又恢复了原始人以前的穴居生活。而在该卷后面的诗中又描述，“美丽处女的光辉，已经不再闪烁，她已经很久没吃到盐，和丑恶残忍的在一起，一切东西的毛皮都脱落，狂乱相争，怪物覆盖了地球。”人类末日一旦到来，大部分的人类将在各种劫难中走向灭亡，地球也恢复到曾有的荒凉与野蛮状态中。

总体而言，诺查丹玛斯的预言中有许多作品都含有 16 世纪的法文词条,对于现代的阐释者而言,颇有些费解。

有学者认为,诺查丹玛斯的预言却从另一种角度离奇地验证了地球上循环出现的冰期，阳光将不再能融解从两极逼近的冰，那时人们越来越聚集在非洲赤道周围,最终连在那里也不再能够找到足够维持生存的热,那时有机生命的最后痕迹也将渐渐地消灭。而地球,这个死寂而寒冷的球体,将在深深的黑暗里沿着越来越狭小的轨道围绕着同样死寂的太阳旋转。

5. 大洪水时代，文明开场白

《圣经·创世纪》中曾提到：诺亚之后，上帝不会第二次用水毁灭世界。在人类历史上会不会有一个被遗忘的插曲？是否有过一个被毁灭的人类文明，来为世界上的远古神话发言？

美国海洋地质科学家威廉姆·莱恩与沃特·彼特曼认为，公元前 7600 年确实发生过灾难性的大水灾，使中东的文明毁于一旦。大约 9000 年前冰河世纪结束时，黑海不过是一个大型的淡水湖，而现在的博斯普鲁斯海峡当时还是陆地，成为黑海与马尔马拉海之间的一道天然大坝。当冰雪融化时，不断上升的海水以尼亚加拉瀑布下落力度的 200 倍冲破博斯普鲁斯海峡。但也有学者认为传说中的诺亚大洪水发生在两河流域，也就是苏美尔传说中的洪水时代。关于这一巨大自然灾害的记载最早见于两河流域发现的泥板史诗《洪水》。

英国学弗雷责·本杰明在考察了大量的民族历史传说后发现，几乎所有地球民族的上古传说“大洪水”内容惊人地相似。其中所指的大洪水事件是一次巨大的、全球性的海浸事件！而连绵数月的雨水，只不过是伴随洪水的天气现象。只是在这场几乎毁灭了人类的大洪水中起了推波助澜的作用。例如《圣经》：天窗打开了，大雨伴着风暴持续了 40 个白天和 40 个黑夜。而诺亚的方舟，也足足在水中漂流了 40 天，最后才搁浅在高山之巅。而公元前 4000 多年居住在两河流域（幼发拉底河和底格里斯河）的苏美尔人史料中这样叙述：“那种情形恐怖得让人难以接受，风在空中可怕的呼叫者，大家都在拼命的逃跑，向山上逃去什么都不顾了。每个人都以为战争开始了……”

在当今，有许学者甚至认为，大多数的古代神话可被加密成天体活动。如果真的像这样，那么很多传说故事就能得到种种解释。而在《圣经》中,也同样提到过四个金属世界纪元。其中,先知解释了尼布甲尼撒的梦。这位古巴比伦国王使用了相同的四种金属来描述历史的转变时期,以及随之而来的四个时代里人类特征的变化。

埃塞俄比亚的东正教徒还保存着《以诺书》。除此之外,对外界来说《以诺书》几乎已经失传了。这种情况一直持续到18世纪,探险家詹姆斯·布鲁斯把《以诺书》的复制本从埃塞俄比亚带回了伦敦。该书描述了一群天使们(被称为守望者)是怎样与人类女子生下后代,成为父亲,创造出纳菲利姆或者称为巨人的种族。为满足他们巨大的食欲,他们会吃掉所见到的一切东西,然后转而吃掉凡人。巨人族这一个概念,也出现在希腊神话之中。希腊神话中的巨神泰坦就相当于凯尔特神话中的弗魔族,最邪恶的巨人族。这在世界各地的其他文明中都曾出现过。

以上大多数末日预言都展现了末日的场景,这些场景却那么惊人地相似,在500多个独立文明的神话和传说中,都有大洪水的影子。于是有人说,"《圣经》或许就是一部人类史书"。这不无道理。人类正在寻找的证据回头去看大约12000年以前的那个时代,在上一个冰川期结束时,人们是否已经拥有了这场灾难的地质坐标,例如,冰期之后的大洪水……

第八章

“全球首恶”
世界被“核威慑”笼罩

核是最能体现人类玩火自焚的物质。日本“核辐射”，人类惶惶不可终日。殊不知，“核威慑”已如达摩克利斯之剑，高悬在了人类头上。

近半个世纪以来，东亚地区一直潜存有三大核威慑的“起爆点”，即朝鲜半岛、台湾海峡、中国与日本及东南亚国家交界海域的东海与南海诸岛……

1. 冷酷政治逻辑下的人祸

美国历史学家约瑟夫·汀特曾在《复杂社会的崩溃》一书中指出，复杂社会崩溃的主要原因在于：它的复杂性——如同人类的其他努力一样——最终遭遇到了报酬递减、入不敷出的困扰。事实上，今天的危机同历史上那些毁灭了整个社会的危机并没有什么两样。只要对比一下不同时代的世界地图就会发现，国家的更替是如此频繁，一个文明简直就像一个纸屋一样的脆弱。

英国哲学家培根说，“一个人要是念念不忘复仇，他就是把自已的伤口常使其如新”。民族主义的病毒侵蚀国际社会的机体后，仇恨的火山汹涌而来。每一次世界大战的开端有点相似，都是因为一件国际争端诱发民族矛盾。第一次世界大战爆发于 1914 年 6 月 28 日的萨拉热窝，加夫里洛·普林齐普将手枪对准奥匈帝国王储斐迪南大公和他的妻子，几声枪响之后，他迅速朝着一条小溪逃去，但没跑出多远，就被警察逮到。警察虽然很快制服了这名年轻的塞尔维亚民族主义者，但刺杀事件在民众中激起的强烈民族情绪却难以控制。两个月之后，欧洲陷入一次血腥的世界大战。这场战争打垮了 4 个帝国，20 多个国家难逃厄运。

对于第一次世界大战的爆发，德国无疑是始作俑者。对其惩罚，其目的是要那些作恶者意识到他们为何遭受惩罚，而不在于惩罚本身。如果这种惩罚除了让被惩罚者感觉到羞辱，而达不到其他的效果，那么就是一种以恶制恶的复仇主义了。在如何处理这个“战败国”问题上，当时许多所谓的战胜国犯了一个极大的错误。在欧洲延续几千年的仇恨和猜忌，主宰着惩罚德国的行动。法国就是如此，在法国人看来，德法是世仇，在历史上曾经两度入侵法国，给法国人民造成无穷灾难，“德国必须付清赔款”成了法国政治家们竞选宣传的一句极好的口号，因此，以法国总理克雷孟梭为核心的法国代表团强烈要求肢解德国，彻底摧毁德国，以使之不可能东山再起。

英国也是如此。为支持报复德国，英国首相劳合·乔治也发誓："我们搜他们的口袋也要搜出这笔钱来"，"要敲骨吸髓地把德国压得再也翻不过身来"。首相的支持者喊出"绞死德皇"和"把德国榨干"的口号。其实这时的欧洲人普遍把赔偿"更多地看做是一种报复行为，而不是正义行为"。在这种极端的民族报复情绪的刺激下，一个《凡尔赛和约》把整个德意志民族压得抬不起头。德国不仅被强迫认罪，独自承担战争责任，还丧失了13.5%的领土，12.5%的人口，100%的海外殖民地，16%的煤矿和50%的钢铁工业。除承担战争责任外，德国还需赔偿2260亿金马克的黄金（1921年赔偿金额降为1320亿马克），相当于9.6万吨黄金，直至2010年10月3日这笔账才赔完，历时92年。

翻开历史不难发现，欧洲几个国家的宿怨之深，以德国和法国为例，1806年拿破仑在耶拿战役中击败普鲁士德国，强迫对方支付10亿法郎战争赔款，1809年又取得每年1.2亿法郎"贡金"。60年后两国爆发了普法战争，法国在支出军费150亿法郎后战败，割地赔款50亿法郎，相当于10亿白银，是中日甲午战争赔款的4倍。50年不到，两国又爆发了更为剧烈的战争，即第一次世界大战。

当时，经济学家凯恩斯表示，赔款要求远远大于德国的承受能力，要么饿死德国人民。"凡尔赛和约"成为德国挑起战争的导火索，并引发了第二次世界大战——以德国、意大利、日本法西斯轴心国（及芬兰、匈牙利、罗马尼亚等国）为一方，与另一方进行的第二次全球规模的战争。从欧洲到亚洲，从大西洋到太平洋，先后有61个国家和地区、20亿以上的人口被卷入战争，作战区域面积2200万平方公里。

人类社会这一漫长的文明演变过程中，人们各从自己的立场和利益出发，为自身和自身所代表的群体利益而斗争，这种斗争通常以战争的形式，而战争不仅仅只是为取代，往往膨胀为侵略、征服和占领。放眼历史，朝代的更迭、帝国的统治，无不浸透着残酷的搏杀。

一个大国在崛起过程中，将面对各种显性和隐性的挑战，甚至于如何面对“战争”问题。这一点，似乎也是世界文明发展史中具有规律性借鉴意义的。

美国著名学者塞缪尔·亨廷顿曾提出过在全球政界和学术界争论不休的“文明冲突”论，亨廷顿认为冷战后，世界格局的决定因素表现为七大或八大文明，即中华文明、日本文明、印度文明、伊斯兰文明、西方文明、东正教文明、拉美文明，还有可能存在的非洲文明。冷战后的世界，冲突的基本根源不再是意识形态，而文化方面的差异，主宰全球的将是“文明的冲突”。最可能升级为世界大战的是那些来自不同文明的集团和国家之间的冲突。

根据美国著名历史学家 L.S·斯塔夫里阿诺斯的历史观，文明之前的人类经历了由食物采集到食物生产的阶段性跨越，由于发展的必要性，社会组织里产生了“城市中心、由制度确立的国家的政治权利、纳贡或税收、文字、阶级或等级、巨大建筑物、各种专门的艺术和科学”等等特征性细胞，这即是“文明”，这就是脱胎于新石器时代文化并超越了新石器时代文化的古老的文明。

人类在进化与争战中，部落种族各居有了自己的地盘，而这块领地又是他们用以对外扩张的基础。这当然不是想象。公元前 8000 年，高加索人种仅居留于北非、南欧、中亚及印度西北；到公元 1000 年时，高加索人向北扩张到整个欧洲，向东则推进到全印度，向南达撒哈拉沙漠北沿及非洲东北角；而现今高加索人的分布则是在原有基础上，里海北沿向北扩张，从西北利亚平原南沿开辟一条聚居的通道直达日本海，非洲被占据了几乎北半部及南非，澳大利亚东、南、西大部，北美洲的美国及加拿大中、南部，南美洲南部及北部的东部与西部边缘。在同样变迁的时间里，蒙古人种起先居于亚洲东北部、西伯利亚，并独有南北美洲；之后则扩张到整个东亚、北亚及南洋群岛；由于高加索人后裔的统治原因，南北美洲的蒙古人种退缩到南美的中、北部内陆、中美地峡、加拿大北部冰寒地带及美国内陆部分狭小地区。尼格罗人原本居于撒哈拉一带，后来受到高加索人挤压，逐渐向非洲中、南部湿热地带迁移，在马达加斯加等地还散居着这一古代人种的后裔。布须曼人本居于东非及南部非洲，后逐渐退居于南部尖角，到今天已被灭绝或同化，不复存在了。澳大利亚原土著原先居于整个澳洲大陆，受殖民者屠杀驱逐，现今仅居留于澳洲中北部内陆至北部沿海。俾格米人原先生活在中非内陆至西边沿海，现仅在中非内陆和南部非洲内陆存留着几个窄狭的聚居区。

由灵长类到直立人，经过了数百万年的进化，再历数十万年的变化，随着“现代人”的出现，也有了上述古老种族的分别。高加索人成为今天白色人种的祖先，蒙古人种则成为黄色人种的祖先，尼格罗人、布须曼人、俾格米人则是黑人的祖先；澳大利亚人种则是大洋洲及南太平洋诸岛之棕色人类的祖先。人类种族现今的分居布局正是人类自身争斗、扩张的结果。说到文明，火的利用也许是远古人类文明向往的肇始，至结绳记事、草创文字可视为人类文明历史的起步。与此相伴随的人类生存方式的自然变迁更是人类社会走出野蛮时代、日趋文明进步的重要标志。

就像纯粹的动物一样，人类经历了漫长的食物收集和采食阶段。继之而起的是狩猎时代。随着狩猎者的后撤，农人的扩张开始了。公元前 8000 年，人类还处于 100％的采食和狩猎时代，随后产生了农业，至公元前 3000 年，农业率先占领了黄河中下游、地中海及波斯湾沿岸。农人对狩猎者的扩张导致了四大文明古国的出现,并成为欧洲文明的直接诱导。公元前1500年,是狩猎者的大撤退时代,仅存下百分之一。耒耜成为弓矢鱼网的战胜者。至公元1970年,狩猎者退守于非洲、美洲、北亚部分地区,被文明的武器蚕食得仅剩0.001%,他们的存在,只算是一个人类生存历史的美好回忆。

古印度的哲学家们,把整个物质世界看作不过是一场文明的幻觉。新的文明的建立往往以否定旧的文明为前奏;另外,人类的本性,也贯于破坏异族的文明,而建立本族的文明。人类一方面在不停地走向新的文明,一方面又似乎自已在为自身未来设置障碍和陷阱……

原始的文明的产生是由农业带来并引起的连锁反应。在西亚,幼发拉底河和底格里斯河所养育的一片荒原上,文明之光降临人间,文明的中心是苏美尔。约公元前3500年前,那里已学会耕种的农业公社。欧亚大陆的古代文明从公元前3500年开始,先后产生了多种文明的类型,随着游牧民族的入侵,公元前1000年古代文明宣告结束,欧亚大陆又进入了古典文明的时代。由于匈奴人、日耳曼人等为数众多的东西方蛮族的入侵,欧亚古典文明终结于公元500年左右。继而是欧亚大陆的中世纪文明:约公元500年至公元1500年前后。这期间,出现了大规模的海陆贸易,宗教举起并迅速漫延,乃至宗教性帝国的建立(如前述伊斯兰教帝国),人类社会步入了一个所谓"信仰的时代"。

1498年,葡萄牙探险家达伽马绕过非洲好望角抵达印度,欧洲人开始了大航海时代,从此开始了在地球上的遥远陆地进行探险和殖民活动,这也使欧洲的很多国家产生了对地球上其它领土的兴趣和占领拥有的愿望。如果说,蒙古人、阿拉伯人是从陆地向世界发起进攻,那么,欧洲人则从海洋,以一种不可一世的气势杀向了全世界。与那些被他们诅咒的东方游牧民族一样，欧洲人对世界进行了同样疯狂的屠杀。在这场对世界的疯狂掠夺和屠杀进程中，葡萄牙人、西班牙人、荷兰人、法国人、英国人、俄罗斯人、德国人、英国人以及后来居上的日本人、美国人轮番上阵。

葡萄牙原本是一个欧洲小国。它的国土面积只有 92000 多平方公里，人口刚过 1000 万人。1415 年，葡萄牙航海家亨利王子率先率领军队攻占了被阿拉伯人占领多年的直布罗陀海峡西岸城市和要塞——休达，并由此拉开葡萄牙人征服世界的序幕。15 世纪 80 年代，葡萄牙人在西非商业港口黄金海岸建立据点；1498 年，他们又先后在东非基尔瓦、莫桑比克、索法拉建立同样据点；同年，葡萄牙国王派遣达·伽马抵达印度；1500 年葡萄牙人占领巴西；1506 年和 1510 年葡萄牙人先后占领印度港口城市卡利库特和果阿；1511 年挺进马六甲海峡；1512 年控制有“香料群岛”之称的摩鹿加群岛；1513 年登陆中国澳门；1515 年，葡萄牙人封锁霍尔木兹海峡。到了 16 世纪上半叶，这个蕞尔小国一跃而崛起为一个横跨 140 个经度、纵贯 70 个纬度，印度洋、阿拉伯海和南洋几乎成为其“内海”的世界性大帝国。

葡萄牙人从来就认为，两强相遇勇者胜，解决争端，最佳的办法就是诉诸武力，而不是谈判。葡萄牙国王曼奴埃尔在位时（1945~1521），葡萄牙的势力达到顶峰，在从好望角到波斯湾 4000 英里和从波斯湾到香料群岛 15000 英里的海域之内，葡萄牙建立商站 40 多个，全世界的香料、食糖和奴隶贸易一度几乎全部被葡萄牙人所垄断。

与葡萄牙一样，西班牙原本也是一个本土面积仅有 50 万平方公里的小国。但自从 15 世纪末叶以后，西班牙雄心勃勃地向世界发起了进攻。为动员尽可能多的国民去进行海外征服，西班牙王室宣布：死囚或其他囚犯只要到“新世界”居住两年或一年以上,就可获得人身自由。于是在哥伦布等人的率领下,一批批凶神恶煞一般的西班牙人走向了世界。强大的海军使西班牙的海外征服如虎添翼,1571年,西班牙舰队在勒班多海战中击溃曾经不可一世的奥斯曼舰队,从此赢得"无敌舰队"的称号。在1588年同英军作战时,西班牙就出动战舰130艘,其中巨型舰就有60多艘,大炮1100门,兵员将近3万人。

正因为拥有如此强大的实力,西班牙人对南美洲开始了一场血腥的杀掳,其中对墨西哥的征服尤为残忍。当时的墨西哥处于阿兹特克人的统治下,他们建立了一个北起得克萨斯和新墨西哥,南至哥斯达黎加的庞大帝国,生活宁静而富足。不过,这一切随着西班牙贵族科尔特斯的到来而彻底改变了。科尔特斯于1520年底登陆。当时科尔特斯查点兵员:共508人,不包括船上的大副,司舵,水手(合计100余人);16匹马;弩弓手32人,火枪手15人;铜炮10门,大小船只共11艘。整个阿兹特克帝国约有300万以上人口,其外围部落也有上百万人口,其中墨西哥武士约有15至20万人,外围部落更是全民皆兵。尽管阿兹特克人作出了英勇抵抗,但由于水源、粮源断绝,特诺奇提兰特城在坚守75天后,最终被攻破。这期间,阿兹特克人共战死、饿死、病死24万人之多,尸体遍布城市角落,竟无处下脚。科尔特斯征服墨西哥的速度,其实也就是西班牙人征服南美洲的速度,它和葡萄牙在东方商业扩张的速度不相上下。之后不久,皮萨罗击败了印加帝国,征服秘鲁;弗拉迪维亚征服了智利。到1550年时,西班牙人已经征服了巴西除外的整个南美洲。

据估计,1521年到1544年间,西班牙平均每年从拉丁美洲运回黄金2900公斤,白银3.07万公斤。1545年到1560年间这一数字激增为黄金5500公斤,白银24.6万公斤。到16世纪末,世界金银总产量中有83%被西班牙占有。而到1570年,大屠杀和欧洲传来的流行病，使美洲大陆的土著印第安人从此后急剧减少了90%。墨西哥地区的人口从2500万下降到265万，秘鲁的人口由900万下降到了130万。西班牙人在入侵菲律宾附近的岛屿时，每登上一个岛屿，他们就把该岛屿上的男人全部杀死，然后对女人予以强暴，而把整个岛屿变成混血之岛。

西班牙以建立庞大的殖民帝国为目标，掠夺金银，强迫大量当地居民为他们开采矿石。为了填补人口空缺，就开始从非洲进口黑奴，这样又造成一种新的类型的商业贸易，即奴隶贸易。西班牙除了掠夺金银和进行奴隶贸易外，还发展大种植园，生产单一农作物，这成为16世纪西班牙的三大财源。

经过半个多世纪的南征北战，到16世纪，西班牙的疆域已经从欧洲的一个弹丸之地，而扩展到巴利阿利群岛、撒丁岛、西西里岛、那不勒斯王国。尼德兰、法兰斯—孔德、神圣罗马帝国、巴西以外的拉丁美洲、突尼斯、菲律宾也落入其魔掌之中，欧洲和美洲之间的大西洋尽在其控制之下。一段时间，五大洲中除了大洋洲以外，都有西班牙的领土，西班牙也由此成为一个“日不落帝国”。

可以说，从16至19世纪，世界已为海权强国所控制。葡萄牙、西班牙凭借拥有了航海经验及海上的军事实力，这两个国家率先崛起，成为一流的海权强国。西班牙和葡萄牙代表着重商主义的早期阶段。葡萄牙没有多余的商品输出，因此他们是纯粹地建立殖民据点和商站，控制了印度洋一带。葡萄牙因国小、经济落后而侵略对象大多是人口密集的大国，因此采取以侵占军事据点为主，同时又采取垄断商路、建立商站、进行欺诈性贸易的办法掠取大量财富。

西班牙和葡萄牙拉开了15世纪欧洲列国之间的征战，及宗主国之间在殖民地进行的战争、殖民统治者与殖民地人民之间的战争等一系列战争的序幕。奥地利著名作家斯蒂芬·茨威格曾说：

“第一批从特茹河口起航驶往神秘远方的葡萄牙舰船，仅仅是想发现新的土地，而第二批舰船还想同新发现的国家进行和平贸易，到了第三批就已经是全副武装。”

继西班牙之后，荷兰从一个与海搏斗的“低地之国”迅速崛起，在17世纪的世界舞台上成为海权强国。历史上，荷兰从来没有成为一个独立国家，一直到16世纪都是这样。荷兰独立的政治实体是在16世纪才出现的，当时荷兰通过与西班牙的战争，走上世界舞台。17世纪是荷兰的世纪，荷兰有一个绰号叫“海上马车夫”，非常贴切地表述了荷兰的特点。“马车夫”即运输队的意思。荷兰人17世纪在世界海洋上跑来跑去运输商品，赚取了无数的商业利润。1560年荷兰已经拥有1000多艘商船，是中世纪欧洲最强大的海上强权威尼斯最强盛时商船总数的三倍。到1700年，荷兰拥有1万多艘商船，这个数字非常庞大，历史记载荷兰沿海布满了港口，港口中停泊着无数船只，桅杆竖立在那儿如同树林一样。

荷兰主要依靠其强大的海军力量对外进行了大规模的征伐。荷兰的殖民活动主要通过东、西两个印度公司来进行。东印度公司建立于1602年，其活动范围在亚洲。作为后来者，荷兰的对外殖民策略是从其他殖民宗主国手中夺取殖民地。1596年，荷兰第一支舰队抵达印尼，赶走葡萄牙人，并以武力征服印尼；1603年，荷兰人在爪哇建立商业基地；1605年，攻占摩鹿加群岛的安纹岛和帝利岛；1619年占领雅加达，并将殖民总部迁移到此。在对这些地方实施军事占领之后，荷兰人颁布了严酷的“商业”协定，对那些违反“商业”协定的土著居民实施残酷的镇压，班达居民就曾经因为把豆蔻卖给爪哇人和其他外国人而遭到血洗，1万多人被杀，800多人遭到流放。

西印度公司成立于1621年，就在这一年，荷兰人建立了第一个永久性海外殖民地——新西兰。1625年,西印度公司以价值60盾的价格从印第安人手中“购”得整个曼哈顿岛。接着,荷兰殖民者向东扩张到康涅狄格河的哈特福特,向南延伸到特拉华河畔,建立了新尼德兰殖民地。在拉丁美洲,荷兰人1623年占领圭亚那,1630—1640年从西班牙人手中夺得加勒比海上小安的鲁斯群岛的5个岛屿,并(与法国一起)占领圣马丁岛。在非洲,荷兰人于1562年从葡萄牙人手中夺取好望角的海角殖民地,1585年在非洲西海岸建立其40多个堡垒和商站,且一度占领毛里求斯。至此,荷兰人通过两个公司在海外建立了一个比荷兰本土大60倍的殖民地。

如同其他帝国一样,英帝国的崛起也是由一场场血腥的屠杀所构成。英国殖民者为征服由荷兰殖民者的后代——布尔人建立的奥兰治和德兰士瓦王国,不惜从印度、加拿大、澳大利亚、新西兰等地调集45万(布尔人总人口只有25万人,兵力4~5万人)人,并运用堡垒战术,采取残酷的“三光”政策,烧毁房屋,捣毁农田,驱赶牛羊,并号令军人只要是布尔人不分男女老幼一律格杀勿论,对被抓到的布尔人则一律投进集中营。在对付澳大利亚的土著人问题上,英国人更是极端残忍。与早期的西班牙人一样,英国人也把那些最野蛮的罪犯送到澳大利亚附近的塔斯马尼亚岛上,这些人于1803年登陆后,便开始追逐土著,仿佛土著都是野兽一般。在短短数十年间,大部分塔斯马尼亚人被消灭。这个种族的最后一个男人死于1869年,最后一个女子死亡于1876年。当这个名字叫特鲁格尼尼的女子在被杀害之前,央求英国人不要解剖她的尸体,可就连这个要求她也没有得到满足。她的骨骼至今还保存在英国的霍巴特博物馆。

在第一次世界大战期间,世界上还有些多民族、多宗教的庞大帝国,如俄罗斯帝国、奥匈帝国、奥斯曼帝国、印度莫卧儿帝国和大清帝国。在第一次世界大战后奥匈帝国土崩瓦解,奥匈帝国灭亡后产生的新的国家有奥地利、匈牙利、捷克、斯洛伐克、塞尔维亚、黑山、克罗地亚、波黑、斯洛文尼亚、马其顿、波兰等国,此外罗马尼亚和意大利也获得部分奥匈帝国的土地。昔日雄踞欧亚非三大洲的奥斯曼帝国垮得更彻底,在奥斯曼帝国土地上建立起来的新国家约 40 个。在 19 世纪,印度帝国则是英国殖民化的产物,随着殖民者的撤出,印度帝国立刻分崩离析,信奉印度教的印度与信奉伊斯兰教的巴基斯坦、信奉佛教的锡兰(斯里兰卡)各自立国,东巴基斯坦后来又与西巴基斯坦分家,成立了孟加拉国。

殖民地贸易、商业竞争、领土扩张(以及能源、资源利益的划分)都是战争的直接策源因素。但是,在大国崛起中“战争”的策源因素,并不完全是前面提到的这几点,也混杂了其他策源因素的战争。比如:

宗教因素的战争。像新旧教派的卅年战争,据研究者统计,在卅年战争中,日耳曼民族的死亡总数约为 750 万人,占当时全日耳曼人口的 1/3 左右。

思想(主义)对立冲突形成的战争。如公元 1793 年,法国大革命,革命党人屠杀王党以及有反革命嫌疑的人,一年杀死十万余人;如在 1917 年俄国布尔什维克革命后的“红军”和“白军”的战争,饥荒、瘟疫、动乱、战争、革命,暴风雨般齐集在俄罗斯的上空。罗曼诺夫家族的统治在历经 300 年的荣华和沧桑后,已经日暮西山。战争的烽火燃遍俄国全境,最终沙皇尼古拉二世全家被枪决,终结了罗曼诺夫家族在俄国的命运。

国家之间的政治战争。以战争为手段达到政治目的,战争策源因素是“国家利益”或“国家目的”冲突而引起的。像 1800 年法奥战争,拿破仑于 4 月进攻意大利,并由意大利北部进攻奥地利,于马陵各和霍亨林登大败奥地利军队,奥地利在 1801 年 2 月被迫签订“尼乃维尔”不平等条约后战争结束。战争结果特征为割地、赔款，但不灭亡战败国。当然，1815 年拿破仑滑铁卢战败后，法国被迫订立“第二次巴黎条约”不但归还了侵占的领土，疆域恢复到 1790 年的状态，还赔偿各国 7 亿法郎的巨款。

在 19 世纪末，相继有 4 个崛起的“强国”引人注目，德国、美国以及俄罗斯和日本，这 4 个新兴崛起的强国之间也都进行了血腥战争。

进入 20 世纪，奥匈帝国被第一次世界大战所彻底埋葬；也是在第一次世界大战，俄罗斯打出了一个新政权。第二次世界大战，德国打成了两个国家（东德和西德），后又统一；日本在二战后虽然塑造了经济神话，但却不再是真正意义上的强国。

500 年来，历史上的一些大国的兴衰史都证明了一个道理，即大规模战争是大国、强国的“坟场”。战争破坏着世界秩序，破坏了全球稳定；又重新组建新秩序，寻求新的全球稳定。第二次世界大战，最终形成“两个阵营”导致了“冷战”的世界格局，而仅有 200 余年历史的美国崛起成为当今唯一的超级大国。

2. “大死亡”魔鬼预言

20世纪到底是一个什么样的世纪，全球军事战略家布热津斯基耗费数年心血进行研究，他在《大失控与大混乱》一书中专门创造了一个单词，这个单词就是“Megadeath”，“death”谁都明白，其意思是死亡，而“mega”则是10的六次幂，两个词组装在一起，就是“大死亡”。

根据一些学者的统计，在5000年人类文明史中，人类从未有过什么真正的和平。但是，与20世纪人类死亡的规模比较起来，以前人类的灭亡规模不过是小巫见大巫。可以说，到20世纪，是人类全面走向自杀和灭亡的历史“新纪元”。两次世界大战仅仅相隔25年，分别持续了4年和6年，给人类带来了巨大的灾难。特别是第二次世界大战，全球84个国家的20亿人被卷入战争之中，军人和平民伤亡人数超过1亿。

据布热津斯基调查，20世纪发生的两次世界大战以及30余次大大小小的战争中，共有8700万人命归黄泉。“20世纪的战争中死亡的人数里，大约有3300万人是年轻人，大都在18岁到30岁之间。他们都是为了所谓民族主义或意识形态，或为两者而为国捐躯的。两次世界大战算来至少死了850万名和1900万名军人，对几个主要的欧洲国家中的天才、能人和基因遗传造成了大规模的生物性的灭绝。平民伤亡——真正作为敌对行动的副产品(而不是作为蓄意的种族灭绝)——在第一次世界大战期间共约1300万名妇女、儿童和老人；在第二次世界大战期间共约2000万名妇女、儿童和老人。另外，还必须加上爆发于第二次世界大战前的中日战争中大约1500万名中国老百姓的死亡人数”。

布热津斯基就血腥的20世纪写下如此论述，与其前景看好的情况相反，这个世纪成了人类流血最多和怨恨最深的世纪，成了一个幻觉妄想的政治和骇人听闻的屠杀的世纪。司空见惯的残暴达到了空前的程度，杀人是用大规模生产手段有组织地进行的。美好的科学潜力和实际已发生的政治罪恶之间的对照令人震惊。像这样全球性的无处不在的屠杀是历史上从没有过的；死了这么多人也是历史上从未有过的；出于这般狂妄的非理性的目的，持续不断地集中精力从事肉体消灭，更是旷古未闻。

……

诚然，在历史上曾经有过其他的盛行暴力的时期。在中世纪，世界人口极少，蒙古的铁蹄席卷中欧并入侵中东，按相对的尺度来衡量，它或许造成了更高的死亡率。不过，这类和其他类似的爆发的暴力行为基本上是突发性的——紧张、猛烈、嗜血，但很少是持久的。屠杀，特别是对非战斗人员的屠杀，是与亲身的搏斗和征服直接关联的；经过系统性的预谋，将屠杀当作长期政策则是罕见的。正是后者特别集中体现了20世纪的政治历史所投下的令人毛骨悚然的阴影。

布热津斯基断言，人类世界都笼罩在末日的阴影下，未来的世界秩序的特点将是强权政治、民族对抗和种族关系紧张。即在某个时候，在世界地缘政治的激烈动荡的漩涡中，可能会使用大规模毁灭性武器。

全球不平等现象势必成为21世纪重大问题。这种不平等不但存在于国际范围内，而且存在于各国内部。在未来的一段时间内，人们强烈地抵制这种不平等现象。这种抵制可能仅处于开始阶段，更多地表现为愤恨而不是有组织的行动。令人更加忧虑的是，随着世界人口的增长，财富分配不平等的现象更为显著。2025年世界人口将达85亿。更加危险的是，这些人口大约有2/3集中在欠发达国家的贫民窟中，年轻人极容易接受激进的政治鼓动。

对于世界新秩序，布热津斯基指出，2015年左右，美国或将失去世界霸权地位，未来，或者可能在一个时期面临解体，甚至可能出现此伏彼起的“城市游击战”。美国将逐渐从一个“世界警察”的角色转变为一个具有主导作用的领导者。美国不会就此放弃对全球的领导，而是希望通过调整，加强对全球的控制力，布热津斯基认为今天的世界需要美国的领导，但是不但“美国的权力已不足以支持美国的立场”，而且“如何把它的权力转成拥有道德的合法性的领导”也已成问题。

布热津斯基开出了一个清单，列举美国面临的20个问题：债务，贸易赤字，低储蓄率和投资率，缺乏工业竞争力，生产率增长速度低，不合格的医疗保健制度，低质量的中等教育，日益恶化的基础设施和普遍的城市衰败现象，贪婪的富有阶级，爱打官司到了走火入魔的程度，日益加深的种族和贫困问题，广泛的犯罪和暴力行为，大规模毒品文化的流行，社会上绝望情绪的滋生，过度的性自由，通过视觉媒体大规模地传播道德败坏的世风，公民意识下降，潜在的制造分裂的多元文化主义抬头，政治制度已不能沟通上下，精神空虚感日益弥漫等。

布热津斯基一再指出美国社会有“解体的危险”甚至推测这已经是许许多多人表示的共识。除了今天世界上许多国家都面临的价值观念的混乱的问题而外，还有一个种族构成发生变化的问题。到2050年，美国人口中，欧洲裔的比重将从60%下降到40%。这时的美国将与不久前的基本上是欧洲血统的美国迥然不同，它更可能反映出业已使世界分裂的文化的和哲学的分歧。

布热津斯基心目中的未来世界的图景已经现出相当清晰的轮廓了：越来越多的人口挤在一个越来越小的地球上。唯一有资格领导世界的超级大国——美国实际上已丧失领导能力，不但因为它物质力量不足，也因为它在精神上失去了像18世纪法国能以民族主义与民主主义对世界所起的“催化作用”。美国的消费主义享乐主义一方面引起其他国家的羡慕与追求，使它们腐化堕落，一方面又引起后者的嫉妒与憎恨。当大多数人力求要过平等生活的愿望得不到满足时，新的政治上的荒谬事件又可能一阵阵爆发，可能会出现新的“准法西斯主义”。

布热津斯基把行将过去的20世纪称做“大死亡”的世纪。20世纪“最大的政治流派”是民族仇恨和贫富间的阶级斗争。在他看来，造成这种杀戮的原因是起源于19世纪的三个相互关联的巨大力量：识字的普及；工业革命；城市化。总的说来，在大部分已知的历史中，人类一直是相对地顺从其周围的世界，承认本身也是自然界的一部分。生存的严峻要求都被认为是“自然的”而恭顺地承受了下来。而工业革命促使人类向自然界统治生命的挑战能力有了量的飞跃。现实主义越来越把注意力集中到尘世生存的中心地位，提高人类的凡胎肉身而贬低人类的精神领域。结果，20世纪成了空前地致力于建立全面的社会控制的第一个世纪，出现空前的大悲剧。在进入21世纪以后，在严酷的人为控制消失以后，又彻底转向相对主义的一百八十度的大转弯，出现了全面失去控制的局面。几乎所有的既定价值标准，特别是在世界先进地区大规模地瓦解了。世界因此已陷入了“全面的精神危机”。

布热津斯基认定，电视对人类精神危机所起的破坏作用巨大。大众媒介所传播的价值观念完全可以称之为道德败坏和文化堕落，而电视尤其是罪魁祸首。电视在内容上遵守“恶币驱逐良币”的“来欣定律”，为了吸引观众而日趋下流，在效果上则遵守“供给决定消费”的“萨伊定律”，引导社会腐败颓废。

当下，科学技术已发展到另一个不可测度的方面——遗传工程或者基因工程，遗传工程已开始使人们步入窘境。它可能分裂人类，矛盾的尖锐甚至超过以前将人分为特权者和贫困者。也许在今后大约十五年内，改变人的遗传基因将成为可能，防止疾病的工作还必然要应用到人类本身。结果对人的生命来说可能是具有革命性的,其影响之大在人类史上是空前的。在没有任何道德准则制约的情况下就有听任遗传工程的动力自行其是的危险。从遗传上改进智能和体能属性首先将用于世界上那些有特权的人,从而在遗传上改进的人和其他人之间就可能形成新的分裂,这会令人不寒而栗地想起希特勒种族净化的狂想。

布热津斯基分析,当今世界已出现了“新的不稳定弧形地带”——这一次是在欧亚大陆的巨大辽阔地带。世界上有一半国家渴望近期成为拥有核武器国家,而且可能会成功的正是位于上述地理参数范围内的国家,东亚是另一个有这种危险的区域。

这一弧形地带从亚得里亚海自西往东延伸,毗连巴尔干,抵达阿富汗,它从南往北围绕波斯湾转了一大圈(圈内包括近东一部分,南边的伊朗,巴基斯坦和阿富汗,整个中东),沿着北部的俄罗斯——哈萨克边境延伸,再往前,还包括俄罗斯——乌克兰边境。除了前苏联的南部领土,这条“弧形”还包括东南欧、近东和波斯湾区域这些地区的部分领土。在这“弧形”带内有近30个国家,其中大部分国家尚处在建立自己政权的初期阶段。这些国家中的大多数当前面临着确定自己的政治态度问题。在他们的领土上居住着近4亿人,其中恐怕没有一个国家是单一民族的国家。

布热津斯基认为,另一个可能会给全球安全带来重要地缘政治威胁的地区是东北亚。他认为,如不适当处理朝核问题,将给本地区带来巨大影响和严重后果,甚至导致地区力量之间的重新分配。倘若在此问题上美国被认为无能为力,中国被认为不情愿参与解决,那么在本地区产生的反应将是一个用核武器武装起来的日本。这就是为何美国同中国在此问题上的合作非常重要。

3. 正义之战不正义,“海权”“陆权”争霸

第二次世界大战已经过去了 60 多年,在核阴云的笼罩之下,世界总体处于平衡时期。不过,美国著名的战略智库 STARTFOR 负责人乔治·弗里德曼认为这样的情况并不会保持太久。乔治·弗里德曼认为由于美国一直不希望出现一个可以与其抗衡的国家,很长一段时间以来,美国支持欧盟东扩以遏制俄罗斯,支持土耳其以稳定中东,支持日本以制衡中国,“但是,迟早会有一天冲突会爆发”。

前两次世界大战都是由欧亚大陆上的地区强国发起,并且主战场也都是在欧亚大陆,第三次世界大战也不会例外。因为欧亚大陆是世界文明的发源地,是世界最大最重要的大陆版块,这里集中了最多的国家、最多的人口、最多的财富、最多的资源,同时也集中了最多的矛盾。除美国外,几乎所有发达国家都集中在这里。而人类历史上 90%以上的战争都发生在这块大陆。

在两次世界大战中,既有大陆国家之间的战争和结盟,也有海洋国家与大陆国家的结盟。之前没有一个地缘政治学家预见到,二战中英国和美国的海上力量同俄国的陆上力量联合起来的情形。真实的战争远比地理学家们的想象要复杂,地缘战略因素往往只是发动战争的借口。人类历史上对和平的期待远多于对战争渴求,地缘战略理论一定要导向大国的争斗?在这个日益紧密相互依存的全球化时代,为何不发展一种营造共赢的新的地缘战略理论呢?

世界是由海洋国家和大陆国家组成的,如果能化“海陆争斗”为“海陆和合”,历史将会呈现一种怎样的局面?

有意思的是,几乎在所有文明发源地,早期的人们都相信世

界是平的，自己是世界的中心，往外的延伸是无限的，即使最睿智的哲人也无法想象世界的边缘。公元1500年前后的地理大发现，让人们知道人类居地不过是一个球体的表面，原来是有限的。地理大发现促进了大国全球范围内的竞争，地理因素也不断成为大国崛起过程中的压力、动力、阻力或者助力。抢占最有利的位置，争夺更广阔的空间，成为人类最基本的传统思维和行为方式之一。

在人类过去的历史中，大国的这种追求往往都是独占和排他的，是以限制和压缩其他国家的生存和发展空间为代价的。回溯过去的一个世纪，我们可以挑出三个最近的标本——日本、俄罗斯、美国，看看它们在崛起过程中曾面临的地理困境。

日本是西太平洋上靠近东亚大陆的一长溜儿岛屿，长期处在东亚文明的边缘。生活在日本这样一个岛国，要比大陆上艰辛太多，岛上多山，物产贫瘠，加上台风、地震甚是海啸不时侵扰，很难想象这样一个地方能够成为文明的中心。但日本却一直有这样的追求，艰困的环境造就了日本人的刻苦和偏执，因为文化的吸引和利益的驱使，扩张到大陆，成为一个大陆国家，一直是日本的努力的方向。

中国历来都是一个陆权大国。这主要是中国在地缘上位于欧亚大陆，中国西陲更直接深入到欧亚大陆的核心；而人类历史至少在10世纪甚至15世纪之前，远洋航运的技术都未臻成熟，一直到15世纪初明朝郑成功下西洋才正式大规模地揭开了人类远洋航运的历史，可惜昙花一现。

然而，继郑成功之后，西方哥伦布、麦哲伦陆续的海上探险却展开了近代西方海权强国的崛起。从西班牙、葡萄牙、荷兰，到英国、美国、日本，可以说，近500年来，所有强权无一不是海权国家。

对中国而言，在明初昙花一现、戛然而止的远洋活动之后，却走上了战略收缩,甚至最终到了闭关自守的地步。“西”进“东”退的结果,就是近两百年来,帝国主义频叩中国大门,闯开大门,欺凌中国。中国也进入到3000年来最恶劣不堪的处境。

而中华民族的现代化进程,最早受挫于“洋务运动”的失败,而“洋务运动”失败的标志性事件则是“甲午战争”惨败,这场惨败引发了中国社会的长期动荡,把中国现代化进程逼入坎坷凶险的途径。甲午战争惨败源于1894年9月17日的黄海海战中北洋舰队的战败。当时,日本对战争的结果准备了三种预案:如果海战失利,日本退守本土,如果获胜,则在中国登陆,打平的话,就在朝鲜半岛和中国拉锯。可见,中日海上决战是一场决定两个国家未来命运的事件,可以称得上是历史上的“决定性会战”。正如以后众所周知的那样,清帝国在那场决定性的海上会战中严重受挫,从而完全丧失了制海权,接着在日本海陆进攻下,输掉了整个甲午战争,并以李鸿章签订丧权辱国的《马关条约》而告终。

在苏联建立之前,俄罗斯人就已经占据了广袤少人的整个欧亚大陆北端,版图从波罗的海一直延伸到太平洋。一流的海权国家的地理位置应靠近主要的贸易通道上,有良好的港口和海军基地,便于出入大洋,而难以被封锁。俄国自彼得大帝伊始,就不断的寻找良港,沙俄不断的与瑞典、波兰、土耳其宣战,其重要原因之一就是希望得到一个能够自由进出大洋的不冻港,温水港是当时俄国沙皇的渴望,但是由于国家地理位置纬度过高,虽然俄国得到了波罗的海、黑海、北太平洋等出海口,甚至把首都都迁到波罗的海沿岸的圣彼得堡,但是波罗的海过于狭小,与半封闭的黑海一样容易被封锁,而北太平洋和北冰洋不冻港又很少,所以俄国的海军力量没有像英国、美国海军那样对世界发展进程产生巨大的影响。但是历代沙皇数百年寻找良港所遗留下来的巨大财富却是广阔的具有丰富资源的领土,也许这是历代沙皇所没想到的，可是广阔的领土却将俄国的舰队分割成几大部分，各个部分之间难以相互支援，使得俄国海军力量看起来庞大无比，却是难以集中。结果出现了在日俄战争中，波罗的海舰队横跨大半个地球的奇迹，结果增援太平洋舰队途中，而在对马海战中被日军所歼灭的憾事。然而，一个疆域偌大的国家力量是无穷的，这种优势体现在几次面对强敌的进攻时。二战胜利后，这样一个国家，还会有什么地理上的困境吗？西方一直敌视苏联，二战后更是形成以美苏为首壁垒分明的铁幕世界，围困和被围困，冷战史就是两个巨人殊死绞杀的历史。苏联虽然倒下了，新生的俄罗斯依然是一个大国，未来的俄罗斯还将是一个强国。在地缘上，俄罗斯只有一个隐忧，那就是因为巨大而撕裂，这种隐忧其实是一直存在的。

1837 年，年仅 18 岁的肯特郡主维多利亚登基为英国女王，直到她在 1901 年逝世。维多利亚女王在位的 60 多年当中，英国控制全球海权，主宰世界贸易，其广阔的殖民地遍布各大洲，“日不落帝国”俨然“可以与世界抗衡”。在维多利亚时期，英国涌现出牛顿以来最伟大的科学家麦克斯韦，莎士比亚以来最杰出的文学家狄更斯，自由主义政策的先锋格莱斯顿和大名鼎鼎的外交家帕默斯顿，可谓人才济济。

而让中国人永世不忘的鸦片战争，正是由当时担任外交大臣的帕默斯顿所发动。历史是必然性和偶然性的混合体。英国步步东来直至用坚船利炮打破清朝的大门是必然要发生的事情，但这场战争在 1839 年爆发却又有其偶然性。对西方缺乏最起码了解的大清王朝误打误撞地选择了一个最糟糕的时机。恰恰正是在 1839 年，英国政府办成了一件在欧洲历史上影响深远的大事：创建了一个国家。

法国东北部和荷兰南部沿海地区是一片无险可守的平原，任何控制了这里的敌对势力都会构成对英伦三岛的巨大压力。1815

年,正是在这片平原上的滑铁卢,威灵顿公爵击败拿破仑,解除了有史以来对英国最大的威胁。自此之后,确保这片土地不落入任何欧洲大陆强权之手便一直是英国的目标。

1839 年,英法普奥俄五大欧洲强国签署了承认比利时独立的公约,并庄严地宣誓公认比利时为永久中立国。未经比利时的请求,缔约国军队不得踏入比利时一步。

比利时公约对于俄奥两家关系不大,乐得做顺水人情;法德却都受到了这片缓冲带的限制;占了大便宜的只有英国一家。大英帝国的国家利益变成了欧洲的“正义与公理”。

“帝国的手腕”再厉害,也必须建立在实力基础之上。当维多利亚女王在 1901 年逝世时,又有多少英国人能意识到大英帝国百年的全盛时期即将随她而去,预见到了即将到来的那两场可怕的战争?事实上,维多利亚帝国兴盛的缘由恰恰正是其必然衰落之所在。大国的兴衰又岂是人力可以强求的?

英格兰占据压倒优势的制造业、英格兰坚不可摧的海上优势和英格兰无与伦比的金融体系构成了帝国兴盛的三大支柱。1860 年的英国以全世界区区 2%的人口,却生产了全球 53%的钢铁和 50%的煤炭,消耗了世界一半的原棉,控制着 1/3 的世界海运。大英帝国一年的能源消耗是俄罗斯的 155 倍!经济学界估计,当时英国一国的工业在欧洲占约 60%,全世界约 45%,可谓不折不扣的“世界工场”。

强大的生产能力和英国得天独厚的地理条件给予了她海上霸权的地位。作为岛国,英国的安全不像欧洲大陆国家那样依赖强大的陆军。当拿破仑的大军所向披靡之际,近乎于疯狂的造舰运动使得皇家海军的实力比其主要对手的总和还远为强大。克里米亚战争中英国参战之前俄国舰队的耀武扬威和英国参战之后俄国人在远程大炮轰击下的东躲西藏,在整个欧洲都留下了深刻的印象。海权的垄断让英国人得以放手扩展自己的殖民地。大英帝国的“海外属地”在维多利亚时期以每年十万平方英里的速度增加。当英国第一枚邮票发行时，凡是太阳升起的地方，都有维多利亚女王的肖像。

然而，太阳也有落山的时候。1873年的全球大萧条之后，英帝国的三大支柱迅速动摇，其速度之快和似乎也和英国不可一世的统治地位成正比。

在大萧条的冲击下，自由贸易体系全面崩溃。新兴的美国和德国筑起关税壁垒，严重打击了英国的出口；而美德企业却迅速的吸收最新的技术和管理而后来居上。1913年，英国的工业产值已经下降到全世界的13.6%，落到了美德两国之后。在技术领域，英国也已优势不再。欧洲人最先发明的汽车却是在美国实现了大规模生产；以严谨认真著称的德国人则在化学工业上占据了领导地位。技术进步迅速扩展到了军事领域，空军和潜艇的投入战场对英格兰的海权构成致命打击。过去以长长的一支舰队维持英国的安全，犹如千钧系之于一发。现在，欧洲大陆上的强权既可以从空中威胁英伦三岛，也可以从水下攻击英国的海上生命线。英国人欧洲安全天堂的日子到头了。本土“绝对安全”和制造业优势地位的丧失不可避免的冲击到英国的金融体系，大批资金从欧洲流向北美。后起的德国要求重新瓜分世界，严重威胁了英国的殖民利益。一连串的连锁反应把大英帝国推进了危险的下坠螺旋。邱吉尔打赢了两场对德国的大战，却无法挽回英国跌落成一个不多不少的中等强国。

美国是一个由移民建立的新国家，早期大多数居民都停留在东海岸附近，其后开始大规模的西部开发，美国人才真正深入这片大陆。1775年4月列克星敦的枪声，揭开了北美13州独立的序幕。虽然一开始总司令华盛顿就强调，获得海上优势是战争的关键,但此时美国的海上力量还主要是为了保家卫国,根本无法撼动英国的海上霸权。在1783年美国独立以后,英国仍能对美国进行有效的海上封锁。

1812年至1815年,独立不久的美国就主动挑起了一场与前宗主国大英帝国的战争,史称1812年美英战争,这也是美国独立后第一次对外战争。1812年6月18日,美国向英国宣战。1812至1813年,美国攻击英国北美殖民地加拿大各省。战事爆发时,英国在欧陆战场被拿破仑战争拖住,不得不将大部分精锐海陆武装力量部署在欧洲。

1813年10月至1814年3月,英国在欧洲击败拿破仑帝国,将更多的兵力增援北美战场。英国占领美国的缅因州,并且一度攻占美国首都华盛顿。但是英国陆军在美国南部的路易斯安那州战场,和恰普兰湖战役,巴尔的摩战役,新奥尔良战役中多次遭到挫败,并且海军也遭受败局。1815年双方停战,边界恢复原状。这场战争第一次、目前为止也是唯一的一次,使美国首都曾经被外国军队占领。这场逼和大英帝国的战争为美国赢得了极高的国际声望,使美国民众爱国热情高涨,因此亦称为第二次独立战争。

美国内战后,奴隶制的废除为资本主义的发展提供了更为广阔的空间,美国经济突飞猛进,而此时力主海权论的马汉为美国称霸海上提供了战略思想。马汉的海权论真实地指导了美国的崛起,并影响美国至今。当年的马汉通过对英国霸权的研究,认为制海权具有决定性的意义,谁控制了海洋,就能掌握世界的财富,从而统治全世界。他在1890年指出:英国霸权依靠皇家海军控制欧亚力量的平衡。美国获得安全和强大的最佳机会,在于用主力舰队和靠前部署海军基地支援英国,控制太平洋。同时马汉也宣扬要从古巴穿过巴拿马到夏威夷建立一系列基地网。马汉还认为俄罗斯由于占据了欧亚大陆的中心位置,倾向于向东西两翼海洋方向扩张，因此海洋国家如美、英、日等要联合起来从东西两翼进行围堵，控制欧亚大陆边缘地带，同时防止俄罗斯南下印度洋实行中间突破。尽管马汉在他的军事生涯中从未亲自实践过自己的理论，但在日后却被一次又一次的海战所验证，成了美国海军发展和海上扩张的理论基础。

1898 年，美国借口军舰“缅因”号在古巴哈瓦那港爆炸沉没，将矛头对准了西班牙，出动海军封锁古巴港口，掠夺西班牙商船。在美国的步步紧逼下，美西终于开战。这是美国海军向外扩张中的第一个巨大胜利，也是美国夺取海权的初步尝试。这次战争胜利不仅让美国夺取了海上的一些战略要地，取得向东方跃进的跳板，更为重要的是，战争进一步促动了美国夺取海权的欲望。

一战爆发后，美国加快了海军建设的步伐，到一战结束时，美国海军猛增到 50 万人，成为仅次于英国的海上强国。一战给美国带来的另外一个机遇就是它削弱了英德这两个海军强国。

二战爆发之初，英国首相丘吉尔向美国提供了一份“缴获”的德国绘制的美洲地图，这个地图明确把整个拉美都划入德国的势力范围。罗斯福公开了这份地图，结果国会授权罗斯福总统在北大西洋对德国潜艇进行公开的战争行动，并为英国的运输船队护航。难道希特勒真的要用地图刺激美国？后来历史学家发现，这个地图不过是英国情报部门根据丘吉尔的指示绘制的。拉美一向被美国视作自己的后院，英国正是想用这份假地图促使美国参战，或者至少派出舰队为自己的运输队护航。昔日海上霸主竟然为了护航一事请求他国帮助，还如此煞费苦心，可见海权的重心已经由英国转向了美国。

二战后，美国收获了最丰厚的战略利益。在亚洲，美国布下了“太平洋锁链”，这条锁链以西太平洋上的第一岛链为基础，东起阿留申群岛，日本、韩国是这条锁链的重心，而关岛则是中轴，一直延伸至东南亚。美国不断调整和改善在亚太地区三条线的基地体系，封锁围困对手，获得了难以想象的地缘优势。

马汉的“海权论”思想主要是对殖民经济时代海战的总结，在这个时代，火炮是主要的作战武器，舰船先是风帆、然后是蒸汽推动，在这个时代，火炮的射程有限，使得岸炮只能用于守卫港口，现在各国划定的领海为海岸线 3 海里，正是当时火炮的有效射程。这样的技术水平，加上殖民经济的特殊性，岸基防御作用有限，大舰队甚至不用登陆夺取港口、要塞，只封锁就可迫使殖民地投降，发展陆地防御不如发展主力舰，作战时将舰队集中起来，以数量优势压倒对手。这些也是马汉“海权论”关于海上作战的一些观点。一战时期，各海军强国将马汉理论奉为经典，各国均按照马汉海权论观点建设自身的海上力量与海战思想，日德兰海战双方都是按照马汉海权论观点实施的。所以，才有双方战略战术如此接近的缘故，这不是巧合。

而到了二战时期，飞机、潜艇、航空母舰等新式远程攻击兵器的大量应用导致了“海权论”海战思想难以指导战争。首先是飞机等远程攻击兵器的出现，导致岛屿、大陆等对海洋的控制距离，控制能力大为增强，以火炮为主的海战时代，由于火炮射程较近，舰船可从容的绕过坚固设防的岛屿、要塞、港口进攻，防御方总不能处处设防，但是在二战时期，飞机攻击侦查距离可达数百公里，在临近交通线的岛屿、陆地附近设置机场可控制海上交通线。要想保证海上交通线畅通，不得不攻占航线附近的岛屿、陆地。太平战争中，美国反攻日本就是如此，在接近日本本土以前，不得不逐个攻占日军占领的、坚固设防的群岛、港口，美国麦克阿瑟提出“越岛攻击”，可通过攻占群岛中的核心岛屿，摧毁其他岛屿飞机、舰船、远程火炮等远程攻击力量，然后通过驻守核心岛屿的部队防止增援，进行监视、压制，困死其他岛屿的日军。这种做法大大加快了战争进程,可是前提是摧毁岛上日军的飞机、舰船、火炮等远程攻击力量。而在中途岛海战中,美国提前预知日军情报,通过航母与中途岛上飞机的联合进攻,挫败了日军庞大的联合舰队,由此可见,飞机等远程攻击兵器的出现,增强了陆地对海洋的控制能力与控制距离。而在二战当中,海上舰队对陆地的攻击占有相当的优势,主要是因为在当时的技术条件下,飞机在夜间无所作为,不能有效的执行侦察攻击等任务,所以以航母为核心的作战舰队拥有机动和突袭的优势,航母编队可通过不断的机动,使陆地、岛屿上目标难以发现,然后通过暗夜接近到飞机攻击范围之内,在黎明时分发动突然袭击。日本联合舰队攻击珍珠港,美国舰队空袭腊包儿都是采用这种战术。但是在今天,这种战术已经行不通了,超视距雷达可发现海平面以下目标,照相卫星、海洋监视卫星、电子侦察卫星可发现海上舰队的蛛丝马迹,各种战机也可在暗夜、不良气候执行任务,再加上无人机、远程导弹,甚至是具备攻击机动目标弹道导弹等远程打击兵器的发展,使航母的机动与暗夜优势不复存在。而由于航母上起飞距离、体积、调度等限制,在同等技术条件下,舰载机在载弹量、航程、出动架次等方面不如陆基战斗机,而陆地上的兵器承受打击能力也要优于航母等战舰。所以无论如何,陆地对大洋深处的控制能力在增强,即使是美国海军也有这样的原则,在面对强大的对手时,不应把航母编队驶入威胁海域。因为此,割据制海的概念出现了,所谓割据制海,就是通过占领、控制海洋上的岛屿、海峡、半岛、港口等关键点,实现对海洋的大范围控制,通过这些关键点对海洋进行分割,增强己方在某些特定海域的作战优势,实现割据制海。在这个理论中,一支精锐的、快速机动的海上作战力量还是必需的,主要用于机动作战,用此来弥补陆上关键点不能机动,以防敌人以优势兵力造成突破。在这个理论中,陆上关键点更像一个盾牌,也像炸弹磁石，用陆上关键点的远程兵器、侦查监视系统，增强战区的作战优势，而机动舰队更像一只长矛，通过陆上关键点耗尽敌人舰队的攻击锐气与进攻能力，游走于陆上关键点的空中掩护之下，在我方选定适宜时间地点发动最致命的攻击。

而潜艇的出现，则代表着另一方面，即使敌军掌握了制海权，我方也可通过潜艇战破坏敌人海上交通，颠覆敌军海权。二战中德国在大西洋上发动狼群战术，曾使掌握制海权的大英帝国一度陷入困境，在通过一系列的反潜与潜艇技术斗法，英美才逐渐占据了优势。在今天，反潜技术的发展对于某些重点保护目标，比如航母编队，防护可谓周密，但是需要投入大量的兵力兵器控制狭小水域，而缺乏大范围反潜能力，而潜艇则可在全球海域进行活动，从这个方面来说反潜处于劣势。但是核动力、燃料电池、地波通讯使潜艇能够长时间水下航行，不像二战潜艇大部分时间在水面航行，只有作战时才在水下；消声瓦、减震阀、水声环境等对潜艇有利；大潜深、喷水推进则使卫星难以跟踪；水下发射反舰导弹、尾流制导远程鱼雷、智能水雷等增加了潜艇的攻击力。也就是说，今天的潜艇也许还不具备正面挑战航母编队的能力，但是在薄弱之处，破坏敌人海权方面却得心应手。

有海权论，就有陆权论，其中最著名的是英国著名地理学家、英国牛津大学地理系教授麦金德的“世界岛”说。麦金德认为，世界历史是海上霸权与陆上霸权不断对抗的历史，但陆权比海权重要，随着陆地交通的发展，陆权将越来越占有优势。麦金德从世界整体的角度来看待世界地理构成和世界历史进程，认为世界是由几个大岛构成的，其中欧亚大陆和非洲大陆是最大的“世界岛”，美洲大陆是另外一个岛屿，澳洲则是较小的一个岛屿。由于欧亚大陆是世界上主要政治、经济力量的集中地，也是人口众多、面积庞大的连贯性区域，又是世界性文化、宗教和价值观念的诞生地，因此欧亚大陆成为世界发展的地理枢纽地带。

麦金德非常敏锐地观察到在亚欧大陆的中部，主要是在俄罗斯境内叶尼塞河以西的区域，包括西西伯利亚平原、蒙古高原、中国黄河以西的区域、中亚草原、乌拉尔山脉以西的俄罗斯草原，在这片疆域广大的区域里水草肥美，适宜于放牧生活，气候上则是冬季寒冷、夏季炎热的大陆性气候。同时，这片欧亚大陆的中心地带地理位置非常特殊和封闭，其南边是蒙古高原、帕米尔高原、青藏高原，西南部是伊朗高原和中东高原，西边毗邻的地区是欧洲山地，北边则是寒冷的冻港北冰洋，也无法航行出海，因此也不存在敌人从海上迂回进攻包抄的问题。独特的地理环境、广阔肥美的草原和丰富的资源使得这块地理区域在麦金德眼里成为世界枢纽区域——欧亚大陆的心脏地带。

麦金德将人类历史分为前哥伦布时期和后哥伦布时期，哥伦布地理大发现之前，漫长的人类历史发展的中轴线就是在欧亚大陆心脏地带的游牧民族与欧亚大陆边缘地区民族的争夺战。人类历史上的匈奴人、马扎尔人、阿尔瓦人、突厥人、蒙古人居住在这一世界心脏地带，他们往东可以与中国争锋，南下可以进入伊朗、中亚和南亚次大陆，向西则可以进入富饶的中欧和西欧平原。

用麦金德的“世界心脏理论”来解释中国的历史，就可以把中国历史简化为“心脏地带的游牧民族和边缘地带的农耕民族争夺生存空间的反复拉锯战”。当心脏地带的游牧民族取得拉锯战的胜利的时候，游牧民族就如呼啸的海水一般侵入欧亚大陆的东部边缘。在千年的“中心边缘争夺战”中，中华民族逐渐形成多民族融合的情景。当农耕民族为主的中华帝国击退了心脏地带的游牧民族时，就如同海潮逐渐退却一样，游牧民族在边缘强国（如大唐、大汉）的压力下，或是在面临气候变迁、或是经历瘟疫流行的情况下，被迫退出亚欧大陆东部边缘，然后从心脏地带西向欧洲或是南下向伊朗和中东高原迁徙，从而给其他民族带来了极大的生存压力，许多民族被迫迁移。游牧民族从中心发源，向东、西、南三个方向的迁移和入侵多次改变了世界历史进程，是现代世界各国版图形成和确定的有力推动者。

麦金德认为，在哥伦布地理大发现后，游牧民族从中心的有利地位一下转变为不利地位，因为海洋民族可以通过航海绕到游牧民族的背后，从海上对游牧民族实施攻击，从而打破游牧民族“占据中心，侵入边缘”的千年人类历史局面，带来真正的世界历史转折。麦金德发现，在心脏地带以外的欧亚大陆各区域呈环形分布状态，他称其为内新月区域，主要是指西欧的基督教国家，东亚的儒教和佛教国家，南亚的印度教和婆罗门教国家，西南方向的什叶教和逊尼教的伊斯兰国家，而世界其他区域则被麦金德描述为外新月区域，主要是指欧亚大陆世界岛以外的整个世界，包括美洲、澳洲和撒哈拉沙漠以南的非洲。

麦金德重要的视角在于认识到欧亚大陆中心地带的枢纽地位，认为世界之争就是对世界心脏地带的争夺。为了防止中心地带有重要的陆权大国完全控制心脏地带，形成独霸欧亚大陆进而称霸世界的局面，海洋国家必须联合欧亚大陆边缘的陆地国家，遏制陆权国家独占心脏地带的企图。

空军力量兴起后，也出现了空权论。1921年，意大利空军军官杜黑出版了《制空权》一书，认为夺取制空权成为决定战争胜负的关键因素。上世纪50年代，定居美国的俄裔航空专家塞维尔斯基提出北极地区对美国争夺制空权十分重要的理论，被称为空权论。在美苏争霸的冷战年代，也接连出现“多米诺”理论和“全球链条”“危机弧”等概念，来描述当时两个阵营相互竞争和围堵的混乱局面。而美国地理学家科恩提出了地缘战略学模型，将世界分为海洋贸易区和欧亚大陆区两个地缘战略区，在当时具有相当影响力。

4. 世界秩序幕后,一半在崩溃

德国政治分析家特奥·佐默曾撰文指出:21 世纪是一个动荡、变革和不确定的世纪。未来 50 年世界将发生急剧变化,其中三大因素将起决定性作用:人口、全球化和战争问题。面对影响力的减弱,如果西方不能很好地解决不平等问题,它有可能走向灭亡。

与过去的 50 年一样,世界、世界秩序和世界的发展方向在今后半个世纪里也将发生急剧的变化。

在“战争与和平”这一元素中,在 21 世纪,战争这个根本性问题仍然存在。欧洲将成为例外。未来一定会爆发战争、内战,也会发生颠覆活动、革命、国家崩溃、混乱状况。在 20 世纪爆发毁灭性的战争之后,欧洲吸取了历史教训,摒弃了历时上千年的内战。在前苏联崩溃后,欧洲不再面临任何一个追求扩张和统治地位的国家的威胁。跨越边界的恐怖主义取代了前苏联的威胁,但只是局部的。 在一段时间内,通过分散的暗杀和袭击活动,其规模完全有可能扩大,致命程度也可能提高。

争夺原料、能源、食物和不能低估的水资源的潜在冲突目前还几乎不能预料。直到今天,亚洲地区还缺乏可以在其框架内有效消除紧张关系的多边机制。

在“人口发展”元素中,老牌工业国家中的人口变化比发展中国家快。如今生活在发展中国家的人口占世界人口的 80%。20 年后发展中国家的人口将占 90%。2025 年世界人口将达到 80 亿,发展中国家的人口 72 亿,其中亚洲和非洲的人口分别为 47 亿和 13 亿。这意味着:西方的人口减少。如果换一种表达方式,那就是白人在世界人口中所占的比例下降。1900 年,欧洲人——从广义的地理概念上说——占世界总人口的 20%, 占令欧洲人感到自豪的 1/5。目前欧洲人在世界人口中所占的比例降到了 11%。并且这个比例将继续下降:到 21 世纪中,地理概念上的欧洲的人口在世界人口中所占的比例将降至近 7%,到 21 世纪末,这个比例将降到 4%。如果只考虑欧盟国家的欧洲人,目前是 4.91 亿人口,那么这个比例将更低。2100 年,欧洲和北美的人口分别为 5 亿,世界其他地区的人口将达到 80 亿。

从人口数量来看,欧洲显然被挤到边上——这在欧洲人在文明和文化方面完全获胜的历史时刻是不合逻辑的。

在上古、古代和中世纪,世界上只有区域性大国,而没有全球性大国。尼罗河流域的古埃及,两河流域的古巴比伦,黄河流域的夏商周,是文明初曙时期的区域性大国。公元纪年开端的时候,欧亚大陆东西两侧分别是汉帝国和罗马帝国,二者之间是过去波斯帝国和马其顿帝国的几个继承者。公元 1500 年前后的非西方世界,各个“权力中心”包括:明帝国、奥斯曼帝国及其在印度的穆斯林支脉莫卧儿帝国、俄罗斯帝国、德川幕府时期的日本。

明帝国作为一个区域性大国,与其周边国家共同形成了一个具有“中心—边缘”结构的东亚秩序,即以中华为中心的朝贡体系。

西方世界兴起后,葡萄牙、西班牙和荷兰先后成为大国,但后来降为区域国家。与此同时,五个主要国家(法国、英国、俄国、奥地利和普鲁士)却逐渐崭露头角,控制了 18 世纪欧洲的外交和战争。

工业革命后,随着轮船、火车、飞机等交通工具和电报、无线电等通讯工具的发明,全球经济一体化进程大大加速,一些区域性大国崛起为全球性大国。由于科学革命和工业革命都发生在欧洲,欧洲国家的生产力率先突飞猛进,因此最初的全球性大国全都是来自欧洲。到 19、20 世纪之交,以美西战争和日清日俄战争为标志，美国和日本这两个非欧洲国家加入了全球性大国的行列。1900年，英国、法国、德国、奥匈帝国、意大利、日本、俄国、美国联合出兵中国，占领北京。这八个国家可以算是当时的世界大国。

两次世界大战和冷战的结局导致大国格局的变化。几个欧洲国家一直保持着大国的交椅，但总的变化趋势是权力逐渐向非欧洲国家转移。一战后成立了国际联盟，英、法、意、日为行政院常务理事国；美国是国际联盟的发起国，却受到国内孤立主义的牵制而退出了；苏俄和德国则被排除在国际联盟之外。到30年代，美、苏、德三国的经济实力，分别占世界前三位，由排在后面的英、法等国主导的国际秩序显然无法继续维持下去了，德国和苏联一签订秘密条约，第二次世界大战马上就爆发了。二战后成立了联合国，由战胜国美国、苏联、英国、中国、法国担任安全理事会常任理事国。 最近，增加安理会常任理事国成为国际上的热门话题，日本、德国、印度、巴西成为“增常”候补国，这反映出冷战结束后大国格局的新趋势。

进入21世纪后，印度已经成为公认的世界大国。它不仅是核国家和远程导弹国家，而且正在迅速发展“深蓝”海军。巴西成为世界大国的最新候补者，不仅因为它是世界面积和人口的第五名；更因为它是潜在的“世界粮仓”，同时亚马逊河流域又是“世界之肺”，对于今后全人类的生态环境和生活质量关系巨大。到本世纪下半叶，任何单一欧洲国家的国民生产总值都会被印度、巴西、日本、俄罗斯抛在后面，只有欧洲联盟作为一个整体，才能与美国和中国相抗衡。

在工业化时代，世界领导国必须是拥有海上霸权的国家，只有像苏联那样横跨欧亚两大洲的巨无霸国家可以作为一个例外。在核时代，世界领导国所增添的必要条件是拥有核霸权与空间霸权。到了信息时代,拥有信息霸权自然成为世界领导国的题中应有之义。

虽然美国和德国的工业生产能力在19世纪末已经超过了英国,但20世纪初的世界领导国仍然是英国一家。作为一战后国际秩序基石的“凡尔赛—华盛顿体系”是美国发起建立的,但它迫于国内压力而把其主导权又交还给了英国。

英国在第二次世界大战中受到了严重的削弱,丘吉尔在德黑兰和雅尔塔两次“三巨头会议”中的尴尬地位是英国霸权陨落的标志。战后的世界领导国是美苏两个“超级大国”。1972年5月,美国总统尼克松和苏共中央总书记勃列日涅夫在莫斯科签署了《关于限制进攻性战略武器的临时协定》和《关于限制反弹道导弹系统条约》,将两国的进攻性战略武器和反导系统限定在一个大致相等的水平,这可以说是对“两极世界”的一种法律确认。美苏两个“超级大国”,拥有可以相互毁灭对方的核武器,代表着两个彼此对立的意识形态,领导着两个国际联盟或者说“阵营”,并在“第三世界”中划分了各自的势力范围。“两极世界”的冷战格局——辅之以边缘地带的局部热战,维持了将近半个世纪。

“东欧剧变”之后,苏联自身解体,其前盟国陆续加入以美国为首的北大西洋公约组织,“两极世界”变成了“一超多强”的新格局。

所谓“大国的悲剧”,主要不是说几乎所有的区域性和全球性“霸权国家”最终都会失去霸权,而是说所有向世界领导国挑战的新兴大国无一例外地失败了。所谓“大国的喜剧”,是指作为先前世界领导国的追随者和主要伙伴如美国,则有机会成为新的世界领导国。在20世纪,德国、日本、苏联是既有世界秩序的三个主要挑战者,也是失败者。

德国与美国不同,当它的经济总量超过英国后,立刻向后者的世界领导权发起挑战，谋求建立与英国舰队规模相等的海军，在世界范围内争抢殖民地；依靠强大陆军打破欧洲均势，建立说一不二、不容英国插手的独霸地位。德国咄咄逼人的挑战终于导致了第一次世界大战。被英国、美国、法国、意大利、日本（前期还有俄国）的联合力量打败后，德国的军人、政客、知识分子和民众普遍不能接受强加给德国的凡尔赛条约，最终导致希特勒的崛起和第二次世界大战的爆发，并再次成为挑战世界秩序的失败者。

两次大战间的世界秩序可以称作“凡尔赛—华盛顿体系”。德国主要挑战其中的凡尔赛体系，日本则是挑战其中的华盛顿体系。日本明治维新后，首先要挑战的是在东亚已经持续上千年的“中华秩序”。它通过甲午之战打败了清帝国，为建立自己的区域性霸权排除了首要的障碍。但是西方列强不允许它在中国取得独占地位，先是“三国干涉还辽”，即俄、德、法三国驻日公使于1895年4月23日分别向日本政府递交了内容相同的声明，“劝告”日本放弃它根据《马关条约》所得到的辽东半岛，日本政府不得不同意“放弃对辽东半岛之永久占领”，条件是向中国增索赔款三千万两。然后就是华盛顿体系。华盛顿会议的两个主要文件都是针对日本的，“九国公约”保障中国的领土完整、行政自主与门户开放，不允许日本把中国变成自己的殖民地或者势力范围；“五国海军条约”规定英、美、日主力舰总吨位的比例为5：5：3，把日本钉死在二等海军强国的位置。

东亚和太平洋区域在英美双头领导格局中是属于美国的管辖范围，日本打破华盛顿体系的限制，逐步加深对中国的侵略，就是挑战美国在这一地区的领导权——日本当时的口号是“打倒白种人的霸权”，建立“东亚新秩序”——所以当美国动真格的，以石油禁运惩罚日本侵华时，导致太平洋战争爆发。

此前，日本在西方列强不干预的情况下打败了清帝国，在缔结“日英同盟”的情况下取得日俄战争的胜利，又作为协约国的一员夺取了德国在中国山东的租借地和势力范围；而这一次它联合其他挑战者(德国、意大利)，颠覆既定的世界秩序，却遭到了彻底的失败，把前面几次战争的战利品也全部赔了出来。

斯坦利·霍夫曼在《支配地位还是世界秩序》中认为，在二战后的全球范围内，有三个秩序结构：(一)审时度势的秩序，这就是由两个超级大国逐渐形成和发展了的博弈规则；(二) 联合国；(三) 经济秩序，包括布雷顿森林货币体系、关税和贸易总协定(GATT)、欧洲经济合作组织(OECC)即后来的经济合作和发展组织(OECD)、世界银行和国际货币基金组织等。

雅尔塔体制是军事实力的直接反映，苏联只是在这个范围内取得了与美国平起平坐的地位。在联合国范围内，苏联早期处于非常孤立的境地，只有波兰、捷克斯洛伐克少数几个伙伴。在经济领域中，美元是硬通货，在苏联阵营中同样是香饽饽，而卢布是软通货，只能作为经互惠国家的结算货币。因此严格地说，冷战时期的“两极世界”并非“双头领导格局”，而只是核毁灭前景下并不对称的恐怖平衡；苏联也不具有世界领导国的心态，而是继续扮演其挑战者、革命者的角色。

而美国 1776 年 7 月 4 日独立后，用了 100 余年的时间成为一个世界性的大国，并渐渐成为世界领导国。作为一个新移民国家，美国没有过多的包袱，得以建立高度发达的资本主义，1787 年 9 月 17 日，美国第一部宪法的形成，产生了较为理想的民主制度、保障个人权利的法治传统。这些优越的条件，为美国的长期发展奠定了基础。

5.沸腾的“核威慑”来自西半球

美国《基督教真理报》曾撰文,全世界范围内从古到今,至少有98位预言家预言过第三次世界大战。而预言第三次世界大战将在2025年到2040年之间爆发的预言家多达56位……

非常巧合的是,从1871年德国统一到1914年第一次世界大战爆发,整整43年。从1991年的海湾战争到2032年,整整41年,只相差两年。

近半个世纪以来,东亚地区一直潜存有三大“起爆点”:一个是朝鲜半岛,二是台湾海峡,三是中国与日本及东南亚国家交界海域的东海与南海诸岛。

中俄日朝韩,都是东北亚国家,唯有美国是一个外来户。而恰恰是这个外来户,却拥有主导东北亚区域安全的主导权。尽管各界相信韩美军队的现代化程度远超朝鲜,但三八线北侧那成千上万门大炮,始终是悬在韩国头顶的达摩克利斯之剑。而韩国的首都——首尔距离韩朝边界不到50公里。

但无论是美国还是北约,谁都不敢对有核国家首先动武,没有谁有能力承担引发人类历史上第一次核战争——亦可能是人类历史最后一战的责任。目前,军事力量强大的诸国还没有诞生一种可以完全毁灭对方核力量让它根本无法产生攻击力的军事能力,美国不能,美国、俄罗斯和中国绑在一起也不能。

目前,世界的核武数量为27000余枚,主要为美国和俄罗斯两家拥有,这样的核武数量从理论上讲已经足够摧毁地球上的主要国家和地区了。目前美国并没有减少自己核武库的计划,反而在积极地将核武小型化、实用化,那么,随着核武门槛的降低,人类很可能在不知不觉中“滑入”核战争的深渊。

从核武器出现以后的历史看,世界上拥有核武的国家大致可分为三类。第一类是可以称之为自卫型的核武国家,即拥有核武主要是避免自身受到它国的威胁,属纯粹的自卫型;第二类则是攻防兼备型,即既用核武器来威胁对手,使之不敢轻易使用核武,同时也不放弃在适当的时机用核武来达到自身的某种战术或战略的目的。第三类为主动进攻型,即它拥有核武器主要是为了进攻,为了用核武器来消灭对手。一些没有核武器的国家为摆脱别国危胁,千方百计谋求核武器,成为“核门槛”国家。特别对核心概念“核威慑”的那种犹如毒瘾般的信仰。核武器又被称之为“不可使用的武器”,而部署这种武器的逻辑十分荒谬:正因为它不可用,所以人们将感到安全。而人类犯错误的可能性总是存在。事实上,二次大战后的世界没有发生核战争主要是基于运气。

第九章

强权征伐
谁悍然发动战争

战争是人类永恒的主题，据德国学者妮科勒·施莱、莎贝娜·布塞的调查数字，利比亚战争是美国自二战以来打的第31场较大规模的战争……美国战争布局已完成，下一场战争，美国会打谁？

战争冲突双方是相互敌对的两国吗？如果这是一道历史题，回答显然是"是"。这一回答只能算答对了一半。因为还有一种力量在隐隐的发挥作用，在"相互毁灭"的战略思想已成核时代主流的格局下，处于风暴中心地带的少数政治家意识到：根本没有胜利可言。人类已经打开了潘多拉的盒子……

1. 战争奴役世界，美国操纵全球

2011 年，发生在中东北非地区的社会动荡，造成了多个国家政府的倒台，已成为全球主要热点。在中东出现动荡迹象的国家还有一些亲美的国家，但却被美国媒体“善意忽略”了，并采取了默许的态度。而将军事打击的矛头直指利比亚的卡扎菲政权。利比亚战争随着卡扎菲的毙命而结束。

利比亚战局，一方是“武装分子”、“叛军”、“革命军”、“反对派军队”、“民军”，一方是“政府军”、“支持卡扎菲的军队”，空中则盘旋着“多国联军”、“北约军队”。在利比亚两个政治阵营展开内战的时候，除了双方的军队和支持本方军队的民众之外，还有成千上万的第三种人，他们是躲在家中而没有明确政治立场的平民，是无意介入内战而举家出逃的难民。难民不是英雄，也不想做任何一方的英雄，他们只想在这个非常时期保住自己和家人的性命。他们往往被参战各方打着各种旗号的政客们所漠视。于是出现了这样的局面：一方面，卡扎菲政权逼迫和驱赶国民和外来劳工上船，试图制造针对欧洲国家的难民潮，从而引发欧洲民众的反战、厌战情绪；另一方面，作为参战方的悍卫所谓民主与普世价值的一些欧洲国家坚决拒收因战事而逃离利比亚的难民。难民成了强权者踢来踢去的皮球。

在由政治、战争所缔造的历史核心事件中，一个生命、一个家庭的哀痛和种种人道灾难被当成无法避免的代价。据联合国公布的数字，自 2011 年利比亚危机爆发以来，已有百万难民流离失所，辗转躲避战火。难民死亡事件层出不穷，2011 年 5 月，72 名利比亚难民乘船从利比亚驶往意大利，在地中海途中水尽粮绝、燃油耗光，船只曾靠近北约航母，多次求援被拒。漂流 16 日后，包括妇孺在内的 61 人活活饥渴而死。

据德国学者妮科勒·施莱、莎贝娜·布塞的调查数字，利比亚战争是美国自二战以来打的第31场较大规模的战争。据瑞典斯德哥尔摩国际和平研究所统计：冷战前，美国平均2.4年打一仗，冷战后平均1.4年打一仗。从1991年海湾战争开始，美国军队就一直处于战争状态，今天还同时进行着两场战争；美国已经连续打了20年，目前还看不出有任何歇手迹象。

据联合国世界卫生组织统计与测算二战后与美国战争有关的死亡人数，包括平民在内，越南战争死亡人数约380万人，朝鲜战争中死亡人数约200万人，伊拉克战争死亡人数约100万人。仅这三场战争死亡人数已达680万。而阿富汗战争仍在进行中。

在二战后，美国已经越来越多地代表世界“教训”其不太听话的国家。而其余的跟随国家，已经没有必要自己动手，最多只是跟在美国后面分红而已。

同时，为了对付“最不听话”的国家，美国着实费了不小的工夫，通过经济、军事援助，派出军事顾问，建立军事基地，策划反对派或雇佣军等方式进行渗透。在上世纪40年代19场战争中，美国支持和插手的就有8场。

在上世纪50年代，美国先后打了7场战争。针对国包括朝鲜、中国、危地马拉、黎巴嫩、伊拉克、多米尼加等国。

60年代开始，美国又先后在越南，老挝和柬埔寨发动了战争，只是在遇到巨大的麻烦之后，才不得不在70年代结束了这一区域的战争。然而，当冷战刚刚结束，美国又马上就发动了海湾战争，以后又开始科索沃战争。

1995年，美国国务院的全球恐怖报告中，美国政府就根据自身所理解的政府参与型国家恐怖主义的定义，将伊朗、伊拉克、利比亚、叙利亚、苏丹、古巴等国列入了支持恐怖主义的黑名单中。于是，在美国的标准下，这些国家就是带有国家恐怖主义性质的

“邪恶轴心国”。

时间推移到2011年5月3日，随着“基地”组织领导人本·拉登被美军击毙，美国历史上代价最大、最为血腥的抓捕行动宣告结束。

自2001年“9·11”事件以来，美国为了“报仇”，在全球范围内发起反恐战争。起初战争只局限在阿富汗境内，当时情报显示拉登藏身阿富汗。但随后这场战争蔓延至伊拉克，甚至波及菲律宾和非洲的部分国家，越来越多的国家被卷入其中。

据美国国会研究服务机构（CRS）的计算，迄今为止，美国已经为这场反恐战争付出了1.28万亿美元的巨额代价。其中63%的资金，也就是8060亿美元花在了伊拉克战争上；35%，即4440亿美元花在阿富汗战争；290万美元用于加强世界各地美军基地的安保；另有6%投入不明。美国国会预算办公室估计，截至2012年，这场反恐战争的代价将为1.8万亿美元。

芝加哥大学教授米尔斯海默曾说“我们马上就会怀念冷战”，可以说在二战后，美国的海外军事行动几乎没有停止过，甚至可以说，因为美国已经长时间习惯了战争。

2. 对"不听话者"的战争

自从冷战结束以来,由于核阴影的笼罩,世界尚未见识过大国之间的战争。大国战争一旦重现,会令人们如坐针毡的一切麻烦,如中东危机、恐怖主义、伊朗和朝鲜问题都将相形见绌,不足一道。

在发明原子弹之前,人类历史上的任何兵器,不管它有多大的杀伤力,在赢得战役或战争的胜利时都比不上军事指挥家那样来得重要。"第三次世界大战"不可避免,英国剑桥大学教授尼古拉斯·鲍伊这样认为,他在《2014,下一次世界末日》一书中推断,2014 年将是全球发展关键的一年,这一年将有一件惊天动地的大事发生,将主宰本世纪的未来走向,世界或将陷入危机。

尼古拉斯·鲍伊根据研究发现,全球史的一个世纪的特征在第二个十年将变得非常明显,这一时限的部分原因与人们划分人类生命和人类历史的理解方式有关。如果一个世纪有性格特征,那么它会在接近 20 岁的时候逐渐显现出来,这同样适用于人类。另一个因素是世代的顺序。到一个世纪的 20 年左右,曾经历上个世纪最后阶段的一代人已经日薄西山,风光不再。未来开始由他们的孩子定义,这些孩子将只生活在新世纪中或者拥有新世纪的记忆,而那些上个世纪遗失的记忆却至关重要。

尼古拉斯·鲍伊指出,2014 年发生的重大事件将决定整个世界的走向:和平繁荣抑或战乱贫穷。世界金融动荡将会是"2014 危机"的导火索,导致民族主义势力的升温,美国领导人对此的反应和采取的行动会对未来产生重大影响。他提出,只有结束单一民族国家的时代,引进某种有效的全球性管理机制,依靠国际合作才能取得稳定的新局面。

鲍伊提到,发生在 20 世纪末和 21 世纪初的一件大事,是占世界人口 1/6 的中国融入了全球化资源和商品流通市场。这一个转型意味着财富和影响力的分配必须发生重大变化，而这个星球上人们维持生产和消费模式的能力是非常有限的，到了 2015 年，全球的政治经济秩序将被摧毁。历史上曾有许多不祥的类比，例如随着英国霸权走向终结，1871 年重新统一的德意志帝国渐渐在政治和经济上形成规模，并与英国相抗衡，最终赶超了英国。在德意志帝国的历史中，标志着灾难来临的转折点来的相对早了一些，1873 年开始的银行破产和股市崩盘让美国以及欧洲各国经济陷入大萧条。到了 1879 年，这些国家纷纷采取通货紧缩及贸易保护主义措施以应对国内衰退，最终导致各国兵刃相接。20 世纪 30 年代那场愚蠢的保护风波使经济崩溃恶化为大萧条，并导致了一场世界大战。欧洲其他国家都没办法遏制原本平衡的全球经济，并在 1914 年尝到恶果，随后就是延续了 75 年之久的战争。

20 世纪把战争的惨烈推向了历史的顶峰。根据美国历史学家鲁道夫·J·鲁梅尔在其 1994 年出版的《因政府而死》一书的估算，在 20 世纪，单是种族杀戮的死难者就达 1.7 亿人，而此数字还不包括政治迫害和战争所造成的“正常”死难者人数，同时也并不包括卢旺达或者巴尔干等地区发生的种族杀戮死难者人数。1994 年 4 月 7 日，从那一天起，非洲小国卢旺达开始了最血腥的种族大屠杀，卢旺达胡图人与图西人之间本无绝对的民族之分，在历史上，为了方便统治，殖民主义者人为地将两者划定为两个不同的“种族”，卢旺达 700 多万人口中，前后约 100 万图西族人及总理乌维林吉伊姆扎纳和 3 名部长，以及胡图族温和派死于胡图族民兵的弯刀、锄头、大棒和步枪之下。卢旺达大屠杀的速度，五倍于当年纳粹用毒气残杀犹太人的速度。

此外，从战争中死亡人数的比例来看，越往后，战争的血腥味道越是浓烈。根据美国世界观察研究所所长莱斯特·R·布朗等人的统计，在20世纪以前的战争中，每千人中死亡人数不足20人，而到了20世纪，这个比例则达到44.4人。

人类战争的本身天然具有一种极限化的暴烈性与强迫性，普鲁士军事理论家克劳塞维茨对此的解释就是：侵略方对被侵略方使用暴力，被侵略方就必然要报之以相应的暴力，这种不惜一切代价对抗就把战争的暴力行动推向了终极。说得通俗些就是以暴制暴，以血还血，最后大家同归与尽。第一次世界大战，全世界30多个国家，2/3人口，15亿人，卷入了战争。战线长达4000公里，死亡人数2100多万人。还有被饥饿、困乏折磨的2000万人，死于1918年末西班牙的流感大爆发。第一次世界大战的规模是空前的，同时也出现了第一次：全世界33个国家参与的大战。

在冷兵器时代，世界级的战争打不起来，是因为技术条件的不具备，陆军的主要运输工具主要还是马匹和人力，靠举着剑和长矛的骑兵和步兵进行作战，而游牧民族的骑射技术及机动能力在冷兵器时代获得了巨大的战术优势。自从有了铁路、公路、无线电、内燃机等发明，整个兵力兵器机动具有一个非常高的条件。军队的调动部署和使用，能够大范围地在整个国土面积上进行，那么大战才能打得起来。例如一战进行中，法国人使用汽车机动兵力取得了马恩河和凡尔登战役的胜利。铁路的出现对战争的影响更为巨大。铁路使军队的远距离调动成为可能。陆军的部署变得更为快捷。而到1914年时，汽车已经是一种常见的交通工具了。

人类也在研究更先进的猎杀武器，1914年，陆军的武器和拿破仑时代也大不相同了。机枪和步枪广泛使用。远比以前的滑膛枪要厉害许多。能发射高爆炸药和榴霰弹的后膛炮也远比只能发射金属弹的前膛炮杀伤范围要大。一战中，主要的作战方法是堑壕战，就是因为出现了机枪这种杀伤力极高的武器而形成的。

为了打破堑壕僵局,一系列的新型武器也应运而生。迫击炮产生了。它用来发射高爆炸弹,并在战壕中产生极强的破坏作用。1915 年,坦克诞生。但速度很慢,机械的稳定性也不好,不能在行动中起到决定性的作用。但它的威力得到了认可。对未来的陆地战争带来极大的影响。

在一战的西线,被称为绞肉机的凡尔登战场。德法这对“世敌”在那里打了近十个月的你死我活的拉锯战。德国的口号是“使法国把血流尽”,为了争夺这个方圆 45 公里的要塞,摧毁堑壕系统,德国为这个庞大攻势所作的准备,先是惊人地把大炮从俄国、巴尔干半岛和克虏伯工厂等处集中起来。排列在进攻现场周围的,有 542 个掷雷器。1400 多门大炮排列在不到八英里长的战线上!在这些大炮中间,有 13 尊震天动地的 420 毫米的攻城榴弹炮。另一种可怕武器是 130 毫米的“小口径高速炮”,它以步枪子弹的速度发射 5.2 英寸的榴霰弹,使法军来不及觉察到就丧了命。在控制西岸,被称为“死人”的陡岸周围血战中,双方都遭受巨大的损失。密集的高爆炮弹,使大地震撼,把人体、装备和瓦砾象谷壳那样飞掷到天空。爆炸的热浪把积雪都融化了,在弹穴里灌满了水,许多伤兵就淹死在里面。眼睛失明和血肉模糊的人摸索着到洞穴里图个安全,就倒在他们的同伴身上,把他们淋得浑身是血。在双方的残杀中,军队发射了 4000 多万颗炮弹,加上难以数计的成百万发子弹。此役,不仅法国“把血流尽”,德国也“把血流尽”了,德军损失了近 45 万人,法军损失近 55 万人。交战双方都被这一战拖得疲惫不堪。胜利如此微弱,代价却如此惨重。它几乎是第一次世界大战全局的缩影。

战争的惨烈,虽然让大家意识到 1914 年到 1918 年的第一次世界大战可能是“战争之母”,但人类从来就没能看清战争的真正本质,20 年后又匆忙发动了第二次世界大战。

二战可以说是人类史无前例的一次大浩劫,这其中的一个重要原因就是:武器装备和作战方式的改变。二战中,充分运用了飞机、坦克、毒气,这些也是一战中使用过的武器。二战把这些装备的使用方法推向了极致。形成了整个机械化战争的方法。包括使用自动武器、舰艇,所以二战的杀伤力和毁伤力大大增加。

1939 年 1 月,德国进攻波兰,二战爆发。随后,从英法对德宣战作为全面爆发算起,到 1945 年 9 月 2 日,日本在东京湾美国战列舰密苏里号上正式签署投降战书为止,历时六年。如果从 1931 年"九·一八"事件,日本侵占中国东北燃起这场战争的第一把战火算起,则历时十四年。

军事界一般认为一战是人类进入无限化总体战争时代的开始。参战方倾其所有,建立军事政权,把一切资源都投入到战争中,以达到毁灭对手的目的。这种战争行为在二战中,则达到了登峰造极的地步。二战中,德、意、日三个法西斯国家,倾全国之力,以达到征服对手、称霸世界的图谋。而在战争后期出现的核武器,标志着人类进入到了能自我毁灭的时代。它的杀伤力出现了国家和国家之间这样一种对峙:战争最后已经没有胜利者。

二战后,世界进入了冷和平时期。但是局部战争还是时有发生。根据美国未来学家阿尔文·托夫勒在《战争与反战争》一书中的统计,自从第二次世界大战以后,在我们这个世界上共发生了 150 到 160 场战争或内乱。比较著名的战争有:朝鲜战争(1950—1953 年)、印支三国抗法战争(1946 年—1954 年)、尼日利亚内战(1967 年)、越南战争(1957—1975 年)、柬埔寨战争(1970 年 4 月 30 日—1975 年)、苏联阿富汗战争(1979 年—1989 年)、三次阿以战争(1967 年、1973 年、1982 年)、两伊战争(1980—1987 年)、海湾战争(1990—1991 年)、阿富汗战争(2001 年)等。估计大约有 720 万名士兵在这些战争和内乱中死亡,要是加上平民死难者，死亡人数将达到3300万人到4000万人。

美国作家比尔·布莱森认为，在地球上幸存下来，这是一件非常微妙的事。自开天辟地以来，存在过千百亿物种，据认为99.9%已经不复存在。你看，地球上的生命不仅是短暂的，而且是令人沮丧的、脆弱的。人类产生于一颗荒凉的行星，这颗行星善于创造生命，但又包含更多的毁灭基因，这是人类的存在的最离奇的特点。

英国学者霍布斯曾提到一种丛林法则观点，他认为人与人的关系就如同多狼与狼的关系，所以，一个国家要想使其社会达于和谐，避免人与人陷入由其本性发动的赤裸裸的战争状态，则必须依赖国家的强权和严厉的法制。姑且不论其人性观如何，有一点必须承认，即：对社会的治理来说，国家除了要有理性的引导和道德的规范之外，它的强权以及以强权为后盾的法律的限制，是不可缺少的东西。社会的和谐与稳定，正是依赖了所有这些方面的综合作用才有了可能。

如果说一个国家之所以能稳定是因为它有理性、有强权、有法律，那么，这些为求社会稳定而绝对不可缺少的东西，世界有吗？在世界范围，一个霸权国家干出了严重损害他国利益的行为，干出了假如是个人就一定是犯法的行为，世界拿什么来制裁它？

而且，如果干坏事的国家拥有超乎其他国的军事强力，各国又不敢不顾自身安危地去招惹它，按照正义的法则去反对它。国家的犯法行为，由此就成为了无法遏制和无法消除的东西，这就决定了国与国的关系只能是任由狭隘的国家意志和民族意志来随意安排的残酷的斗争关系。因此，世界和平唯一依靠的就是各个国家所具有的综合实力的彼此相对平衡，如果该平衡被打破，那么，在某个实力悬殊的、相应的平衡破灭点上，战争就发生了。由此，战争又是为了平衡。只要出现了不平衡，就会有战争，直到战争使它平衡为止。这种“以实力赢得和平”的观点，一直以来都是西方国家尤其是美国借以立国的一个重要的策略依据点,而当一个国家的内部矛盾已异常激烈,社会关系已异常紧张,一场内部战争的导火线,便悄悄地在无声无息的和平谋划中暗暗作动,此时,那些有敏锐目光的政治家们便开始有了一种联想:必须把有可能引发内战的隐患引向外部,宣泄到世界,以拯救国家的整体的生存。所以,人们恰恰是因为和平的延续已经让自己的国家处在了内部矛盾再也无法解决的、积重难返的境地,处在了内战隐患即将爆发从而即有可能断送掉国家生存的历史边缘,因而才抱着转移内患的目的对外发动了战争或者利用了战争——这就是人类为什么会有战争的另一个重要原因。

在人类历史长河中,战火始终蔓延不断。据历史学者不完全统计,在有记载的 5560 年的人类历史上,人类只有 300 年是生活在和平环境中。也就是说,平均下来,每 100 年中,人类最少有 90 年是生活在战争状态中。在这 5000 多年中共发生过较大的战争 14531 次,平均每年 2.6 次。从 1740 年到 1974 年的 234 年中,共发生过 366 次,平均每年 1.6 次。这些战争给人类造成了严重灾难,使近 40 亿人丧生。

20 世纪不仅爆了两次世界大战,还是一个人类文明加速进化的世纪,避孕药具、青霉素、电脑等等发明创造,都是 20 世纪的重大发明,但上个世纪最重大的发明还是原子弹。爱因斯坦在看到原子弹被用于实战之后,非常后悔自己两度上书罗斯福总统研制这个武器——人类作为地球上最好斗的一种生命,因为宗教、资源,甚至为了一句话都会大动干戈、血流成河。当然,之所以历史上大大小小的战争多如牛毛,跟统治者在绝大多数的情况下不用冲锋陷阵也是分不开的。冷战时期东西方无数次冲突最终没有演变成第 3 次世界大战,不是人类的政治智慧,起决定性作用的就是原子弹使世界局势达到了某种平衡。剑拔弩张的古巴导弹危机得以结束，也是因为前苏联决策者在不难想象的灾难前景下屈服。

但这种平衡也是相对的，国家间爆发战争，也与各国追求自身利益的本性有关，每个国家都希望自己能获得更大的利益，于是冲突就爆发了，对他们自己而言，都是对的都是正确的，但所有人都正确，并不等于和平降临，因为各自认定的正确，对别人却未必是正确的。人类本性中也包含着自我毁灭基因，弗里德里克·哈耶克在《通往奴役之路》这本书认为，坏事不一定是坏人干的，而往往是一些“高尚的”理想主义者干的，特别是，那些极权主义暴行的原则往往是由一些可尊敬的和心地善良的学者们奠定基础的；“自由”常常在“自由”的名义下被取消，“理性”则是在把“理性”推到至高无上的地步被摧毁的。

所谓“理性”、“意志”的强制性使人性向极端的方向发展，在这种情形下，人们只能听到一种声音、看到一种理论、接受一种思想。世界非此即彼，非黑即白，也造成了认识的单一，“谎话”说了一千遍成了真理，当所有人都众口一词，那些“空话”、“套话”、“大话”、“假话”、“谎话”、“废话”……在社会肆意泛滥，就变得非常正常。希特勒妄图称霸世界时，他教会德国人民的就是“为了德国的复兴，消灭犹太人”。法西斯主义就是这么简单明了，根本用不到什么高深的学问。

3. 全球“权势投射能力”大挑战

美国国际政治学家乔治·莫德尔斯基提出了近现代世界政治大循环理论,将世界领导者与挑战者关系的研究从一个世纪延伸到五个世纪。该理论认为:公元1500年以来,全球先后出现过四个领导者,即占有压倒性的洲际“权势投射能力”并多少主持规定世界政治基本规范的国家,它们是16世纪的葡萄牙,17世纪的荷兰,18和19世纪的英国,20世纪的美国。另一方面,在这五个世纪里与世界领导者对应,先后出现过若干力图夺取世界头号霸权地位并且改变国际体制基本规范的挑战者,它们是16世纪的西班牙,17世纪的路易十四法国,18和19世纪之交的拿破仑法国,20世纪的威廉二世德国、纳粹德国以及苏联。莫德尔斯基从上述世界“领导者—挑战者”的历史图式中总结出三条规律性的东西:第一,近500年来的“挑战者”统统失败了。第二,成为新的“世界领导者”的国家,统统是先前世界领导者的主要伙伴,而领导地位的交替无不是正在衰落的领导者最终将此地位“让位”给它的主要合作者。第三,挑战者的合作者一般将随挑战者的失败而遭遇厄运,而世界领导者的伙伴尽管会由于自己的从属关系而地位受损,但同时可能得到更多实惠,甚或有机会后来居上,成为新的领导者,并按自己的价值观改革国际体制。

当代世界大国至少要具备四个方面的条件:众多高素质的人口,辽阔广袤的疆域,强大的经济军事科技实力,以及所谓的“软权力”。

美国耶鲁大学历史学教授保罗·肯尼迪研究认为,历史表明,从长远看在每一个大国经济的兴衰与其作为一个军事大国(或世界性帝国)的兴衰之间,有一种显而易见的联系。其中重要的原因，首先是支持庞大的军队离不开经济资源；其次在国际体系中，财富与力量总是联系在一起的。在一场大国间（通常是联盟间）的长期战争中，胜利往往属于有坚实的经济基础的一方，或属于最后仍有财源的一方。

由此可见国力竞争的主战场是与经济相联系的，胜利往往最终属于经济实力强大、经济发展速度较快的一方。同时，国力竞争也难以忽略地缘环境的影响，地缘环境的差异会引起国力竞争地位的变换。欧洲近现代的竞争史表明，地理环境因素对一国的作用不可轻视。地理环境因素不仅对一国本身的经济发展国力涨大起着重要作用，而且对一国在多边或多边战争中所处的战略位置往往起到关键作用。就像近代英法较量中法国处处落败，居于下风的原因，即地缘环境使得法国难以称霸欧洲。

国力竞争最终是通过人的较量来体现和完成，这样，人口素质的高低在国力竞争的博奕中就必然影响其作为舵手的作用发挥。即这样一个民族："它拥有水平高得多的初等和技术教育，它的大学和科学设施是无与伦比的，它的化学实验室和研究机构是首屈一指的。"

人口素质要靠教育来提高，有了发达的普及教育，才会有国民素质的迅速提高。这一点日本在近代明治维新时期就已经深刻地认识到，凭借着对教育的高度重视从而引起国民素质飞速提高，日本从一个落后的亚洲国家一跃成为国力强盛的国家，尽管日本在1937—1945年战争中遭到严重破坏，但在战后短短几十年时间里，日本很快重新成为世界强国，国力跃居世界前列。

保罗·肯尼迪认为，随着苏联的解体，最先出局的当然是俄罗斯。许多俄罗斯人想恢复大国身份，他们军事上仍然强大，但是效能不高，经济上充满问题。欧洲现在有实力成为大国，但是政治上不统一，没有统一的意志，没有统一政治意愿，各自仍是独立的国家，英国人和法国人互相不满，互相争吵。日本 15 年来发展非常缓慢。美国从苏联的解体、日本失去经济竞争力中获利巨大，美国现在的地位比 15 年前更加强大。一个持续发展的国家是中国，另一个兴起的国家是印度。权力的本质必须用不同的层次来衡量。如果用军事技术来衡量，航空母舰、核武器、潜水艇、战斗轰炸机，那么（美国）当然是第一名，没有人可以抗衡了。但是如果考虑相对经济竞争力，那么就非一国称霸了。欧盟有比美国更强的经济力量，可以给美国施加经济压力。如果美国不取消钢铁关税，那么欧盟就可以给美国小麦加关税。所以美国在军事上遥遥领先，而经济上，随着中国的崛起，总的说是东亚的竞争，欧洲也是很大的对手，平衡点不同。权力的第三个因素被约瑟夫称为软因素，政治因素。超级大国需要好的关系，正如俾斯麦所说，不仅要靠流血，还要外交。

4.　战争主题，世界级杀掳层出不穷

历史上所谓强盛帝国，无一不建立在浩大的战争之上。最早期的战争，基本上是以所居住的区域为中心，越往后则范围越大，直至扩展到全球。

远古人类敬畏“神”，崇拜大自然的力量。人类有了语言，但没有一个人问过“我是谁？我从哪里来？要到哪里去？”一类的疯话。人类开始制造各种工具时，攻击的武器便揭开了血腥屠杀史的序幕。

历史学家汤因比曾在《历史研究》里指出，埃及在公元前 1600 年喜克索斯人被驱逐的时候，实际上就已经死去了，已经丧失了任何自我更新的能力，但是这样一个死而不僵的巨大尸体，从死亡到收尸入殓，竟然用了 1600 年的时间，一直要到罗马帝国把埃及变成自己的一个行省，古代埃及文明才最终结束。而在此之前，埃及已经相继被波斯人和希腊人所统治。公元前 3 世纪的时候，埃及有一位叫曼涅托的祭司。他撰写了一部《埃及史》，里面收录了大量的历史资料。这部书已经散失，但是其中一些残片被其他作家引用，得以保留下来。这些残篇可以说贵重无比，因为它包括了完整的埃及王朝列表。几乎所有的埃及学家都采纳了这个列表。

曼涅托把希腊人征服前的埃及史，划分为三大时期：古王国，中王国和新王国。三个时代总共包括了 30 个王朝。在埃及涅迦达晚期的混战，人类从小共同体走向大的组织，打仗无疑比协商更容易。狩猎同类无疑比签订协约更有趣。所以埃及人决定还是打仗。尼罗河谷成了活人的狩猎场。鲜血和河水一起泛滥，浇灌着这片土地，好让埃及成长为完整的生命。

最后这些战争，埃及形成了两个巨大的生命体——上埃及和下埃及。尼罗河三角洲的下埃及，经济潜力远比上埃及巨大，但是其开发难度也远比上埃及大。下埃及沼泽丛生，蚊虫密布，对于远

古的埃及人来说，未必适合居住。

下埃及的三角洲地带的居民相比较更富裕一些，但他们终究有一个很大的劣势。那就是分散。三角洲地域广阔，四通八达。居民居住得相对分散。也正在此时，一个神秘的名字出现在历史上。那就是蝎子王。蝎子王是第一位有记载的上埃及国王。在埃及雕像上，蝎子王头戴白冠，手持蝎子狼牙棒，用绳子套着田凫和弓。田凫这种象野鸭子一样的东西，据说象征着平民。也就是说，蝎子王用狼牙棒压服了野鸭一样的平民，建立了上埃及的王权。被套在绳索里的田凫，它就是几十万平民的缩影。

之后，美尼斯统一了上下埃及，他是埃及第一王朝的开创者，也是埃及全地的第一个法老。埃及第一和第二王朝（公元前 3100 至公元前 2686 年），被称为早期王朝。那是一个残酷的时代。战争的阴影还没有退去，彼此残杀的习惯还没有消亡。上埃及对法老始终忠心耿耿，毕竟法老本人就来自上埃及。但是三角洲居民却心怀怨恨，他们在五百年里屡次反叛。在三角洲的沼泽地间，埃及人彼此杀戮，变成了人间地狱。三角洲的埃及人还没有忘记征服者带来的伤痛。而孟斐斯的法老在芦苇丛间搜捕叛乱者，发动一次又一次的屠杀。

第二王朝的末代法老对下埃及进行了最残酷的战争。那一年被称为“杀死北方人之年”。这里说的北方人，就是三角洲地带的埃及人。法老列出了自己在那年取得的成就：一次有 47209 人被杀死，另一次则是 48205 人。根据《金字塔时代的埃及》一书，现代学者的估计，当时全埃及人口大约为 85 万，考虑到这个人口基数，这个数字庞大得难以置信。

在美洲大陆也是如此。美洲的土著居民是印第安人和爱斯基摩人，考古学和人类学认为印第安人的祖先和中国人有着一样的体质，来自中国北方，在第四纪的一些时间里，尤其是在大约一万年前的最后一次冰河期，封冻了大量的海水，海面下降了460英尺，白令海峡露出了一座连接西伯利亚和阿拉斯加的陆桥，印第安人通过陆桥来到了美洲。爱斯基摩人来到北美则比印第安人要晚许多年。

印第安人在美洲大陆创立的文明有三个：一个是玛雅文明，位于今尤卡坦、危地马拉和英属洪都拉斯地区；一个是阿兹特克文明，位于今墨西哥一带；一个是印加文明，其位置从厄瓜多尔中部到智利中部，延伸了3000多英里。在这三大文明中，无一不嗜血而好战。

当西班牙人登上美洲大陆时，玛雅人的地区实际处于崩溃的状态。而玛雅人也并非是传说中那样热爱和平的民族，相反，在公元300—700年这个全盛期，相邻城邦的玛雅贵族们一直在进行着争权夺利的战争战争好像是一场恐怖的体育比赛：战卒们用矛和棒作兵器，袭击其他城市，其目的是抓俘虏，并把他们交给已方祭司，作为向神献祭的礼品，这种祭祀正是玛雅社会崇拜神灵的标志。祭祀活动对于古代玛雅人来说，有着远比呼吸空气还重要的意义。玛雅人认为太阳将走向毁灭，必须通过做一些自我牺牲来保留太阳的光芒四射，阻止它灭亡。他们这种认识导致了以人心和血来喂养太阳。16世纪西班牙人在祭祀头颅架上发现了13600具头骨！当时的人，为了庆祝特偌提兰大金字塔落成，在四天的祭祀中，奴隶主竟杀了36万人！

玛雅人祭祀的方式多种多样，最常见的是剖胸挖心。“刽子手”是祭仪主角，他准确地在牺牲者的左胸肋骨处下刀，从伤口伸进手去，抓出跳动的心脏并放在盘子里，交给主持仪式的大祭司。职位较低的祭司会把尸体的皮肤剥下，除了手脚以外。而主持祭祀的大祭司则郑重其事地脱下自己的长袍，钻到血淋淋的人皮中，煞有介事地舞蹈。要是这位被杀的祭祀者生前恰好是位勇猛的武士，那么，他的尸体会被切分开来分给贵族和群众吃，手脚归祭司享用。

玛雅城邦战争永无休止，生灵涂炭，贸易中断，城毁乡灭，最后只有10%的人幸存下来。公元761年杜斯·彼拉斯城的王宫覆灭可视为玛雅社会衰落的一个起点。杜斯·彼拉斯是方园1500英里内的中心城邦。它遭到从邻近托玛瑞弟托城来的敌人的攻击。一个装有13个8岁至55岁的男人的头颅的洞证明该城被攻占时遭到了斩草除根的全城大屠杀。8天后，胜利者举行了“终结典礼”，砸烂了王座、神庙和刻板。一些贵族逃到附近的阿瓜迪卡城——这是一个巨大裂缝环绕的天然要塞。他们在那里苟延残喘了40年，最后还是遭到了敌人的攻占，陷入了灭顶之灾。公元800年，阿瓜迪卡已是一座鬼城。公元820年以后，玛雅人舍弃了这片千年间建立了无数城市的佩藤雨林，再也没有返回这片文明的发源地。

与玛雅人相比，阿兹特克人更为好战，美洲虎武士几乎成了阿兹特克军事文明的象征性标志，阿兹特克人痴迷于大量的活人祭祀，阿兹特克的大多数的神灵都需要定期的祭祀，而最需要供奉的就是他们的守护神——战神惠茨罗伯底里。他们认为，如果每日不用心脏和鲜血奉献给战神的话，神就会缺乏和黑暗势力进行战斗的力量，那就会导致第二天太阳不能够正常升起。因而，为了维持每天大量的活人祭祀，阿兹特克人就必须去猎杀周围部落的人，俘获战俘（全部用来祭祀），并迫使弱小部落定期进贡活人。因此，阿兹特克人必须拥有一部强大的战争机器来来获得更多的人口祭祀，而美洲虎武士就是这支强悍的军队里的精英。

阿兹特克的所有男孩都要接受军事训练。每一个男性满20周岁就必须投入到每年惯例的对外征战中。直到15世纪末期，阿兹特克人已经控制了整个墨西哥中部，并成为一个能够从其他敌对部落获取贡金的超级军事帝国。

据考古学家发掘的阿兹特克古建筑遗址。它的特征与印第安人古代抄本中所描述的“蒸气室”恰好吻合。所谓“蒸气室”是阿芝台克人祭祀死神的场所。考古学家在那里发现大量被烫焦的成年人骸骨，这些成年人骸骨剧烈地“扭曲”着，似乎经历了巨大的恐惧与痛苦。当时的“蒸气室”里储满了滚烫的热水，很多“牺牲品”是被活活“烫死”的。

西班牙人贝尔纳·迪亚斯是这一恶性循环的见证人之一：“我永远不会忘记这个镇区（索科特兰）中位于庙宇附近的那块地方。这里十分整齐地堆放着许多人的头颅——可以肯定有10万多个，我再重复一遍，10万多个。”“同样，在这个广场的另一角落，你还能看到整齐地堆放着许多残存的人的尸骨。这些尸骨是数不清的。除此之外，还有许多人头悬吊在两旁的柱子上”，“在这个国家内地的任何镇区，我们都能看到同样可怕的情景。”

在今天，世界格局处于西方国家美国的主导之下，而在15世纪以前，世界则处于东方与西方两极的共管之下。相较之下，当时在国际舞台上，占据主角地位的，并不是西方大国，而是东方的民族。

历史上有数不清的先进文明，被野蛮民族征服后，不是被灭绝，就是成为社会的最底层，最后语言文化全部消失。在15世纪以前，西方文明以古希腊文明、古罗马文明最为辉煌和典型，而恰恰在这两个文明的崩溃过程中，源于东方的游牧民族扮演了野蛮的外来侵略者的角色。

古希腊是西方历史的开源。根据后人在古代希腊的考古发现，古希腊时期（公元前3000年左右）所创立的文明，即克里特岛文明曾经与埃及文明一样的古老与辉煌。克里特岛人所使用的青铜器与埃及人使用的青铜器时代也基本相同，但这个文明毁灭在公元前2000年左右的野蛮民族之手。到了公元前15世纪前后，来了一支比较凶猛的游牧民族，他们自称为阿卡亚人。这些阿卡亚人侵入希腊半岛以后，就毁掉了克里特文明，然后在希腊半岛的东北角，在迈锡尼这个地方，模仿克里特文明建立了一个迈锡尼文明。迈锡尼文明带有很明显的模仿克里特文明的色彩。在迈锡尼文明时期，在爱琴海地区发生了很多战争，例如特洛伊战争，也就是荷马史诗《伊利亚特》中讲述的那场战争。特洛伊是小亚细亚的一个城邦，在希腊人眼里属于亚洲；而荷马史诗中的希腊人，都自称为阿卡亚人，他们认为自己与特洛伊人是不同的民族。这些自称阿卡亚人的希腊人，就是毁掉了克里特文明、建立了迈锡尼文明的那批游牧民族入侵者。再往后，在迈锡尼文明建立了几百年以后，到了公元前 11 世纪左右，又冲来了第三支更为野蛮的游牧民族，他们叫做多利亚人，这些多利亚人摧毁了由阿卡亚人建立的迈锡尼文明，整个古代爱琴文明到此彻底灭亡。多利亚人的入侵使希腊半岛陷入了三个多世纪的黑暗时代中，整个社会似乎又倒退回了一种蒙昧野蛮的史前状态。

在游牧民族横扫欧洲，欧洲文明面临灭顶之灾的时候，古代中国也战火不断。大约公元前 1500 年左右，游牧民族也侵入了中国北部的黄河流域。商朝和周朝正是在这些手执青铜器的野蛮人的疯狂进攻下而走向解体，在商朝的《卜辞》中就记载了各种战争 61 次。血雨腥风的春秋战国时代，屠杀似乎成了家常便饭，处处白骨蔽野。《春秋》记载，在春秋时期 242 年间，各种战争达 448 次。到了战国时期，仅大规模的战争就有 222 次。

据翦伯赞主编的《中外历史年表》，以战国时的秦国为例，几乎每攻占一地，每打完一次大仗，都要杀人。公元前 331 年，败魏，斩首 8 万；前 312 年，破楚师于丹阳，斩首 8 万；前 307 年，破宜阳，斩首 6 万；前 301 年，败楚于重丘，斩首 2 万；前 300 年，攻楚取襄城，斩首 3 万；前 293 年，大败韩魏联军于伊阙，斩首 24 万；

前280年，攻赵，斩首2万；前275年，破韩军，斩首4万；前274年，击魏于华阳破之，斩首15万；前260年，大破赵军于长平，坑卒45万；前256年，攻韩，斩首4万；又攻赵，斩首9万；前234年，攻赵平阳，斩首10万……一场统一中国的战争，到底斩掉了多少人头，已不能精确计数。

战国末中国人口2000万人。可中国军队却远远超过欧洲。秦始皇守五岭用兵50万，防匈奴30万，修长城50万，造阿房宫秦皇陵的130万（其中受宫刑者达70多万人）。据《汉书·严安传》记载，“丁男被甲，丁女转输，苦不聊生，自经于道树，死者相望”。

秦始皇三十六年（前211年），有一颗流星落下，有人在陨石上刻字：“始皇死，土地分。”秦始皇就把陨石坠落地周围居住的人，全部杀了。秦始皇的后宫姬妾，凡没有儿子的，全部殉葬。修造墓地的工匠，在葬礼完毕之后，20多万役卒全部封在墓里，死于非命。以后凡修皇陵的民工几乎都是同样悲惨的下场。

春秋战国时代，所谓游牧民族有被称为“东夷西戎南蛮北狄”的说法，即是指“诸夏”在天下的正中，然后东边的少数民族叫夷，西边的戎，南边的叫蛮，北边的叫狄。事实上当时中国是一种华夷杂处的局面。春秋初北方的狄人极盛，从西往东看，从黄河渭水之间，到太行山两麓，直到黄河下游的北岸，到处都是他们活动的身影。戎狄既然是游牧民，所以对土地的兴趣也就相对不大，所到之处烧杀掠抢，但然后扬长而去。西北的匈奴部落称戎或西戎，据《史记·匈奴列传》载，匈奴族为夏后氏后裔，始祖叫淳维，殷时称荤粥，秦时称匈奴。秦始皇统一中国以后，匈奴的单于头曼统一了匈奴各部，楚汉战争时，头曼之子冒顿杀父自立，又东灭东胡，西逐大月氏，掠夺了大量的土地、财富和几十万人口，形成了一个东接朝鲜，北至西伯利亚，西达西域，“南与中国为敌国”的强大奴隶制国家。

从公元前195到公元前205年西汉建国初期，共历十年。秦朝末年有2000多万人，到汉初，原来的万户大邑只剩下两三千户，消灭了原来人口的70%。大城市人口剩下十分之二三。甚至出现了“自天子不能具钧驷，而将相或乘牛车，齐民无藏盖”的现象。

汉武帝在位五十多年(公元前140—公元前87年)，几度讨伐匈奴，海内虚耗，人口减半，50%的人死亡。陕西一带因为匈奴的进犯，人口已经非常稀少了。从三国到东西晋时期，陕西一带是羌胡之地。在汉朝中叶，匈奴屡次进犯中土，屠杀百姓，掠夺财富。至今在陕、甘一带仍有匈奴人的、当地人叫做“吴儿堡”的遗迹。吴儿堡就是匈奴人打入内地后后，掠夺了当地的大量财富和人民子女，并在陕、甘一带筑吴儿堡安置，以供他们奴役。匈奴人泛指汉人都叫做吴人。

公元222年，汉王朝被游牧民族所败分裂成三个王国：长江以北的魏国、南部的吴国、西部的蜀国。即中国烽烟四起的三国时代。几十年后，魏国击败了吴、蜀国。汉末的三国鏖战，公元156年人口5007万，经过黄巾起义和三国混战，公元208年赤壁大战后的中国，全国人口仅为140万，公元221年人口下降到90万；损失了98.3%。尚不如现在中国一个城市的人口多。“马前悬人头，车后载妇女”、“白骨露于野，千里无鸡鸣，生民百余一，念之断人肠”是当时的写照，公元208年赤壁之战后，曹操称汉末三国大动荡活下来的人只是原来人口的1%！一直到公元265年，三国人口总计才767万。

公元265年司马炎自立为皇帝，建立了西晋。公元311年的“永嘉之乱”，晋怀帝沦为匈奴人俘虏。五年后，长安城也最终陷落，西晋王朝不复存在。游牧民族占领中国北半部，匈奴、鲜卑、羯、羌、氐等五个少数民族不断向中原内迁，游牧民族渐呈对中原的包夹之势，以致西晋初年，“西北诸郡皆为戎居”。这一时期也被称为“五胡乱华”。五胡乱华时期，大量的西北诸胡和北方的鲜卑迁入中原，胡人已高达数百万，很多地方超过了当地汉人人口。

“五胡乱华”加诸汉人的是异常恐怖的种族屠杀和人相食的文化倒退。于是，那个时代的中原士族和汉人百姓，不得不离开滋养了他们千年的长安、洛阳，涉险渡过长江天堑。他们来到南京建立东晋，依靠江流和高墙坚壁来抵御胡人南犯。这就是著名的“衣冠南渡”，中国形成南北分割的局面。实际上，这几个世纪中，南北两部都支离破碎，而北方由于长期连遭蛮族侵略，受到的破坏最为惨重。《晋纪》、《晋书》记录了当时的永嘉丧乱，中原士族，十不存一。据唐编《晋书》：“洛京倾覆，中州士女避乱江左者，十之六七”。即是说，南迁的人超过了半数。五胡乱华时后的一段时期，也是中华人口大融和时期。当时以长江为界的这一段时期，长江以北地区的人口一个明显的特征是眼睛开裂度较小，长江以南地区的人口的特征是眼睛开裂度较大，这就是因为百越集团融入中华的原因。

留在北方的人命运很悲惨。匈奴、羯等族人的军队所到之处，屠城掠地千里。《晋阳秋》残本称“胡煌”石勒一次就屠杀百姓数十万，诸晋史中也有大量屠杀记录，屠杀在数个州展开。至公元349年，迁居中原的游牧民族高达五六百万之多，数量上相当惊人，他们是在东汉、魏、晋、后赵四个朝代因各种原因迁到中原地区来的胡人。有被当时政府强迁进来的，有主动迁进来的，也有打进来的。

据《晋书》，匈奴、羯人合流，游牧民族横扫了整个黄河流域，建立了后赵。后赵统治北方时，当时的汉人不超过五百万左右，胡人却与这个数相当甚至高于这个数。胡人人口还在增长，而汉人不断减少。入关的游牧民族成份复杂：像羯族、白奴族、丁零族、铁弗族、卢水胡、鲜卑（史书称白虏）、九大石胡的远迁部落等主体都是金发碧眼的白种人。氐族包括大月氏、小月氏和巴氏。大月氏主体为白种人，小月氏和巴氏主要为黄种人。而羌、夫余、乌桓（东胡与匈奴混血）、和入侵辽宁的高丽等民族主体为黄种人，个别部落除外。

“五胡乱华”时期是中国历史上最血腥的一个时期，相互的民族大屠杀，令沃土中原，顿成杀戮之所。“五胡”中，羯族的消失最为惨烈。公元329年羯族石勒建立的后赵政权，这个国家极盛时占有今天的山东、陕西和江苏、安徽、甘肃、湖北、辽宁的一部分。石勒死后，他的侄子石虎掌权，采取了更加残酷的民族政策。他曾驱使四十余万汉人给他修建洛阳、长安的宫殿，民工们困顿不堪，尸横原野；他曾劫掠汉女五万入后宫，肆意侮辱杀戮，死者不计其数。仅在公元345年一年中，因征集美女而不情愿者被杀达3000余人。在其统治期间，北方汉人锐减至六七百万，土地大量荒芜。在这种情况下，后赵大将、汉人冉闵应运而生。在石虎死后，冉闵斩杀了石虎所有的儿子，一次解放被掳掠的汉族女子二十万人，同时用更为激烈的手段报复胡人。冉闵曾发布一道命令：“与官同心者往，不同心者各任所之”，以此来判断谁站在自己这一边。结果，汉人纷纷入城来，羯族和匈奴人却蜂拥逃离，以致堵塞了城门。冉闵遂下令，诛杀胡、羯。当时仅仅在都城邺中，就有二十万胡人被杀。经过这次浩劫，羯族从此一蹶不振，几乎全族灭绝。中国北方各民族的混血，并没有中断中国的文明。到了唐朝时期，混血的影响仍然存在，比如唐太宗就是半个鲜卑人。

在公元1世纪左右，东方的匈奴人就已经逼近欧洲东部俄罗斯边境，而在公元375年，匈奴人开始大规模扩张，他们所过之处往往留下一片废墟，一地白骨。在匈奴人西面，居住着两个日耳曼人部落联盟：一个是东哥特人联盟，另一个是西哥特人联盟。西哥特人联盟的西南方，就是罗马帝国的领土。当时的日耳曼人住在森林里，他们基本上以打猎为生，衣兽皮，食兽肉，住草棚，没有文字。他们从来不洗浴，罗马人避之唯恐不及。

匈奴人对顿河以西东哥特人控制的草原垂涎不已。公元374年，匈奴人向东哥特人发动进攻。在匈奴人排山倒海般的打击下，年迈的东哥特国王赫曼立克的军队被匈奴全歼后，他便自杀了，继位的维席密尔也兵败身亡。

东哥特王自杀，一部分东哥特人逃到了西哥特人那里。西哥特国王阿撒那立克得知东哥特灭国后立刻在德聂斯德河布阵，意图阻止匈奴人渡河，不料匈奴人在远处上游偷渡后夜袭敌营，重创西哥特军。匈奴随后追击，西哥特人惨败，只得向西逃窜至多瑙河流域。匈奴人的这次进攻几乎把所有的日耳曼部落都驱动起来，纷纷向西逃窜，到罗马帝国境内寻求庇护。

但罗马帝国官吏对这些流民也进行残酷压迫，导致哥特人纷纷抵制。公元378年，罗马皇帝法伦斯调集大军与哥特人会战，在哥特的重装骑兵面前罗马方阵步兵毫无地位。皇帝法伦斯和罗马四万禁卫军全数战死。这一战也导致了罗马帝国的分裂。匈奴人对草原很重视，他们占据了南俄罗斯大草原。公元400年，匈奴人乌尔丁带领大军攻入匈牙利后继续追击哥特人，并占领了意大利。匈牙利原住民凡达尔人，瑞维人，和最先被匈奴人灭国的阿兰聊人开始了大逃难。这三族人进入高卢，并于409年越过比利牛斯山，进入伊比利亚半岛，建立了三个国家。与此同时，哥特人也南下逃避匈奴的大军，哥特人在在公元410年攻入罗马城中，这是历史上罗马城的第二次沦陷。在进占匈牙利草原后，匈奴人以此为基地，建立了一个东起伏尔加河，西至莱茵河，南抵多瑙河的庞大帝国。

至明朝初年，朱元璋为了戍边，把战乱和大屠杀后剩下的百姓集中在山西的洪桐县一带，分别向全国发遣。这是一次民族大迁徙。所以，后人多说祖上来自山西的洪桐县一带的大槐树下。

在几千年中，中原民族为了躲避战火也在不断向外迁徙。例如司马迁的《史记》中记载：周厉王无后，周厉王弟弟的两支后裔，一支让晋国给灭掉了，一支去了日本。《尚书大传》记载：“武王胜殷，继公子禄父，释箕子之囚。箕子不忍为周之释，走之朝鲜，武王闻之，因以朝鲜封之。始有朝鲜一词。箕子既受周之封，不得无臣礼，故于十三祀来朝。”而在秦始皇灭燕时期，燕国人逃到了朝鲜。汉朝时，还有许多中原人为了躲避匈奴的战争及徭役远赴朝鲜。而元朝初年的蒙古兵南下，汉民族有了一次大规模的向东南亚的外迁。

综观历史，做为东亚中央帝国的中国，亡国灭朝的契机多来自北方游牧民族，由此，千年首都之北京同时位于运河终端和东北防线上，而失去中土的集团在海外建立流亡政权也成为一种规律，因为这个千年里已不断出现“华侨”，起源于北温带的中国向南延伸至赤道地带。同时，中国的向东位移，则使古代中国的中心区域如关陇地带沦为落后的“大西部”。公元 1000 年前后的世局是“在时空里只发生一次”的独特机缘，但如果它决定了此后一千年的规律，那么也具有普遍性的意义。

蒙古人的征服活动虽然没有创造出一个独具特色的新文明，但它却结束了一个时代，即游牧民族大规模入侵农耕民族的时代。由于蒙古人在西征过程中把中国的火药这一发明带到了西方，从而使得后来的凶猛矫健的游牧骑兵再也不能在滑膛枪的密集子弹面前任意地纵横驰骋。游牧生活方式从此一蹶不振，消失在历史的背面。不久以后，随着西方近代工业社会的崛起，工业文明对农耕文明的征服成为人类战争历史的主线。接下来的战争历史就是关于新崛起于旧大陆西北一个小角落里的工业世界怎样把汪洋大海一般的农耕世界从地图上抹掉的历史。

5. 汤因比，世界末日的迹象

1883年，马克思去世。但在同一年，德国又迎来了另一位著名思想家的诞生，他就是卡尔·雅斯贝尔斯。卡尔·雅斯贝尔斯年幼时得过一种怪病，使他无法进行爬山、骑马、跳舞等激烈的运动。于是，他长期过着单调的生活，显得十分孤独而又很难与别人进行沟通。除了公务，他从没有去过公共场所。雅斯贝尔斯有一个很著名的世界级命题———“轴心时代”。

雅斯贝尔斯在1949年出版的《历史的起源与目标》中说，公元前800至公元前200年之间，是人类文明的“轴心时代”。这段时期是人类文明精神的重大突破时期。在轴心时代里，各个文明都出现了伟大的精神导师——古希腊有苏格拉底、柏拉图，以色列有犹太教的先知们，印度有释迦牟尼，中国有孔子、老子……他们提出的思想原则塑造了不同的文化传统，也一直影响着人类的生活。而且更重要的是，虽然中国、印度、中东和希腊之间有千山万水的阻隔，但它们在轴心时代的文化却有很多相通的地方。

在那个时代，古希腊、以色列、中国和印度的古代文化都发生了“终极关怀的觉醒”。换句话说，这几个地方的人们开始用理智的方法、道德的方式来面对这个世界，同时也产生了宗教。它们是对原始文化的超越和突破。而超越和突破的不同类型决定了今天西方、印度、中国、伊斯兰不同的文化形态。

综观世界数千年的文明史，朝代的更换就是一部由“他杀”和“自杀”两部情景剧构成的历史。不是你消灭我，就是我消灭你。毁灭对方，也毁灭自己，毁灭周围的一切，构成了人类生活的核心内容之一。那些没有实现超越突破的古文明，则彻底地被催毁了，如巴比伦文化、埃及文化，虽规模宏大，但都难以摆脱灭绝的命运，成为文化的化石。而这些轴心时代所产生的文化一直延续到今天。每当人类社会面临危机或新的飞跃的时候，我们总是回过头去，看看轴心时代。

英国历史学家阿诺尔德·约瑟·汤因比是希腊罗马史和近东问题的专家。在其著作《历史研究》一书中，汤因比把6000年的人类历史划分为21个成熟的文明：埃及、苏美尔、米诺斯、赫梯、巴比伦、古印度、希腊、伊朗、叙利亚、阿拉伯、古中国（商代）、安第斯（南美洲）、玛雅（中美洲）、中国（唐以后）、天竺（兴地）、朝鲜、日本、拜占庭、俄罗斯、墨西哥、育加丹。另外还有5个中途夭折停滞的文明：玻里尼西亚、爱斯基摩、游牧、斯巴达和奥斯曼。

民族主义通常是国家与国家间战争仇杀的动机，上个世纪第一次世界大战前后，有两件事情给汤因比造成了心灵上的巨大震撼。1914年8月期间，汤因比阅读了修昔底德的《伯罗奔尼撒战争史》，让汤因比痛切感受到相邻民族血腥仇杀给人类带来的心理创伤。在第一次世界大战之中，具体说仅仅是在1915年和1916年之间，汤因比学校中的朋友、同事约有一半死于战争，而在其他交战国中，与汤因比同时代的人死亡的比例与此不相上下。至于第二次世界大战给汤因比带来的影响更是不言而喻。汤因比由此认识到，在最近500年的时间里，地球的整个表面，包括大气层，都因为惊人的技术进步而有机地联系在一起，然而人类在政治上却尚未实现联合。两次世界大战以及现今世界范围内的不安、沮丧、紧张和暴力，说明了这种危险。人类如果不能形成“天下如一家”的状态，无疑将走向自我毁灭。

汤因比在他与日本著名人士池田大作对话时，这位历史学巨匠谈到了他对世界末日与末日论的看法。“以前，在旧大陆的最西部，即印度教和佛教流传的地域以西的地方，人们一直相信，以我们所知的形态构成的这个世界，将在全能的神事先规定的、任何人也不清楚的某一天，突然迎来末日。人类并不是今天第一次面临这个问题,但今天的状况确实是前所未有的。过去,人类由于无法抗拒的自然力量,曾几次濒临灭绝的威胁。但是人类还是第一次知道,自身的行为或错误将会直接决定未来的命运。"汤因比如此描述了他所预测的21世纪可能出现的末日观点。

"今天,对人类的生存构成的威胁起因于我们人类自己,这是可耻的,而且,我们只要在精神上努力克服自我中心主义,明明是有能力自救的,可却偏偏不这样做,这就越发可耻。我们应该为处在这种状况感到羞耻,并以此去激发自己努力克服自我。进一步说,我们应该知道人类是有能力成功的,我们要从信心中获得希望、勇气和活力,及时奋起。"汤因比又提到:"人类的力量影响到环境,已经达到了会导致人类自我灭亡的程度,如果人类为了满足贪欲而急需使用这些力量,必将自取灭亡。"而作为一名世界第一流的历史学家,他同样从历史的进程中看到了人类面对末日所应该具备的态度:"面对威胁人类生存的现代各种罪恶,我们不能采取失败主义或被动挨打的态度,也不能是超然的,漠不关心的。倘若这些罪恶是由人类无法抵御的力量造成的,或许现代人就只好悲观和屈服。但是,这一切都是人类自身招致的,因此人类就必须克服自己。"

第十章

中国超车
世界“诺亚方舟”如何造就

随着世界经济与金融危机的蔓延，世界已经失去了平衡。美国霸权正在一点点减弱，让步于中国利益，全球经济权力正逐渐从欧洲向亚洲转移、从西方向东方转移、从美国向中国转移。

在这个决定性的转折点，全球很多专家看好中国、全球很多专家看空中国。“看好”和“看空”的背后，究竟有哪些不为人知的隐情？

正处于全球经济超车道的中国，2012 年前后，到底需要怎样的想象力与勇气？

1. 风动还是帆动，大通胀正在蔓延

一只北非的蝴蝶偶尔扇动几下翅膀，数天后可能引起一场全球的风暴。日前，来自重要产油国利比亚的“蝴蝶效应”正在迅速扩散，只不过，这次影响的可能是全球的油价高涨及输入性通胀压力。

通胀“幽灵”令人们惶惶不安。就像联合国世界粮食计划署的官员所称，这是“一场静悄悄的飓风”。据欧盟统计局最新公布的数据显示，全球通胀已经抬头，这是世界经济复苏的代价，2010年以来，超出全球经济复苏程度的食品和能源价格飞涨，是目前全球通胀的直接导火索。

石油、铜、黄金，凡是地里出来的大宗商品都涨价，现在轮到粮食和肉了。石油抬高了用于农业生产的柴油、化肥、用具以及运输的价格，玉米、小麦、大豆、大米、肉类轮番上涨，粮价上涨速度惊人。以大米价格为例，国际米价一度突破1000美元/吨。这个价格是如此之高，就连泰国这个世界大米最大出口国的出口商都胆战心惊。几年前的很长一段时间里，这个价格基本维持在300美元/吨。泰国、越南、印度、埃及等大米输出国在2011年初先后宣布限制大米出口以保证本国供应。

粮食多少年来第一次在全世界人民的眼中变成了珍贵的商品。在巴基斯坦，运送小麦和面粉的车辆都需要准军事部队护送，而在马来西亚，未经许可出口面粉等产品就属于犯罪。

在印尼，总统苏西洛·班邦·尤多约诺已向全国发出呼吁，鼓励民众自行种植红辣椒。韩国政府动用了卷心菜、猪肉、鲭鱼、萝卜及其他日常食品的应急储备，这是韩国总统李明博抵御通胀的努力之一。在2011年，有关食品通胀甚至是食品安全的话题，已经成为各国政府的当务之急。

由于全球主要粮食作物的价格都呈上升势头。这种情况在包括海地在内的加勒比海岛国中更为明显。这些国家普遍依靠粮食进口，一些国家的食品价格上涨了40%。海地是世界上最贫穷的国家之一，80%的人口人均日生活费不足2美元。海地商人用卡车将一种特有的泥土从中部山区运到各地市场上贩卖。妇女们购买泥土后，带到附近作坊加工成被当地人称做“特雷”的饼干。她们将成桶的泥土带上房顶天台，将里面的石头和土块挑出，拌入盐和起酥油。之后，她们把泥土捏成一个个小饼的形状，留在烈日下晒干，再把制成的饼干带到市场上贩卖或当街出售。这种饼干口感“细腻”，舌头一接触饼干就能尝到一股潮味。吃下几小时后，嘴里还残存有一种难以忍受的泥土味道。在海地，吃泥饼干的直接原因之一是近期食品价格上涨过快。

2011年初，俄罗斯全面停止粮食出口，美国玉米产量下降。按照各种粮食的比例计算，在2002年卖100美元的粮食，2011年却需要200美元左右来买。据联合国粮农组织2011年初公布的肉价指数，全球肉价已升至自1990年以来的最高水平，过去一年内，已累计上涨16%。其中，羊肉价格已升至37年来高点，牛肉价格升至两年来的高点，猪肉与禽肉价格也出现了大涨。

中国农产品市场也处于国际冲击之中，肉类、棉花、蔬菜、副食轮流出现涨价潮，给物价指数带来了沉重的压力。据中国新华社全国农副产品和农资价格行情系统监测显示，肉价的飙升则可用疯狂来形容。2011年7月，全国肉价同比上涨43.5%，至少9个省份同比涨幅超过50%，其余省份涨幅也在40%—50%。

通胀为什么难控制，在通货膨胀及金融危机的背后，总是有着石油价格居高不下的阴影。2008年，美国纽约期货市场原油交易价盘由几年前的25美元，暴涨至每桶145美元，与此同时，美国次贷危机愈演愈烈。而2011年初，美国纽约期货市场原油交易

价盘又重返 110 美元以上，并继续走高，

在国际油价不断攀高的情景下，投资者加大了黄金购买力道以求保值，2011 年 4 月国际金价登上每盎司 1474.4 美元的历史新高，连银价也突破 40 美元，飙涨到 31 年高点。

物价、股市、房价、黄金、人民币信用危机，汇率、热钱、医疗，大学扩招与结构性失业等，是中国百姓近年所关注的热点问题，至 2012 年，中国的通胀形势则更为严峻：货币增幅始终维持在 16%以上，五年后就翻一番；多数要素价格长期被管制，潜在涨价因素太多；农村红利消失殆尽；输入性通胀压力空前。多重因素交叠使得 CPI 通胀随时可能朝着两位数急升。

中国经济学家王建认为，当前情况是，石油价格的暴涨，使得全世界对美元的需要相应加大，近而使美元被动性超发。由供给不足导致的价格上涨，“货币超发”只是价格上涨的结果，而非价格上涨的原因。

因此，抑制输入型通胀、供给不足造成的价格上涨，使用货币手段来“堵”，经济代价巨大不说，政策的失误会引发实体经济大范围破产、国民失业、收入骤减等。由于世界各国都在大量发行货币，这使得美元升值或贬值都将失真，国与国之间的货币强弱难以通过汇率表达，但最终会通过商品价格获得表达。这个表达就是：商品价格刚性上涨。

在全球通胀面前，中国的货币政策不管紧缩到什么程度，都无法阻止价格的上涨。美、欧、日三大经济体全都在执行“极度宽松”的货币政策，澳大利亚、加拿大、印度、巴西等前期已经开始收紧货币的国家最近已经停止了进一步的紧缩。在经济全球化的背景下，当国际储备货币极度宽松之时，弱势货币国家谁紧缩，谁将受到巨大的“冲击波”。因为“热钱”流入不仅会对冲紧缩政策，而且会使这个国家的流动性泛滥成灾。

美国经济学者 Alen　Mattich 在《失衡的中国》一文中指出，通胀上升尤其不利于中国农村人口，食品支出在他们的消费开支中高得不成比例。为了控制通胀，中国政府可能会冒险刺破此前它允许膨胀的泡沫，尤其是过剩的工业产能。中国经济和中国社会正被各种失衡因素撕扯，投资者不太可能已完全消化了这些风险。中国出口业处于产业链低端，获利极低，人民币兑美元汇率的任何重大波动，都将使整个产业链受到破产的威胁。如果中国房地产资产依赖的收入（这里主要不是指家庭收入，而是指企业和地方政府收入）因外国贸易壁垒而减少，地产市场可能将以惊人的速度突然崩溃。

美国经济学家米什金将货币定义为："货币或货币供给是任何在商品或劳务的支付或在偿还债务时被普遍接受的东西。"当纸币危机全面到来之时，稀缺资源或者以稀缺资源建立起来的本位制，将成为米什金所称为的"被普遍接受的东西"。拥有越来越稀缺的资源，就意味着拥有持续升值的财富，意味着，随时可以兑换成任何一种货币的财富！中国老百姓为什么去买高价房攥在手里，因为通胀将带来物价暴涨，自古以来房地产就是"硬通货"，房子是大通胀后唯一能够看得见点东西的大宗商品。中国老百姓喜欢储蓄与当前社会的福利制度不完善有密切相关。买房则被当做通胀和负利率背景下的保值和增值工具……

据中国人民银行出版的《金融知识国民读本》中的说法，"每一次通货膨胀都是一个劫贫济富的过程"。

通货膨胀最直接的影响是物价上涨，货币贬值，但对于穷人和富人的影响却是完全相反的。实际上，通货膨胀具有逆向再分配的效应，即让富人更富，穷人更穷。据"恩格尔系数"的指标，越是穷的人食品支出占消费支出的比重越大，越是富的人则刚好相反。富人控制着大宗商品的流通、定价等。另外，就是那些富人可以通过货币资本化如购买土地、房屋、高档奢侈品、艺术品等跑赢通胀，对穷人而言，拥有的保值固定资产相对较少，甚至没有，拥有的或许只是养老、看病用的存款，在通胀下，这些存款也在贬值。

由石油问题所带来的通胀，经济学家认为，2012 年就是全球抗通膨的经济年。全球通膨在历史上屡见不鲜。如 1923 年，德国大通胀，即使是购买最基本的物品，也需要数量惊人的货币，买一片面包就得要一手推车的现金。货币贬值得如此迅速，以至于在一天之中，要分好几次向工人支付薪水，而工人也要赶回家将领到的薪水花出去，以免它变得一文不值。据德国一则旧时的报道，一个家庭主妇装了满满一手推车钱（仅够买一点食品）去买点吃的，一个小偷趁她不注意，把一车钱倒在地上，推着车子飞快地跑了，车子要比钱价值高得多。1929 年的美国金融危机，由华尔德股市崩盘开始。可怕的通货膨胀席卷而来，据记载，通货膨胀严重到一位在奥地利退休的员工，领了一生的退休金，只换到了一杯饮料。而中国在 1937 年至 1949 年间，曾发生严重的通货膨胀。100 元法币 1937 年可以买 2 头黄牛，到抗日战争结束后的 1945 年只能买 2 个鸡蛋，1946 年只能买 1/6 块固本肥皂，1947 年只可买 1 只煤球，1948 年 8 月 19 日只能买 0.002416 两大米（每斤 16 两），1949 年 5 月只能买 1 粒米的千分之 2.45。“大街过三道，物价跳三跳”。人们一边吃面，越吃越快，为什么？当面还没吃完，它的价格就上涨了。人们在核算成本、利润时纷纷改用米、金、银、外汇等为单位，支付工资采用米、生活指数或者外汇。上海市场大宗交易，如买卖房屋、地产、机器，甚至租房子，都以黄金计价，商品交易甚至蜕化到以物易物的原始交易方式。这次通货膨胀被作为恶性通货膨胀的典型例子，成为中国货币史上的恶梦。

由此，2011 年到 2012 年中国经济学家最关心的焦点是中国经济在通膨之下，是否可能会失去它的动能。中国经济学者刘军洛认为，未来石油、农产品、黄金、稀缺矿藏、水资源价格会上升10倍。全球化经济竞争已经到“交易体系对抗的时代”。

《货币战争》作者、环球财经研究院院长宋鸿兵认为，美元将来肯定要崩溃，纸币贬值也是必然规律，即使是亿万富翁，如果不做投资，30年后也有可能吃救济。如果把1000万存银行里，10年后只相当于现在的200万。而应对纸币贬值和美元崩溃的最好手段是投资黄金和白银，尤其是实物黄金和白银。因为在通胀面前，投资者首先想到的还是黄金和白银，其他的投资品都想不起来。

中国经济学家向松祚认为，20世纪70年代以来全球基础货币或者说国际储备货币从380亿美元激增到今天超过9万亿美元，增速超过200倍，而真实经济增长还不到5倍。全球货币流动性泛滥是今日世界金融和经济最致命的痼疾。据测算，1990年1月至2009年12月间，中国居民消费价格指数(CPI)的月平均值为4.81%。如果在1978年改革开放之初时拥有100万元，到现在只值当年的15万元。如果根据货币购买力与日常消费品的价格进行比较，1978年的100万元的实际贬值程度要超过85万元。

1981年的“万元户”，一万元相当于当时人均储蓄的200倍，30年之后，折算下来，需百万以上才能抵当时的一万元。由此，一部经济史就是一部通胀的历史。

投资大师巴菲特认为，通胀是一种税，其破坏性远大于任何税种。通胀对盈利的腐蚀却是在不知不觉中的。以5%的通货膨胀率来计算，目前现金的购买力在不到15年内，就会减少一半。

面对通胀，应该投资什么？持币？买黄金？还是股票？在2010年的伯克希尔·哈撒韦股东大会上，巴菲特对这三大类的投资作了一个详细的点评。现金是最危险的资产，巴菲特认为，他出生时候的 1 美元,现在只值 6 美分了,所有货币都逃脱不了贬值的命运。事实上,巴菲特很早以前就曾指出,当投资者为持有现金感到欣慰时,其实选择了一种非常可怕的长期资产,这种资产最终不会带来任何回报。

尽管黄金已经飙升到每盎司 1500 美元上方, 但巴菲特对黄金的观点同样悲观,在他看来黄金是典型的不创造任何价值的投资,只能等待下一个人出更高的价格来接盘。他举例说,把全世界的黄金都放在一起,可以造一个边长 67 英尺的立方体,但这个立方体却毫无用处。一样的逻辑,更小众的艺术品市场的暴涨与其说是投资不如说是投机,任何不能产生现金流的投资,是基于它可以被出售给一个更大的傻瓜的信念。

那么在巴菲特眼里究竟什么是值得投资的? 钱生钱,这才是巴菲特最喜欢的投资方式。也就是第三类投资,即可以生产创造的东西,例如一座农场、一块地或是生产型企业。传统思维认为买股票可以抵御通胀, 但这种观点早在 30 多年前就被巴菲特否定了,股票在通货膨胀环境下像债券一样表现不佳,这已经不是秘密,但不是所有的股票都在恶性通胀中泥沙俱下,找到它们对普通投资者来说确实是一个挑战,投资者需要睁大眼睛去寻找那些有可能规避通胀带来的负面影响的企业,而这类企业在巴菲特看来具备两种特质,第一,很容易涨价且不怕因此失去市场占有率或销货量;第二,只要增加额外少量的资本支出,便可以使营业额大幅增加。拥有上述两种特性的公司成为巴菲特嘴里经常念叨的最爱。

2. 2012，谁有力量做空中国

有一种玩具，叫做中国盒子，由好几层组成。打开外面大盒子，里面还是一个中等盒子，盒子里面又是小盒子，如是再三，直到打开最小的盒子，才是谜底所在，此词常喻极尽复杂之事。在21世纪到来时，几乎所有人都在惊呼一个中国世纪的来临。

2011年1月19日，中国春运正式启动。春运期间，中国旅客运量预计将达到28.53亿人次，中国铁路预计发送旅客2.3亿人次。一年一度的中国春运，是中国范围乃至全世界的一次最大规模的人口“大迁徙”，这也吸引了全世界的目光。为了解决春运问题，截至2011年，中国铁路营业里程达已达约10万公里，包括京沪高铁等多条高铁贯通，高铁总里程逾1.3万公里，而这仅仅是个开始。中国高铁每天开行的动车组就有1000多列，运送旅客约百万人次。仅就中国高铁里程数而言，已超过世界其他所有国家的总和。

时速486.1公里——这是目前为止地球上的火车所能跑出的最快时速。然而，基础设施建设不是万灵药，社会流动性对实现社会平等意义重大。大多数发达国家在现代化进程中经历了大规模的国内人口迁徙，最终80%的人口移居沿海地区。中国目前也正处在这一过程之中。即劳力由西向东流动，以期缩小人均收入差距。沿海城市贡献更多国内生产总值，生产力和工资水平更高，因此能吸引更多劳力，也使得边际生产力下降。同时，内陆地区人口外迁，资源由较少人共享，因而提高当地人均收入。而中国在2010—2015五年规划中提出鼓励国内地区间人口流动，改善进城务工人员的生活条件，饱受争议的户口制度也有望逐步退出历史舞台。

中国河南省有约1亿人口，数量堪比全球大国。而在广东省，一个镇的人口可能多达 50 万甚至百万，超过许多外国城市。因此，对中国而言，区域政治经济状况——尤其是区域差异——不容忽视。

中国的区域差异是由其地理条件造成的。同印度、巴西等其他大陆国家相比，中国的海岸较短、内陆居多。对依靠水土产粮供给人口的社会形态而言，不成问题。但在工业化、城市化、市场化的背景下，地理条件带来的区域差异会非常明显。原因不在于国家的优惠政策和资金扶持，而在于沿海地区可耗费的能源成本较低。

未来中国的高科技和服务产业规模可能会扩大，这些产业对交通运输的需求较小。但是由于中国对资源进口的依赖不断增加，沿海地区的运输成本优势仍将得到体现。因此，就经济繁荣程度而言，区域差异可能不会缩小，甚至可能扩大。

中国正在经历着人类历史上规模最大的人口迁徙，据 2011 年结束的第六次人口普查的数字，中国从 1979 年以来 1.73 亿城市人口起步，至 2010 年，城镇人口已经增加到 6.66 亿人，占全国人口比例 49.7%。居住在乡村的人口为 6.74 亿人，占 50.3%。在 30 多年的时间里城市人口净增 5 亿人，这个规模远远超过了全欧洲 1820—1920 年整整 100 年间的移民规模。这样的迁徙还远远没有结束，因为中国经济高速增长的奇迹还远没有结束。2010 年后，中国城市化率将超过发展中国家平均水平，到 2030 年将达到 60.5%，高出发展中国家平均水平 3.4 个百分点。

据世界大型企业联合会（ConferenceBoard）在 2010 年末发布的报告，至少从一个经济指标来看，在 2012 年，中国将会超过美国，成为全球最大经济体。根据比较经济规模最常用的手段，全球第二大经济体中国 5 万亿美元的经济规模和美国近 15 万亿美元总产值之间的差距依然很大。但考虑到购买力平价因素（PPP），考虑到两国相同产品的不同价格，换句话说就是测算出两国居民的实际购买力，到2012年，中国的经济规模将超越美国。至2020年，中国在全球经济中占到的比重可能达到近四分之一，而美国为15%，西欧——即包括法德在内的欧盟15国——为13%。按照经济状况的另一个衡量指标——人均产出来看，中国远落后于美国。据国际货币基金组织的数据，2009年，美国人均国内生产总值（GDP）约为4.6万美元。而中国的人均GDP不到4000美元。

近几十年来，整个中国狂飙突进，经济繁荣昌盛，每天阳光明媚。进步似乎不可避免，无法阻挡，中国GDP变得壮大无比，中国所处的世界是这样美妙，俨然一个超级世界工厂。然而，许多西方经济学家却不这么认为。詹姆斯·查诺斯，世界最大空头对冲基金尼克斯联合基金公司的总裁，曾经准确预见到美国安然公司的破产，并且通过做空“安然”而闻名于世。这一次，中国的房地产市场成了他眼中的“安然”，在他看来，中国的房地产泡沫比迪拜严重1000倍以上，中国经济将在一次惊人的房地产泡沫破灭中崩溃。查诺斯表示，他已经募集了2000万美元的离岸基金，对赌中国房地产泡沫破裂。乔治·索罗斯，全球最知名的做空大师，1992年成功狙击英镑一战成名；1997年攻击东南亚国家，被马哈蒂尔斥为“亚洲金融危机的纵火犯”。2010年底，索罗斯在香港地区设立了他的首个亚洲办公室，据称主要目的也是做空中国。在这些标志性空头人物的带动下，大量国际热钱也都伺机而动，等待做空中国的机会出现。

从2010年到2011年，美国哈佛大学经济学家，全球经济学界“先知”努里埃尔·鲁比尼连续两年访问中国，鲁比尼通过研究认为，中国GDP增长将继续依赖于投资拉动（包括住房投资在内），而任何一个试图将投资比例维持在GDP一半水平的国家，最终必然会遭遇大量的生产过剩和骇人的不良贷款问题。中国在实物资本、基础设施和不动产方面充斥着过度投资，将会促成国内和国际的通货膨胀，包括上世纪90年代东亚在内的所有过度投资，最终都以金融危机或后续经济缓慢增长为结局，而在2013年，中国经济危机就会“引爆”。鲁比尼提到，中国的短期和中期经济状况之间，存在着可能影响稳定的潜在冲突性因素。据中国新公开发布的5年计划细节也显示：经济的增长依然要仰仗投资（包括兴建公共住房）来支撑，而不是以实施更迅速的货币升值，面向家庭的大规模财政转移支付，税收或国有企业的私有化，解除户口制度限制以及放宽财政管制的方式来实现。过去几十年以来，中国都是靠以出口为导向的工业化和弱势货币来实现增长，并因此催生了极高的企业和家庭储蓄率，以及对净进口和固定资产投资（基础设施，房地产以及来料加工和出口部门的生产能力）的依赖。当净出口金额从2008至2009年度占GDP的11%，下降到5%的时候，中国的应对措施，就是将固定资产投资占GDP的比例从42%拉高到47%。凭借着爆发性的固定资产投资，中国得以摆脱了2009年日本，德国和亚洲新兴国家所遭遇的严重经济衰退。但固定资产投资占国内GDP的比例，2010年度也进一步上升至50%。这就暴露出一个问题：任何国家都不可能拥有足够的发展速度，足以在将50%的GDP重新投资的情况下，最终避免遭遇巨大的产能过剩，和令人忧心的不良贷款问题。中国内部到处充斥着在实物资本，基础设施和不动产方面的过量投资。在短期内，这场投资繁荣将刺激通货膨胀，这是源自于其高度资源密集型的增长特点。但过剩的产能将无法避免地带来严重的通货紧缩压力，而制造业和房地产部门则首当其冲。中国大概会在2013年后遭遇一场硬着陆。如果要避免这一命运的话，中国需要降低储蓄率，减少固定资产投资，削减净出口占GDP的比例，并刺激消费所占的比重。但最大的问题是中国人之所以乐于储蓄而不愿消费，是有其结构性原因的。而要扭转这一过度投资的诱因，至少需要整整20年的改革。对于高储蓄率的传统解释(缺乏社会安全,有限的公共服务,人口老化,消费信贷的不发达),只是这一谜局的其中一部分。

这一系列政策,都是将大量收入从处于弱势的家庭转移到了强势的大企业手里;弱势的人民币使进口商品变得昂贵,降低了家庭购买力,却保护了那些出口型国企并增加了出口商的利润。面向家庭的低存款利率和面向企业和开发商的低贷款利率,意味着千家万户的巨额储蓄实际上的是在赔钱,而国企的贷款成本却是负数。这就产生了一个强大的过度投资诱因并意味着从家庭向国企的大规模转移支付,倘若这些企业以市场利率贷款的话,肯定是要亏损的。此外,普通工人工资上升的幅度,远远低于生产力的增长速度。

如果要放宽对家庭收入的限制的话,中国必须让人民币更快地升值,放开利率管制,并大幅增加工资。更重要的是让企业的利润能转化为家庭收入,要么像这些企业征收更高的税收并将这些财政收入转移给家庭。事实上,除家庭储蓄之外,企业部门(大部分为国企)的储蓄,或者说保留利润,已经占到了GDP的25%。

但增加家庭收入占总收入比例的举措,将产生极大的破坏效应,因为这会导致一大批国企、出口企业和地方政府破产,而这样风险会很大。最终导致的结果,就是中国只能在这个五年计划中,继续增加投资。继续沿着这条投资导向的道路走下去,将使已经暴露出来的制造业,房地产和基础设施产能饱和现象进一步恶化,并将在固定资产投资增长无法继续扩大的情况下,加剧未来的经济放缓。

3. 低调复兴，中国的奇迹时代

打开钱包，抽出1美元面值的钞票，会看到上面印有1776年及意为“时代新秩序”的短语，那象征着美国时代的开始。如今，人们可以将这张钞票扔掉了，因为一种新的时代秩序正在出现。这不是美国时代，而是后美国时代。

自美国登上世界舞台以来，这次将将面临新兴大国的超级对手。中国的崛起挑战到美国所谓最根本的信念，其结果可能导致一种深刻的国家认同危机。

美西战争为美国世纪拉开帷幕。当时，地球上有五个强国在争霸：美、德、俄、英、法。接下来的几十年的混战，美国的对手一个个退出舞台。到二战前夕，主角只剩下3个。二战结束时，德国战败分裂，只剩下美苏两强。又经过40年冷战，苏联土崩瓦解。唯有美国屹立不倒。

美国人也许对“美”赞不绝口，但真正能令人们为之震撼的是美国追求的“大”。想想如下事物便能看清：美国的科罗拉多大峡谷、美国黄石国家公园、纽约的中央大车站、美国航母舰队的建制、通用电气、麦当劳巨无霸汉堡。欧洲人崇尚复杂精妙，日本人偏爱小巧玲珑，美国人则青睐气势磅礴。

这也正是中国令美国忧心忡忡的原因所在，中国更大，其庞大的人口规模就使美国相形见绌。中国的人口有13亿，多达美国的4倍。100多年来，美国的传教士和商人一直踌躇满志，幻想着要拯救10亿人的灵魂、消除20亿人的腋臭，但这始终也不过是做梦而已。拿破仑曾经说过一句名言：“让中国沉睡吧，因为它一旦醒来，世界将为之震颤。”中国似乎就是按照拿破仑的指令，昏昏沉沉地睡了将近200年，成了供列强争雄的俎上之肉。历史上，日本曾经对中国亦步亦趋。但在20世纪的一段时间内，无论在战争年代还是在和平时期,日本在战场上都强于中国。

中国的崛起使其国内经济和政治局面发生了天翻地覆的变化。历史学家回顾20世纪的最后几十年时，往往不约而同地将1979年视为一个分水岭。这一年,前苏联入侵阿富汗,这个超级大国由此成了自己的掘墓人。也是在这一年,中国启动了经济改革。30年来,中国经济以年均9%以上的速度增长,中国的经济总量每8年就翻一番。1978年,中国的空调年产量只有200台,到2005年就增加到4800万台。目前，中国一天的出口额就超过了1978年全年的出口贸易额。在当今全球,发展最快的20个城市全部都在中国,中国号称“世界工厂”,是世界上最大的煤炭、钢铁、水泥和汽车生产国,也是世界上最大的手机销售市场。仅在2005年,中国的建筑工地有26亿平方米之多,是同期美国建筑工地面积的5倍多。目前,全世界2/3的复印机、微波炉、DVD放映机和鞋类商品都是由中国生产的。虽然从人均角度讲,中国仍很贫穷,前进的车轮随时可能停下。但中国若以当前的速度增长下去,不出很久就将成为与美国旗鼓相当的对手。

中国的崛起将从根本上挑战美国的认同感。美国人或者寻求重塑美国,或者像从前面临的类似处境一样,猛烈打击新兴崛起者。

瑞士日内瓦外交与国际关系学院教授张维为认为，横向来看,中国发展道路是“最不坏”的。中国的未来,“不是所谓‘把故宫拆掉建白宫’,而是制度创新,建立超越西方的,更适合中国民情国情的政治经济社会制度”。“社会主义可以有市场,资本主义可以有计划”。美国人如果了解后面这一句的话,恐怕就不会有今天的金融危机了。所谓“中国模式”,就是“中国道路”,就是指自己独特的发展经验的总结,而且是开放的,发展中的,可以不断完善的。可以解构为“实践理性、强势政府、稳定优先、民生为大、渐进改革、顺序差异、混合经济、对外开放”八个基本特点。“没有最好的，只有最适合的”，这句话是真理。所有关于中国的排名，只要引入两个因素，就会发生巨大变化：第一个因素是用货币的购买力平价（PPP），而不是官方汇率来进行计算。

一般认为，购买力平价计算出来的结果更可靠。例如，日本餐馆吃饭比中国贵10倍。按照官方汇率来计算，同样准备一顿饭，日本餐馆创造的GDP就比中国餐馆大10倍，以此类推，误差只会越来越大。英国经济历史学家安格斯·麦迪森用购买力平价计算后得出的结论是中国经济总量在1992年就超过了日本，在2009年超过了包括德国、英国、法国在内的欧洲12个老牌工业国经济总和，并可能在2015年超过美国。第二个因素是中国人的房产。中国人有世界上最强的置业传统，住房自有率全球领先。以上海浦东的一户普通人家为例，它的房产约等于250万人民币。资产约合27万欧元，事实上，比50%的瑞士人、50%的美国人资产都要富有。过去30年，中国人总体财富增加的速度世界上无人可比。

一般西方国家的典型的中产阶级，一辈子最大的财产就是一套产权房。瑞士的住房自有率仅36%，大约为上海的一半。事实上，中国人在住房上的要求超过了发达国家的水平。如果论资产，按平价购买力计算，中国人到任何一个发达国家，都是中产阶级。在欧洲，能拿到银行的放贷，就是对中产阶级地位的确认。在瑞士，如果房贷付清了，就是富裕阶层。

至少20年内，中国的发展机会远远多于海外，多于所有发达国家机会的总和。所以移民国外的人，要充分考虑好自己在经济上可能会蒙受的损失。从1840年到1978年的140年间，中国最长的太平时间没有超过9年。中国过去30多年的改革开放，是第一次打破了这个怪圈，所以中国取得了今天的成绩。再给中国10年的稳定，中国还会给世界更大的惊喜。中国的崛起规模、速度，人类历史上没有过。

对西方人来说,关于以亚洲为经济中心的世界的说法似乎难以想象。正如以长远历史眼光看问题的中国学者常常指出的那样,在过去两千年的大部分时期,中国的经济规模居世界第一。事实上,当欧洲尚在黑暗时代摸索并进行灾难性的宗教战争时,中国就已形成了当时世界上最高的生活水平。英国国家人文与社会科学院院士、剑桥大学赛尔温学院荣誉院士、世界著名的历史数据考证和分析专家安格斯·麦迪森在《世界经济千年史》中,对中国和世界其他国家的GDP占世界GDP的比例进行了描述,中国的西汉,北宋,明朝,清朝的GDP占世界GDP的比例依次为:西汉(公元1年)为26.2%,北宋(公元1000年)为22.7%,明朝(公元1500年)为25.0%,明朝(公元1600年)为29.2%,清朝(公元1700年)为22.3%,清朝(公元1820年)为32.9%,清朝(公元1870年)为17.2%。

以1600年为界,向前100年,中国GDP累计增长率为55.4%,占世界GDP合计的29.1%,比美国现在的水平还要高;向后100年,中国GDP累计增长率为-13.75%,世界GDP累计增长率降至12.74%。

15世纪时,欧洲最大的城市只有15万人口,而在广州,仅外国人口就达到了20万,其中有阿拉伯人、波斯人、印度人,也有非洲人和土耳其人。1840年,上海口岸的贸易额超过了伦敦。直到18世纪,欧洲经济在世界经济中都是"微不足道"的。直到19世纪中期,欧洲的经济水平才逐渐超过中国。

麦迪森认为,贸易是连接世界各国经济的管道,中国"17世纪危机"与不平衡贸易及流动性转移有关,或者干脆说是其根本原因。作为重要的历史背景,中国自晚唐起一再遭受游牧民族入侵。那时的战争与其说是外交的延续,不如说是增加本国流动性(货币)供给的工具。几乎每一次战争都导致中国货币(以白银和绢帛为主)的大量流失。此后的宋朝之所以出现纸币,印刷术是一个原因，但更重要的原因是战争造成的实物货币短缺。之后的元朝亦大致如此。接下来的明朝，渐渐淘汰了纸币，并最终确立了白银在货币体系当中的主导地位。当中，政府税收及民间大宗商业活动几乎全部采用白银结算。

但是，此前曾遭遇白银大量且持续流失的明朝到哪里去获取白银呢？答案即是出口贸易，确切地说是出口大于进口的不平衡贸易。由于进口商被要求采用白银作为结算工具或世界货币，在进口极少量商品的同时，明朝进口了大量的白银（流动性输入）。幸运的是，当时的地理大发现，让欧洲人在美洲获得了充足的白银供给。稍后则是日本的白银增产。在明朝，实施了张居正的“一条鞭法”之后，世界近一半的白银借助贸易的途径流入明朝。

亚当·斯密说过：“货币与财富无论从哪一个方面看都是同一语。”即是说，货币就是财富。明朝之所以在16世纪取得举世瞩目的经济成就，恰恰就是凭借了不平衡贸易所提供的流动性。

然而，不平衡贸易终究是不可持续的。有国际学者研究表明，15—17世纪，欧洲自美洲输入的白银，有40%输出到了中国，用于满足欧洲人对中国产丝绸、瓷器、茶等消费品的习惯性消费需求。此外，经由菲律宾流入明朝的白银，以及由日本流入明朝的白银，几乎与欧洲的流入数量相等。由于欧洲白银的大量流失导致其流动性陷入严重短缺，加上世界白银生产出现大幅减产，在没有白银继续流入明朝的情况下，明朝终于陷入严重的流动性危机。先是恢复使用铜钱，后是大量发行不足值的铜钱，最终在持续旱灾和1626年北京大地震等一连串自然灾害以及恶性通货膨胀之后的农民起义当中，明朝宣告灭亡。

当中国的出口因进口国流动性短缺而被迫中断时，贸易伙伴国的经济自然也难逃厄运，世界经济亦因此放慢了脚步。

过去20年的世界经济增长显然是由贸易推动的。1990—2006

年，世界 GDP 累计增长了 1.21 倍，而世界货物贸易累计增长了 2.49 倍。不过，世界贸易的增长是以更高的外汇储备增长为代价的。后者同期增幅高达 2.63 倍，由最初的 0.9 万亿美元增长到 3.38 万亿美元。

至 2011 年，中国外储备已连续六年稳居全球第一。

值得注意的是，由于发钞国的缘故，外汇储备的增长对于贸易顺差国或储备国来说是增加流动性，对于发钞国来讲也是在增加流动性。不幸的是，美国得自于该等不平衡贸易的流动性，并没有用于提高生产力，确切地说是增加生产性固定资产投资，而是将其中的 1 万亿用于反恐战争，另外 2 万亿连同其他渠道获得的流动性用于次级住房贷款。其结果是，美国宏观经济当中储蓄与投资、消费与投资之间的关系严重失衡，而过度依赖消费及住宅投资实现的增长是缺乏后劲的。目前，美国公开的对外债务在 8 万亿美元以上，全部债务则高达 50 万亿美元以上。因此，正是由于美国经济已经到了一个债务负担无以复加的地步，于是才透过次贷这一突破口爆发了十分顽固的流动性危机。因此，在化解此次全球性流动性危机当中，全世界的目光都在看中国如何决策。

2011 年一季度末，中国内地外汇储备余额继续遥遥领先世界其余经济体，占全球 78 个经济体外储总余额的 34.7%。日本虽然稳居世界第二，但与中国内地的差距越来越大，俄罗斯仍居世界第三，但渐渐被中国台湾地区逼近。欧元区整体仅居第 11 位。在 78 个经济体中，中国内地外储余额高居榜首。中国台湾地区外储余额排名第 4，中国香港地区外储余额排名第 8，中国澳门地区外储余额排名第 45。在金砖国家中，俄罗斯外储余额居第 3 位，巴西超过印度居第 5 位，印度被巴西和韩国超过退居第 7 位，南非居第 30 位。在亚洲四小龙中，中国台湾居第 4 位，韩国居第 6 位，中国香港居第 8 位，新加坡居第 9 位，全部进入了前 10 名。在七国集团中，日本外储余额远远高于其余六国居第 2 位，法国居第 21 位，美国居第 23 位，英国居第 24 位，德国居第 33 位，意大利居 34 位，加拿大居第 40 位。很明显，中国是当今世界流动性最富有的国家，由财政及央行控制的流动性，包括外汇占款和金融机构存款准备金在内，总额高达 23 万亿人民币，接近过去一年的 GDP。这一流动性过剩状况是古今中外前所未有的。

每一次真正重大的危机，总会有老帝国衰退新帝国诞生，但过去这种变革往往伴随着残酷血腥的战争，今天变革的原因也许会有所不同。诺贝尔经济学奖获得者奥利弗·伊顿·威廉姆森曾用 4 个制度层级来说明一个民族真正强盛的原因：一是非正式制度：风俗、传统、宗教、文化，其变化频率为 100—1000 年；二是正式制度（博弈规则）、正式规则：宪法、法律、产权；政体、法律、司法、政府，其变化频率为 10—100 年；三是治理（博弈执行）：公司治理、政府治理、交易治理，其变化频率为 1—10 年；四是短期的社会资源分配制度。较高的层级对以下的层级施加限制。其中，真正决定一个民族未来的是风俗、传统、宗教、文化，其变化频率为 100—1000 年。

纵观英国的崛起，在当时的欧洲，战争成为所有国家面临的最严峻的考验。每一个欧洲国家都面临着其他国家的战争威胁，能维持生存已够忙的了。而在 16 世纪打一场战争需要几百万英镑，到 17 世纪末，则需要几千万英镑，而在拿破仑战争末期，开支就要达到上亿英镑。当时最繁荣的国家都无法靠平时正常的收入来应付这一时期的战争开支，于是国家便开始借款打仗了。英国政府可以用低利率借到钱，比欧洲各政府更低。因为它总是可以还债。令人吃惊的是，在 18 世纪的战争中，法国、德国、瑞士的银行家，即使他们的政府和英国打仗，他们仍会买英国政府的债券。因为英国的对外战争基本都能获胜，人们愿意支持这样一个能够一本万利的战役。英国早期曾长处于落后状态,眼睁睁看着诸列强在欧洲和世界上横行霸道而无可奈何。但到了伊丽莎白女王时代,英国则迅速崛起。此时的英国人已经不再把西班牙人、葡萄牙人放在眼中。由此,英国从一个只占地球陆地面积 0.2%,面积仅 24.4 万平方公里,当时人口仅 2000 多万的岛国,夺得了海上的控制权并成为了世界的霸主。据考证,仅在 18 世纪,英国就参与了 7 场世界范围内的战争。它们是:1689—1697 年的奥格斯堡同盟战争;1702—1711 年的西班牙王位继承战争;1739 年爆发的"詹金斯耳朵"之战;1740—1748 年的奥地利王位继承战争;1756—1763 年的"七年战争";1776—1783 年的北美独立战争;1792—1815 年的拿破仑战争。其中"七年战争"是最为关键的战争,英国打败了几百年的敌人法国,它奠定了英国殖民霸权的地位。

至 19 世纪 70 年代以后,为扩大并巩固其"成果",英国保守党的迪斯雷利政府改变了以往稍显"温柔"的"自由主义"政策,开始把建立强大的"有形帝国"作为自己的国策。1874 年,英国兼并太平洋岛国斐济;1882 年,以武力占领埃及;1883 年,英国派兵入侵苏丹,将苏丹收归囊中。在 19 世纪最后 30 年中,英国不仅占领北非的埃及和苏丹,还得到西非的尼日利亚和南非的贝专纳(博茨瓦纳),东非的桑给巴尔岛、乌干达和肯尼亚,中非的南、北罗德尼亚,亚洲的缅甸、俾路支、塞浦路斯等,并将对香港的占领扩大到九龙和新界。自此,大英帝国已经达到其顶峰。1900 年,英帝国的殖民地面积达到 2780 万平方公里,人口 3 亿多,而到了 1914 年,英帝国的面积更是达到 3380 万平方公里,人口 4 亿,相当于世界陆地面积四分之一,当时世界人口的四分之一。其面积比英国本土大 130 多倍,到第一次世界大战结束之时,大英帝国的领土遍及亚、非、欧、美、澳五大洲,英国已经成为一个名副其实的"日不落帝国"了。

20 世纪英国霸权开始向美国霸权转移。美国究竟采取了哪些战略，使自己顺利地成为新的世界领导国？首先是传统国际政治理论中的所谓“自助”，亦即从国际无政府状态这一大前提出发，依靠自身的军事、经济和外交努力来保障安全、独立与强大，特别是依靠增强军事和经济实力，联合其他受到同类外部威胁的国家，争取造就或维持足以扶弱抑强的国际均势。其次是所谓“不出头”，美国参战是决定第一次世界大战胜败的关键，美国总统威尔逊是战后国际秩序的设计者，但美国人民还是决定不出头。第二次世界大战使美国成为当之无愧的世界霸主，但美国还是大规模地削减了军事力量，从世界各地收缩回撤。只是在苏联大肆扩张，欧洲落下铁幕，西柏林遭围困，希腊、土耳其、伊朗濒危，朝鲜战争爆发后，美国才义无返顾地出头了。

还有一点是近年由西方国际政治学界予以理论探究的“搭车”战略。与一流大国及其国际体制合作，争取其支持、保护或其他实惠，同时减少甚或消除来自该大国及其国际体制的威胁。“搭车”就意味着不能“拆台”，不能再像苏联那样热烈地期待世界“大动荡、大分化、大改组”。日本也是一个例子，日本在二战战败后，与美国绑在一起，从而一跃成为全球经济三强之一，远超过日本二战前的世界经济地位。

美国建国之初，空间是生存的首要条件，尤其是初始阶段，必须有一个安全的生存环境，就如婴儿一般，在开始的时候，必须得到呵护才可以生存。而生存空间必须是和其他竞争者有一定的距离。同样，机遇与距离成正比，呆在一个地方与离开原址到远方去进行控制，获得的机遇是不可同日而语的。一个国家的崛起，在开始时一定要避开强势力量，积极打击弱势群体。这样可以积累力量，提高力量。这也就是为什么强权总是欺软怕硬的道理。

美国是一个充满自我保护意识的国家，可以为了构筑自己的领地而不惜代价。确切说就是很重意识形态,他们总认为社会主义会毁灭他们的国家,而一直对社会主义有着敌对意识。作为美国的朋友,可以感受到他源源不断的保护关怀之意。美国组织结构很强大。法院、议会、总统间的平衡很强。有时候有缺陷,但是宪法结构力量强大。美国还有非常强大的科技发明力以及攻守兼备的军事体系。它同时有巨大的财政和金融资源。它反应灵敏,如果出现财政危机,联邦储备局可以很快做出反应。如果非洲出现军事危机,美国是唯一可以迅速做出反应的国家。所以美国的长处在组织,组织,还是组织。然后是知识,美国有世界前十、十五强的研究型大学,并且形成了网络。这也给了美国人优势。简言之,政府结构、军事反应能力、科技、教育。

因此,中国需要一种"审时度势的秩序"的"博弈规则",消除由于无法预计中国未来的行为方式而产生的"中国威胁论"。

如果中国有机会在 21 世纪成为最后的大国，那就不仅仅是一种"崛起",而且是一种"复兴"。

今天已有人反思欧美人"寅吃卯粮"的生活方式,从这个角度中华民族性格中重视教育、善于储蓄、吃苦耐劳的品性,也许可以帮助我们走得更久远。无论中国未来经济情况发展如何,人们应该明白，中国的崛起不仅会改善一个拥有 13 亿人口大国的社会福利,也无疑将为 80%的其他人类带来新福祉。

人类历史表明,每一次真正重大的危机,总会有老帝国衰退新帝国诞生,早在 1944 年,由于二战,欧洲大陆满目疮痍,欧洲各国债台高筑,背负了上百亿美元的赤字。而美国一跃成为二战最大的受益者。专家认为,如果 20 世纪可分为三个阶段(两次世界大战、资本主义大发展和冷战后阶段)的话,而 21 世纪的头十年则可以看作是新兴力量崛起的时代。

巴黎大学人文地理学博士皮埃尔·皮卡尔，是著名的中国问题专家，他认为，2008 年“美国危机很快变成了西方危机，最后发展为全球危机……为了应对这次危机，西方国家已经负债累累。而与此同时，那些新兴国家正在崛起。中国的反应非常及时。它利用这次危机作为杠杆，将其转变为促进发展的强大动力。中国预见到了这次危机，并果断推出新的发展政策以迅速应对这次危机。它斥巨资发展建设各个省份和各类企业，瞄准七个顶尖的战略领域：生物技术、先进材料、环保技术、电力汽车、新一代信息技术、高档手工制品以及新型能源等领域。”他同时表示，仅这场强烈的世界金融风暴，就足以让那些新兴经济体摆脱劣势地位，借力腾飞。

也许中国真的会强大到可以令世界仰望，但同时也不能忘记，历史的车轮总是周而复始的。中国近代史有两次著名的战争——鸦片战争和甲午战争，中国因此失去香港、澳门和台湾并被迫签订了一系列丧权辱国条约。谁能想到，这两次战争都是发生在中国经济领先世界的前提下。中国的 GNP（国民生产总值）增长率从 1700 至 1820 年间一直领先于欧洲和日本。1820 年中国 GNP 是欧洲的 1.22 倍，但是 1840 年中国却被英国在鸦片战争中打败；1890 年中国 GNP 是日本的 5.28 倍，但是 1895 年在甲午战争中又被日本打败。因此，张文木教授说：“历史反复表明，国际间的大规模财富转移本质并不是靠交换而是靠暴力完成的。这一点今天有人忘记了，他们说，生活富裕就行。但具有讽刺意味的是，在大国兴衰史中，被打败并由此衰落的，多是富国。且不说中国印度是被穷国英国打败的，即使是古代非洲和拉美国家，在哥伦布发现新大陆之前也比欧洲富裕。他们的财富在欧洲人的大炮和利剑下在近代迅速流向欧洲，成为欧洲资本主义发展的原始积累。”历史是过去的今天，今天是未来的历史。

此时的中国正处在全球经济超车道，危机并存，需要更多的智慧和胆识。

POSTSCRIPT
后记

一个最好的时代，一个最坏的时代

法国物理学家帕斯卡曾表达身为人的双重惶恐：他的左边是一个无限宽广、巨大无垠的世界，右边是一个极尽微小，却依然无穷无尽的世界。而人处在中段，或者说，人因为同时意识到这两者，而深感自己所处位置的荒诞。实际上这两个世界是同一个。只不过它向左延伸至无穷，向右，延伸至无穷。

这是地球上很有镜头感的片段：在地球的两个半球，一边是龙卷风、地震、干旱、洪水、火山喷发等自然灾害，一边是子弹穿梭的战争场景。自2010年起，全球有关灾害的报道明显增加了。这一切似乎发轫于一部灾难电影，但更多的人在灾难面前找到了所谓“预兆”。“巨灾”已然成为人们最热门的话题。

特伦斯·麦肯纳在其著作《隐形景观》中曾探索了一个想法，认为人类正迈向一个无限迅速变化的点。他建立了一个数学分形函数，并称之为“时间波”，它似乎符合世界上新奇事物出现的总体速率。这个时间波不是一个平滑的曲线，而是一个有波峰和波谷的曲线，对应整个人类史上新事物出现的高峰和低谷。

人类信息技术的发展正让我们迅速走向一个时代，在这个时代，所有人类知识将立即以任何媒体形式提供给地球上的任何人。这将产生一个全功能的"全球大脑",将电视、电话和网络严丝合缝地融合在一起。搜索引擎将学会与人互动,其反应将变得越来越成熟。我们将会和一个新兴的全球意识联结在一起。在这一点上,人类知识的增长速度将达到自己的最高点,它也将开始变成S形曲线,但知识不是智能演变的终结。

现代文明是脆弱的,美国学者迈克尔·舍默对人类60个文明进行研究后,得出结论:文明的延续依赖于能量需求与供给的关系,但如今的能量供给是建立在矿物燃料等一次性能源上面的。由此,现代文明比古代文明更脆弱,因为现代文明社会过于复杂,需要更多的自然资源来支撑自己以及保护自己的疆域。一个复杂社会的崩溃,就好像是人们头上起支撑作用的拱梁突然垮掉或完全消失。

种种天灾人祸是一种启示,人们应该深刻的觉醒。自21世纪以来,整个地球上的人们"一边使劲生产,无节制破坏,一边肆无忌惮浪费"。"文明需要呵护,如果人们的生存时间只相当于地球一瞬间的瞬间,任何文明所留下的结果不会超过1万年"。全人类每时每刻都在创造未来,我们还有机会重新思考到底想要怎样的明日世界,我们该怎样思考呢,所谓逆向思考就是不去考虑如何做可以实现目标,而是考虑如何做就不能实现目标,然后避免这么做。

只有经历了危机或者灾难,人类才能自我文化觉醒。拥有自我意识的人,会自我觉醒,思考生命的终极价值,通过改变在生活中感受变化的方式,就可以实际改变人们体验事物的方式。关于这个时代有关人类命运与灾难还有种种命题,现引用美国作家比尔·麦克基本的解释:"人类第一次变得如此强大,我们改变了周围的一切……从每一立方米的空气、温度计的每一次上升中,都可找到我们的欲求和习惯。""我们没有创造这个世界,我们正忙于削弱它。我们需要找到如何使我们自己变小一些、不再是世界中心的办法。"

盗版必究
Piracy Reserved

联系我们

本周图书，中国首家“热点”图书公司，无论何种题材，热度第一。

策划：上海本周图书策划与版权中心 / 执行：郝玮刚（邮箱：futurebook@yeah.net）

本周图书博客：http://blog.sina.com.cn/benzhoujiema

本周图书装帧设计：红猫工作室（官方博客：http://blog.sina.com.cn/vivian0755cat）